西华师范大学马克思主义学科建设工程"马克思主义研究丛书"

西华师范大学申博工程重点学科资助

西华师范大学博士启动基金资助

四川省教育厅人文社科重点项目基金资助

论中国特色社会主义现代化理论的形成与发展

张晓明 著

中国社会科学出版社

图书在版编目(CIP)数据

论中国特色社会主义现代化理论的形成与发展 / 张晓明著 . —北京：中国社会科学出版社，2016.7

ISBN 978 - 7 - 5161 - 7992 - 5

Ⅰ.①论… Ⅱ.①张… Ⅲ.①中国特色社会主义—研究

Ⅳ.①D616

中国版本图书馆 CIP 数据核字(2016)第 074829 号

出 版 人	赵剑英	
责任编辑	田 文	
特约编辑	丁 云	
责任校对	张爱华	
责任印制	王 超	

出 版	中国社会科学出版社	
社 址	北京鼓楼西大街甲 158 号	
邮 编	100720	
网 址	http://www.csspw.cn	
发 行 部	010 - 84083685	
门 市 部	010 - 84029450	
经 销	新华书店及其他书店	

印 刷	北京明恒达印务有限公司	
装 订	廊坊市广阳区广增装订厂	
版 次	2016 年 7 月第 1 版	
印 次	2016 年 7 月第 1 次印刷	

开 本	710 × 1000 1/16	
印 张	16.5	
插 页	2	
字 数	279 千字	
定 价	65.00 元	

凡购买中国社会科学出版社图书,如有质量问题请与本社营销中心联系调换

电话:010 - 84083683

摘　要

　　本书试图以马克思主义为指导，以 20 世纪以来中国和世界的历史为背景，以中国共产党建国 60 多年的历史活动为线索，以党的相关文献为依据，以毛泽东、邓小平、江泽民、胡锦涛、习近平为核心的党的领导人有关现代化的论述为重点，本着理论与实践相结合的原则，采取历史与逻辑相一致的方法，通过对中国特色社会主义现代化理论寻源头、理脉络、话发展、看创新，使我们厘清了一条"线"，就是中国特色社会主义现代化理论随着具体实践不断与时俱进的形成发展线；看清了五个"点"，就是毛泽东、邓小平、江泽民、胡锦涛、习近平中央领导人在不同时期结合具体问题，对中国特色社会主义现代化理论形成与发展的创新点；强化了一种"观"，就是中国特色社会主义现代化观。这些认识的获得不仅有利于我们全面、准确、动态地认识和把握中国特色社会主义现代化理论的精神实质，更有利于我们在新的实践中对其进一步丰富和发展，从而真正做到相关的理论研究以我们正在进行的现代化建设为中心，着眼于中国特色社会主义现代化理论的运用，着眼于对现实问题的理论思考，着眼于新的实践与新的发展。

　　本书除导论之外，共分为六章。导论部分主要针对中国特色社会主义现代化理论形成与发展这一选题的思考，也就是研究什么、为什么研究、如何研究，以及研究的思路、难题、创新点以及核心概念的界定。第一章，重点考察中国特色社会主义现代化理论形成与发展的历史依据和思想渊源。通过历史依据的考察，证明农民阶级、地主阶级，以及资产阶级都不能领导中国成功走向现代化，证明不动摇封建根基的自强运动，以及尝试通过走资本主义道路去实现现代化的辛亥革命，都不能解决中国现代化的前途和命运问题；通过思想渊源的考察，得出除以马克思主义为理论指导、以中国共产党为领导核心的工人阶级外，没有任何理论和阶级能拯救和发展中国现代化。第二章，着重考察邓小平对中国特色社会主义现代化理论的开创和奠基。通过考察提出，中国特色社会主义现代化理论的形成分为四个阶段：其中1975年的全面整顿是酝酿时期；1978年到1982年是初步形成时期，初步形成的标志就是"中国式现代化建设道路"的提出，1982年到1987年是基本形成时期，其标志就是"富强、民主、文明"现代化目标以及"分三步走"现代化战略的提出；1987年到1992年南方谈话是进一步创新性发展时期，这个时期邓小平提出了"台阶式"发展战略、"三个有利于"判断标准，以及关于通过市场经济实现社会主义现代化等重大涉及我国现代化走向的战略思想。第三章，着重考察了江泽民对中国特色社会主义现代化理论的继承与发展。通过考察提出，江泽民在继承邓小平关于现代化目标以及战略的基础上，分别在中国特色社会主义经济现代化建设、政治现代化建设、文化现代化建设、现代化宗旨诸方面都不同程度地发展了中国特色社会主义现代化理论。第四章，重点考察胡锦涛对中国特色社会主义现代化理论的深化与拓展。通过考察提出，胡锦涛在领导全面建设小康社会的进程中，提出并深入贯彻科学发展观，不仅对中国特色社会主义市场经济建设、中国特色社会主义民主政治建设、中国特色社会主义先进文化建设等方面的思想进行了不同程度的深化与拓展，更重要的是着眼当时实际，创造性地提出了中国特色社会主义社会建设思想，从而把中国特色社会主义现代化理论推向一个新的阶段。第五章，重点考察十八大以来，以习近平为总书记的党中央对中国特色社会主义现代化理论的新发展。通过考察，我们不难发现，习近平总书记从时代发展趋势和国家发展战略高度，发表了一系列重要讲话，这些着眼"马魂、中体、西用"立足中国实际，提出了诸如"中国梦"、"国家治理体系和治理能力现代化"、"四个全面"战略布局等创新话语，从理论和实践结合上，回答了什么是中国特色社会主义现代化、怎样实现中国特色社会主义现代化等一系列重大问题，为我们实现中华民族伟大复兴中国梦提供了理论遵循。第六章，重点考察中国特色社会主义现代化理论形成与发展的基本经验。通过考察提出，坚持理论结合实践、尊重群众首创精神、借鉴他国经验教训、坚持与时俱进是中国特色社会主义现代化理论得以形成并不断发展的四个重要的机制。结语部分从理论与实践相结合的角度论证了在当代中国，要实现中国现代化的宏伟目标，就必须坚持以中国特色社会主义现代化理论为根本指针。

　　研究中国特色社会主义现代化理论，既要放开历史的视野，把每一次理论探索都看作对既有理论的继承与发展，又要对每一次理论探索进行科学总结。因此，本书的逻辑架构既有前后续接的中国特色社会主义现代化理论形成与发展的历史过程，又有关于中国特色社会主义现代化理论形成与发展的基本经验。这样研究的独特之处就在于把中国特色社会主义现代化理论放在普遍联系中去考察，放在永恒运动中去审视。以这样的方式来研究中国特色社会主义现代化理论，既有利于全面、准确地认识和把握中国特色社会主义现代化理论，更有利于在实践中丰富和发展中国特色社会主义现代化理论。这对于深化认识中国特色社会主义现代化建设规律，夯实全国各族人民实现现代化的共同思想基础，增强坚持和发展中国特色社会主义现代化理论的坚定性和自觉性，具有不可估量的理论价值和现实意义。

　　关键词：中国特色社会主义现代化理论；形成；发展

目　　录

导　论 ……………………………………………………………（1）

　第一节　选题的理论价值和实践意义 …………………………（1）

　第二节　研究的现状及评述 ……………………………………（3）

　第三节　核心概念的界定 ………………………………………（5）

　　一　中国特色社会主义现代化理论的内涵 …………………（5）

　　二　中国特色社会主义现代化理论形成与发展的脉络 ………（8）

　　三　中国特色社会主义现代化理论的特点 …………………（10）

　第四节　研究方法 ………………………………………………（13）

　第五节　创新之处 ………………………………………………（15）

　第六节　逻辑思路和结构安排 …………………………………（15）

第一章　中国特色社会主义现代化理论的历史依据和思想渊源 ……（17）

　第一节　中国特色社会主义现代化理论的历史依据 …………（17）

　　一　中国早期现代化的第一个阶段（1840—1911） …………（18）

　　二　中国早期现代化的第二个阶段（1912—1949） …………（21）

　　三　早期现代化百年历程的理论反思 ………………………（23）

　第二节　中国特色社会主义现代化理论的思想渊源 …………（25）

　　一　马克思、恩格斯的现代化思想 …………………………（25）

　　二　列宁关于社会主义现代化建设的思想 …………………（27）

　　三　斯大林关于社会主义现代化建设的思想 ………………（30）

　第三节　毛泽东对社会主义现代化的理论探索 ………………（32）

　　一　毛泽东探索"四个现代化"目标与"两步走"战略的

　　　　历史进程 ……………………………………………………（33）

　　二　毛泽东探索社会主义现代化建设的理论贡献 …………… (40)

　　三　毛泽东在探索社会主义现代化建设当中的失误及其

　　　　经验总结 ……………………………………………………… (48)

第二章　邓小平对中国特色社会主义现代化理论的开创和奠基 …… (52)

　第一节　中国特色社会主义现代化理论形成的时代背景 ………… (53)

　　一　发展问题成为当今时代主题 ………………………………… (54)

　　二　世界形势总体上趋于缓和，发展有了相对和平的环境 …… (54)

　第二节　邓小平对中国特色社会主义现代化理论的酝酿 ………… (55)

　　一　全国全党工作必须服从四化建设这个大局 ………………… (56)

　　二　积极开展对外经济技术交流，以加速我国现代化的

　　　　进程 ……………………………………………………………… (57)

　　三　科学技术是生产力，用科学技术的进步带动国民

　　　　经济发展 ………………………………………………………… (58)

　　四　办好教育、发挥知识分子的作用，这是关系我国

　　　　现代化水平的大事 ……………………………………………… (58)

　第三节　中国特色社会主义现代化理论的初步形成 ……………… (60)

　　一　坚持以经济建设为中心是实现社会主义现代化的必然

　　　　要求 ……………………………………………………………… (62)

　　二　四项基本原则是实现社会主义现代化的根本政治保证 …… (64)

　　三　实现"小康"是社会主义现代化建设阶段性目标 ………… (64)

　　四　发展社会主义民主，健全社会主义法制是实现社会主义

　　　　现代化的根本任务和目标之一 ……………………………… (68)

　　五　建设社会主义精神文明，"两手抓，两手都要硬" ……… (69)

　　六　必须坚持走中国式的现代化建设道路 ……………………… (71)

　第四节　中国特色社会主义现代化理论的基本形成 ……………… (72)

　　一　社会主义现代化建设宏伟蓝图的提出 ……………………… (73)

　　二　实现社会主义现代化宏伟蓝图的根本途径和方法 ………… (74)

　　三　现代化宏伟蓝图及其实现途径和方法的根本依据 ………… (77)

　　四　是否有利于发展生产力是判断现代化各项工作

　　　　是非得失的根本标准 ………………………………………… (79)

　　五　"分三步走，基本实现社会主义现代化"的战略 ………… (80)

六　基本实现现代化的战略重点 …………………………（81）

第五节　中国特色社会主义现代化理论的创新性发展 …………（83）

一　抓住时机、加快发展，力争隔几年上一个台阶的
现代化战略部署 …………………………………………（84）

二　科学技术是第一生产力，是实现社会主义现代化的
根本推动力 ………………………………………………（86）

三　"三个有利于"是判断姓"资"姓"社"及各方面
工作是非得失的根本标准 ………………………………（87）

四　市场经济是实现社会主义现代化的重要途径和方法 …（89）

第三章　江泽民对中国特色社会主义现代化理论的继承与发展 …（93）

第一节　对中国特色社会主义现代化目标与战略的继承和
发展 ………………………………………………………（93）

一　现代化目标：从"小康"到"全面小康" ………（93）

二　现代化战略：从"三步走"到新"三步走" ………（96）

三　全面建设小康社会的重要意义 ………………………（98）

第二节　对中国特色社会主义经济现代化建设思想的继承与
发展 ………………………………………………………（99）

一　坚持把"引进来"与"走出去"相结合，继承与发展了
对外开放理论 …………………………………………（100）

二　坚持走可持续发展战略，继承和发展了关于持续与协调
发展理论 ………………………………………………（102）

三　实施西部大开发战略，继承和发展了关于现代化建设
"两个大局"的理论 …………………………………（105）

第三节　对中国特色社会主义政治现代化建设思想的继承与
发展 ……………………………………………………（107）

一　发展社会主义民主政治，建设社会主义政治文明 ………（107）

二　坚持党的领导、人民当家作主和依法治国的有机统一 …（108）

三　依法治国，建设社会主义法治国家 ………………（110）

四　推进政治体制改革，发展民主政治 ………………（111）

第四节　对中国特色社会主义文化现代化建设思想的继承与
发展 ……………………………………………………（113）

　　一　建设面向现代化的社会主义先进文化 ……………………（113）

　　二　坚持不懈地实施科教兴国战略 ………………………………（114）

　　三　坚持把思想道德建设作为精神文明建设的重要内容和

　　　　中心环节，提出了以德治国的方略 …………………………（116）

第五节　对实现中国特色社会主义现代化宗旨思想的继承与

　　　　发展 ……………………………………………………………（117）

　　一　促进人的全面发展是建设社会主义现代化的本质要求 …（118）

　　二　实现最广大人民的根本利益是现代化建设的根本目的 …（118）

第四章　胡锦涛对中国特色社会主义现代化理论的深化与拓展 …（122）

第一节　实施科学发展，全面建设小康社会 ……………………（123）

　　一　始终坚持把发展作为全面建设小康社会的第一要义 …（123）

　　二　始终坚持把以人为本作为全面建设小康社会的核心

　　　　理念 ……………………………………………………………（124）

　　三　始终坚持把全面、协调、可持续作为全面建设小康社会的

　　　　基本要求 ………………………………………………………（125）

　　四　始终坚持把统筹兼顾作为全面建设小康社会的根本

　　　　方法 ……………………………………………………………（127）

　　五　科学发展观是全面建设小康社会的根本指针 …………（129）

第二节　对中国特色社会主义经济现代化建设理论的深化与

　　　　拓展 ……………………………………………………………（130）

　　一　推动国民经济"又好又快"发展 ……………………………（130）

　　二　推进新农村建设，走中国特色社会主义农业

　　　　现代化道路 ……………………………………………………（132）

　　三　构建"两型"社会，建设生态文明 …………………………（134）

　　四　加强自主创新，建设创新型国家 …………………………（136）

第三节　对中国特色社会主义政治现代化建设理论的深化与

　　　　拓展 ……………………………………………………………（138）

　　一　在探索"中国特色社会主义政治发展道路"中对

　　　　社会主义民主政治的新认识 …………………………………（138）

　　二　在坚持正确政治方向和以调动人民积极性为目标的

　　　　前提下不断深化政治体制改革 ………………………………（140）

第四节　对中国特色社会主义文化现代化建设理论的深化与

拓展 ………………………………………………（142）

一　建设社会主义核心价值体系，增强社会主义意识形态的

吸引力和凝聚力 ………………………………（143）

二　通过深化文化体制改革来促进文化事业与文化产业的

发展 ……………………………………………（144）

三　推动社会主义文化大发展大繁荣，提升国家文化

软实力 …………………………………………（146）

四　实施人才强国战略，为实现现代化提供智力支持 ………（148）

第五节　创造性地提出了中国特色社会主义社会建设思想 ……（149）

一　构建社会主义和谐社会 ………………………………（150）

二　提出了"四位一体"现代化建设总体战略布局 ………（154）

三　把改善民生作为社会建设的重点 ……………………（156）

第五章　十八大以来中国特色社会主义现代化理论的新进展 ……（160）

第一节　中国梦是对实现中国特色社会主义现代化任务的

战略性思考 ……………………………………（160）

一　中国梦是着眼现实需要基础上的理论需要 …………（162）

二　完整准确地把握实现"中国梦"的深刻内涵 ………（169）

三　实现"中国梦"基于现实过程性的思考 ……………（176）

第二节　通过协调推进"四个全面"实现中国梦 …………（182）

一　协调推进"四个全面"实现中国梦的实践要求 ………（182）

二　实现中国梦必须把握"四个全面"的话语权 ………（191）

第三节　通过践行社会主义核心价值观来实现国家现代化 ……（201）

一　社会主义核心价值观"内化于心、外化于行"基于过程的

内在把握 ………………………………………（201）

二　对社会主义核心价值观传播载体的辩证把握 ………（208）

第四节　通过马克思主义大众化来提升国家文化软实力 ……（212）

第五节　通过党的建设制度改革来推进国家治理现代化 ……（216）

第六章　中国特色社会主义现代化理论形成与发展的基本经验 …（224）

第一节 发展社会主义现代化理论必须尊重人民群众的首创
精神 ·· (225)
第二节 探索社会主义现代化理论必须立足本国基本国情 ······ (229)
第三节 创新社会主义现代化理论必须坚持与时俱进 ············ (232)
第四节 丰富社会主义现代化理论必须总结历史经验教训 ······ (234)

结语 中国特色社会主义现代化理论是指导中国实现现代化的
根本指针 ·· (237)

参考文献 ·· (241)

后 记 ··· (251)

导　　论

第一节　选题的理论价值和实践意义

实现中国现代化，是自 1840 年以来先进中国人孜孜以求的目标。1949 年中华人民共和国的成立，给我国的社会主义现代化建设提供了契机，开辟了广阔的前景。尤其是改革开放 30 多年来，中国特色社会主义现代化事业在中国共产党的领导下取得了让世人瞩目、令国人振奋的巨大成就。在新世纪新阶段，要进一步推动我国现代化事业，有必要对新中国成立 60 多年来关于现代化建设的实践经验进行理论提升，对现代化建设的理论探索进行历史回顾。我们知道，指导中国实现现代化的中国特色社会主义现代化理论是在改革开放和现代化建设实践中逐步形成和发展的，是我们党的几代领导人对什么是中国特色社会主义现代化、如何实现中国特色社会主义现代化的理论思考。在全党坚持以邓小平理论和"三个代表"重要思想科学发展观为指导，通过深入贯彻习近平总书记系列重要讲话精神来加快全面建成小康社会的关键时期，回顾中国特色社会主义现代化理论形成与发展的历史进程，总结经验、吸取教训，无疑对我们迎接新世纪新阶段的各种挑战和考验，不断推进我国现代化的理论创新和实践创新具有不可估量的理论价值和现实意义。

作为实践的中国现代化从 1840 年算起，已经经历了 170 多年的时间，在这 170 多年当中，从理论的演变来说，中国的现代化理论经历了三个阶段：1949 年 10 月之前，在世界资本主义和殖民主义的影响和刺激下，我们现代化的导向是资本主义性质的，尝试在资本主义道路上实现现代化的阶段；1949 年 10 月至 1978 年，在世界资本主义与社会主义两大阵营"冷战"的情形下，我们的现代化建设是在效仿苏联模式和依靠自己力量进行的，属于中国式社会主义现代化理论的探索阶段；1979 年至今，在依据国情实行改革开放和经济全球化的背景下，属于中国特色社会主义现代化理论逐步形成发展阶段。至此，中国经过了以孙中山为代表的在资本主义道路上实现现代化的尝试、中国式社会主义现代化理论的探索和中国特色社会主义现代化理论逐步形成及发展三个阶段。从理论发展的历史来看，任何后产生的理论既是对以往思想理论的批判性继承，又是对新的实践经验的理论升华。对于中国特色社会主义现代化理论也应如此看。中国特色社会主义现代化理论的思想基础是马克思主义，而它是对马克思主义社会发展理论的具体运用和创造性发展。资本主义的现代化理论曾经在人类现代化史上起过非常革命的作用，但是，由于其本身特有的历史局限性，不可能指导后发现代化国家实现现代化，苏联式的社会主义建设模式在苏联的现代化建设和我国的工业化实践中曾经发挥过不可忽略的重大作用，但在由于后来没能正确地把握社会主义与现代化的关系，不仅致使苏联现代化走了弯路，在我国也出现了"大跃进"、"人民公社化"的失误。正是在总结中国社会主义现代化经验教训的基础上，在借鉴其他社会主义国家和资本主义国家现代化兴衰成败的经验基础上，中国共产党人与时俱进地把马克思主义的基本原理跟中国国情与时代特征相结合，创造性地形成了中国特色社会主义现代化理论，使马克思主义的社会发展理论有了在中国的具体运用和发展。因此，在马克思主义发展史上，中国特色社会主义现代化理论无疑具有继往开来的重要地位和意义。另外，通过中国特色社会主义现代化理论形成与发展历史进程的梳理和回顾，有利于我们深化对中国特色社会主义理论体系的认识。因为，中国特色社会主义现代化理论在广义上就是中国特色社会主义理论体系。通过中国特色社会主义现代化理论的形成与发展，我们可以看到党的几代领导人对现代化的认识与定位，以及如何实现现代化的思考与探索，既可以看到他们之间的一脉相承，也可以看到他们在继承基础上的创新与发展，有利于深化对毛泽东现代化思想、邓小平现代化理论、"三个代表"重要思想中的现代化理论、科学发展观中的现代化理论、习近平总书记系列重要讲话中的现代化思想的整体认识。

总之，研究中国特色社会主义现代化理论的形成与发展不仅具有很强的现实意义，而且具有不可忽略的理论意义。另外，通过考察党的几代领导人对我国现代化道路的艰辛探索和理论思考，对于我们当代年轻人增强坚持和发展中国特色社会主义现代化理论的坚定性和自觉性具有不可估量的价值和意义。

第二节　研究的现状及评述

　　中国特色社会主义现代化理论是马克思主义现代化思想在当代中国的运用和发展，是对毛泽东现代化理论探索的继承和发展，是中国共产党人集体智慧的结晶。这一理论是在和平与发展成为时代主题的历史条件下，由中国共产党带领全国各族人民在我国改革开放和现代化建设实践中，在总结我国现代化建设胜利和挫折的历史经验并借鉴其他国家现代化建设兴衰成败的历史经验的基础上，逐步形成和发展的。从总体上说，目前关于这个论题的研究状况如下。

　　第一，关于党的领导人与中国现代化研究。如郭根山著的《毛泽东与中国现代化道路》（中央文献出版社 2005 年版）；秦宣、刘保国著的《邓小平与中国现代化》（北京出版社 2004 年版）；杨春贵主编的《学习江泽民同志〈正确处理社会主义现代化建设中的若干重大关系〉十二讲》（中共中央党校出版社 1995 年版）；王忠武著的《科学发展观与中国现代化》（社会科学文献出版社 2008 年版）；张高陵著的《中共领导人与中国现代化》（中央文献出版社 2004 年版）。这些研究的视角丰富了我们对中国特色社会主义现代化理论的理解，有利于我们从横向的维度了解我们党的领导人的现代化思想，在论述的风格上是侧重于具体研究，即使也有从形成与发展的历程来谈，也谈得不太系统和深入，从第一章或第一节上总体介绍一下，没有详细地从各个阶段的划分以及演变的角度来进行细致的研究。

　　第二，把现代化作为一个视角进行研究。如李贺林著的《"三个代表"重要思想：现代化视角的解读》（中共中央党校出版社 2004 年版）；唐家柱著的《现代化进程中的中国特色社会主义理论体系研究》（人民出版社 2008 年版）。这些解读与研究，是把现代化作为一个视角，主要探讨的是现代化与社会主义的关系，尤其是从政治、经济、文化现代化方面来切入，而这几方面之间的传承和联系论述得比较薄弱。

　　第三，从哲学方面对现代化的反思。如肖前等著的《关于中国社会主义现代化的哲学反思》（中国人民大学出版社 1994 年版）；高清海等著的《社会发展哲学：中国现代化的理性反思》（高等教育出版社 1999 年版）；陈善光等著的《现代化的辩证法——广东社会主义现代化建设的哲学思考》（人民出版社 2005 年版）；刘永佶著的《中国现代化导论》（河北大学出版社 1995 年版）；田启波著的《马克思主义发展哲学与中国现代化》（中国社会科学出版社 2003 年版）；丰子义著的《现代化的理论基础——马克思现代社会发展理论研究》（北京大学出版社 1995 年版）。这些著作主要是从宏观上、哲学上对现代化实践的反思。如果能结合形成与发展的历史进行理论反思，更能对中国现代化理论形成的点点滴滴把握得更完整和准确。

第四，关于中国现代化的具体理论研究。如李平植编著的《邓小平现代化发展战略研究》（陕西人民出版社 2000 年版）；孙谦著的《中国现代化发展动力论》（安徽大学出版社 2009 年版）；周直著的《纵论当代中国现代化动力》（南京大学出版社 2010 年版）；胡伟等著的《现代化的模式选择：中国道路与经验》（上海人民出版社 2008 年版）；金羽主编的《邓小平社会主义现代化战略思想研究》（辽宁人民出版社 1992 年版）；温军著的《民族与发展：新的现代化追赶战略》（清华大学出版社 2004年版）。这些著作都是重点从现代化的具体理论进行探讨，有利于了解某一个人物关于现代化某一个方面的论述，但是从历史发展脉络论述得就非常单薄。

第五，比较党的三代领导人的现代化思想。如刘琳著的《开拓、超越、创新——毛泽东邓小平江泽民现代化思想比较研究》（新华出版社 2002 年版）；李云霞著的《中印现代化比较研究》（社会科学文献出版社 2010 年版）；吴宏亮著的《理念与现代化：毛泽东邓小平江泽民现代化思想比较研究》（人民出版社 2004 年版）；等等。这些著作研究非常深入，分别从现代化的动力、保障、目标等几方面对几代领导人的现代化思想在某一个方面进行比较，对于我们认识党的现代化思想的研究有重要的意义，同样美中不足的是缺乏历史感。

第六，从历史的方面进行梳理。许纪霖、陈达凯主编的《中国现代化史》（第 1 卷）（上海三联书店 1995 年版）；郑继兵、杨仑著的《艰难的历程——中国百年的现代化追求》（黑龙江人民出版社 1992 年版）；虞和平主编的《中国现代化历史进程》（三卷）（江苏人民出版社 2001 年版）；罗荣渠、牛大勇编的《中国现代化历程的探索》（北京大学出版社1992 年版）。这些著作都是侧重于实践史，都是从历史学科角度进行研究，与理论史研究还是有差别。

对于本论题的研究，上述的研究成就都是很有意义的。资料的收集整理，尽管都是党的文献中段落的摘编，但能为我们查找原文提供线索；具体理论的探讨，能拓展我们认识和分析某一文献的思路，但是，真正的以中国特色社会主义现代化为题的研究很少，只是有个别几本这方面的专著，如杜艳华、董慧著的《中国特色社会主义现代化模式研究》（学林出版社2008年版）；杨宏雨著的《中国特色社会主义现代化的多维审视》（学林出版社2006年版）。而这两本专著也是侧重于论，对于文献史梳理比较欠缺。因此从史的方面，通过理论的形成与发展史来考察中国特色社会主义现代化的艰辛探索就显得很重要，也具有紧迫性。

第三节　核心概念的界定

一　中国特色社会主义现代化理论的内涵

"中国特色社会主义现代化理论"这一概念尽管没有在中央文件上明确提出来，但是，关于这个概念的思想应该说是明确而丰富的。在探索中国式社会主义现代化建设道路的过程中，毛泽东就明确指出："前八年照抄外国的经验。但从一九五六年提出十大关系起，开始找到自己的一条适合中国的路线。"[1] 邓小平在我国改革开放初期，就明确指出："我们的现代化建设，必须从中国的实际出发。……把马克思主义的普遍真理同我国的具体实际结合起来，走自己的道路，建设有中国特色社会主义，这就是我们总结长期历史经验得出的基本结论。"[2] 胡锦涛在中国特色社会主义现代化发展到当前关键的阶段时，特别强调了坚持中国特色社会主义道路对于我国现代化的极端重要性，他说："中国特色社会主义道路，是实现社会主义现代化的必由之路，是创造人民美好生活的必由之路。中国特色社会主义理论体系，是指导党和人民沿着中国特色社会主义道路实现中华民族伟大复兴的正确理论。"可见，党的几代领导人关于中国特色社会主义现代化思想的论述是明确而自觉的。那么什么是中国特色社会主义现代化理论？从广义上讲，就是中国特色社会主义理论体系；从狭义上讲，

---

[1] 《建国以来毛泽东文稿》第9册，中央文献出版社1996年版，第213页。

[2] 《邓小平文选》第3卷，人民出版社1993年版，第2—3页。

就是中国特色社会主义理论体系中关于现代化的部分，也就是关于对什么是中国特色社会主义现代化，如何实现中国特色社会主义现代化问题的理论回答。我们这里主要就以狭义上的中国特色社会主义现代化理论为研究对象。究竟如何把握中国特色社会主义现代化理论？我们认为，可以从以下三个方面来认识。

首先，中国特色社会主义现代化理论是坚持科学社会主义原则的现代化理论。中国特色社会主义现代化理论坚持了马克思主义的科学社会主义，这既是历史的选择，也是中国共产党人的信仰。但是"什么叫社会主义，什么叫马克思主义？我们过去对这个问题的认识不是完全清醒的"。① 这种疑惑不是信仰上的动摇，而是认识上的不完全清醒。这种不完全清醒表现在两个方面：其一，把马克思主义理论教条化。按照马克思、恩格斯的设想，社会主义应该在英、法一些资本主义发达国家首先取得胜利，因为这些国家生产力发展水平高，革命胜利后建设社会主义顺理成章。然而在现实中首先取得胜利的却是像俄国和中国这样经济文化都相对落后的国家，其生产力发展水平和经济基础与资本主义发达国家都存在着明显差距，所以，搞社会主义，我们还"不够格"。在实际工作中，我们忽视了中国的社会现实，把马克思主义教条化，按照"本本"裁剪现实，使社会主义脱离了中国实际。其二，把苏联经验和做法模式化，照抄照搬。苏联是世界上第一个社会主义国家，在如何建设社会主义现代化的问题上，苏联取得了一些成就和经验。但是苏联的经验和做法是他们结合实际创造出来的，因而具有时空局限。中国建设社会主义现代化自然会向苏联学习，但我们曾经一味地将苏联的经验和做法模式化，不顾中国实际照抄照搬，甚至将苏联的错误也搬到中国来，这就严重背离了马克思主义的基本原理。以上两个方面加之受到"左"倾错误的严重干扰，结果搞了多年的社会主义建设，还没有摆脱贫穷，还没有使社会主义发挥出应有的优越性。因此，人们不得不躬身自问，究竟什么是社会主义？我们应该坚持社会主义的哪些基本原则？

邓小平在领导改革开放的过程中，从理论上进行了积极的探索，使我们对社会主义有了比较清醒的认识。邓小平说："三中全会以来，我们一直强调坚持四项基本原则，其中最重要的一条是社会主义制度。而要坚持

---

① 《邓小平文选》第3卷，人民出版社1993年版，第63页。

社会主义制度，最根本的是要发展社会生产力。"① 他还说："一个公有制占主体，一个共同富裕，这是我们所必须坚持的社会主义的根本原则。"② "社会主义原则，第一是发展生产，第二是共同富裕。"③ 在南方谈话中，邓小平又对社会主义的本质作了精炼的概括："社会主义的本质，是解放生产力，发展生产力，消灭剥削，消除两极分化，最终达到共同富裕。"④ 他反复告诫全党："老祖宗不能丢啊!"⑤ 所以说，中国特色社会主义现代化理论是坚持科学社会主义基本原则的社会主义现代化理论。如果中国特色社会主义现代化理论没有内在地包括这一层意思，脱离了或者背弃了马克思主义的科学社会主义的基本原则，中国特色社会主义现代化理论便失去了科学性和人民性。

其次，中国特色社会主义现代化理论是切合中国实际的现代化理论。邓小平指出："马克思主义必须是同中国实际相结合的马克思主义，社会主义必须是切合中国实际的有中国特色的社会主义。"⑥ 他还说："中国搞社会主义，强调要有中国的特色。我们坚信马克思主义，但马克思主义必须与中国实际相结合，只有结合中国实际的马克思主义，才是我们需要的真正的马克思主义。"⑦ 也就是说，中国特色社会主义现代化建设必须从中国实际情况出发，走自己的道路。中国国情决定中国特色，不从中国的国情出发，不把马克思主义同中国实际结合起来，就不叫中国特色社会主义现代化。

什么是中国的国情呢? 即中国社会正处在社会主义初级阶段，就是不发达的阶段。其主要特征是生产力不发达、商品经济不发达、科技教育不发达、经济文化发展不平衡。我们不论干什么事情，都要从这个实际出发，根据这个实际来制订规划，否则就会犯这样那样的错误。基于对中国国情即初级阶段的认识，揭示了社会主义初级阶段的主要矛盾——人民日益增长的物质文化需要同落后的社会生产之间的矛盾，并据此提出了党的社会主义初级阶段的现代化基本路线。从这个意义上说，中国特色社会主

---

① 《邓小平文选》第 3 卷，人民出版社 1993 年版，第 149 页。
② 同上书，第 111 页。
③ 同上书，第 172 页。
④ 同上书，第 373 页。
⑤ 同上书，第 369 页。
⑥ 同上书，第 63 页。
⑦ 同上书，第 191 页。

义现代化理论就是切合中国实际的社会主义现代化理论。

最后，中国特色社会主义现代化理论是关于中国现代化目标与条件的现代化理论。中国特色社会主义现代化理论就是关于中国现代化目标与条件的科学理论。作为中国现代化目标与条件的科学理论，中国特色社会主义现代化理论科学回答了什么是中国特色社会主义现代化，如何实现中国特色社会主义现代化的问题。在什么是中国特色社会主义现代化即现代化目标的问题上，中国特色社会主义现代化理论确立并科学阐明了中国现代化的目标体系，其中既包括在时间上前后续接的阶段性目标，也包括空间上并存的总体性目标。就现代化发展的程度来说，从首先解决温饱问题开始，到实现"虽不富裕，但日子好过"的小康，再到全面建成小康社会，直至达到中等发达国家水平并在这个基础上继续发展，形成了一个务实稳健、不断递进的路线图；就现代化所蕴含的内容来说，中国的现代化已不再仅仅是毛泽东时代的"四化"（工业、农业、国防和科学技术的现代化），而是包括经济、政治、文化、社会、生态等各领域在内的全面的现代化，其总体目标是在科学发展观的统领下把我国建设成为富强、民主、文明、和谐的社会主义现代化国家。在如何实现中国特色社会主义现代化即现代化条件问题上，中国特色社会主义现代化理论从对基本国情和时代主题的科学分析，到对现代化指导思想、现代化基本路线、现代化发展动力、现代化发展战略、现代化建设依靠力量、现代化建设领导力量的全新认识，从社会主义初级阶段理论，到社会主义市场经济理论，再到科学发展观、社会主义和谐社会理论等等，这些中国特色社会主义现代化的理论创新成果，全面回答了中国现代化的条件问题。

二　中国特色社会主义现代化理论形成与发展的脉络

中国特色社会主义现代化理论就是包括邓小平现代化理论、"三个代表"重要思想中的现代化理论、科学发展观中的现代化理论以及习近平总书记系列重要讲话中的现代化思想在内的科学理论体系。在这个理论体系中，毛泽东对中国式社会主义现代化建设的理论探索被中国特色社会主义现代化理论继承和发展，而作为中国特色社会主义现代化理论内在组成部分的邓小平现代化理论、"三个代表"重要思想中的现代化理论、科学发展观中的现代化理论以及习近平总书记系列重要讲话中的现代化思想并非是同一时空下的简单并列，而是在改革开放和社会主义现代化建设实践基础上的逐一展开和逻辑发展，也就是说这几个组成部分也存在继承发展的关系。中国特色社会主义就是这样在坚持中发展、在发展中坚持逐步形成的。

我们知道中国特色社会主义现代化理论是在改革开放的历史进程中形成和发展起来的，因此可以说中国特色社会主义现代化理论的形成与发展和改革开放是同步的，我们可以通过党的十七大报告对改革开放历史进程的表述来分析中国特色社会主义现代化理论形成与发展的基础与历史进程。

首先，"改革开放伟大事业，是在以毛泽东同志为核心的第一代中央领导集体创立毛泽东思想，带领全党全国各族人民建立新中国、取得社会主义革命和建设伟大成就以及艰辛探索社会主义建设规律取得宝贵经验的基础上进行的。新民主主义革命的胜利，社会主义基本制度的建立，为当代中国一切发展进步奠定了根本政治前提和制度基础"。那么毛泽东对在改革开放中形成的中国特色社会主义现代化理论的贡献如何定位呢？十七大报告中提出的两个"基础"：第一个基础是"新民主主义革命的胜利，社会主义基本制度的建立"，这是"根本政治前提和制度基础"。第二个基础是，改革开放的伟大事业是毛泽东带领全党全国各族人民"取得社会主义革命和建设伟大成就以及艰辛探索社会主义建设规律取得宝贵经验的基础上进行的"。正是在充分肯定这两个"基础"的前提下我们可以得出结论：中国特色社会主义现代化理论坚持和发展了毛泽东现代化思想。中国特色社会主义现代化理论既然是对毛泽东现代化思想的坚持和发展，那么毛泽东现代化思想就是源、就是头，就是中国特色社会主义现代化理论的直接思想渊源。

其次，"改革开放伟大事业，是以邓小平同志为核心的党的第二代中央领导集体带领全党全国各族人民开创的。面对十年'文化大革命'造成的危难局面，党的第二代领导集体坚持解放思想、实事求是，以巨大的政治勇气和理论勇气，科学评价毛泽东同志和毛泽东思想，彻底否定'阶级斗争为纲'的错误理论和实践，作出把党和国家工作中心转移到经济建设上来、实行改革开放的历史性决策，确立社会主义初级阶段基本路线，吹响了走自己的路，建设中国特色社会主义的时代号角，创立邓小平理论，指引全党和全国各族人民在改革开放的伟大征程上阔步前进"。那么邓小平对中国特色社会主义现代化理论的贡献是什么？十七大报告从两个方面进行了说明。第一，是以实事求是的态度对待毛泽东和毛泽东思想，彻底否定"以阶级斗争为纲"的错误理论和实践；第二，是在转移工作中心、实行改革开放的决策中，确立了在社会主义初级阶段建设现代化的基本路线、道路，从而在创立邓小平理论的过程中形成了中国特色社会主义现代化理论。

再次，"改革开放伟大事业，是以江泽民同志为核心的党的第三代中央领导集体带领全国各族人民继承、发展并成功推向二十一世纪的"。也就是说中国特色社会主义现代化理论是在以江泽民为代表的共产党人自十三届四中全会到十六大期间，在高举邓小平理论伟大旗帜，坚持改革开放、与时俱进，面对国内外政治风波、经济风险考验面前，依靠人民、捍卫中国特色社会主义现代化事业、创新社会主义市场经济新体制、开创开放新局面，推进党的建设新的伟大工程。进而在创立"三个代表"重要思想的过程中丰富和发展了中国特色社会主义现代化理论。

最后，十六大以来，以胡锦涛为代表的中国共产党人以邓小平理论和"三个代表"重要思想为指导，顺应国内外形势发展变化，抓住重要战略机遇期，发扬求真务实、开拓进取精神，坚持理论创新和实践创新，着力推动科学发展、促进社会和谐、完善社会主义市场经济体制，在创立科学发展观等重大战略思想中进一步拓展和深化了中国特色社会主义现代化理论。

尤其重要的是，党的十八大以来，以习近平同志为总书记的党中央毫不动摇地坚持和发展中国特色社会主义，勇于实践、善于创新，深化对中国共产党执政规律、社会主义建设规律、人类社会发展规律的认识，形成一系列关于现代化建设的新理念新思路新战略，为在新的历史条件下深化改革开放、加快推进社会主义现代化提供了科学理论指导和行动指南。

三　中国特色社会主义现代化理论的特点

中国特色社会主义现代化理论是围绕着中国特色社会主义现代化目标与条件这个主题展开的。围绕着这个主题，如果说邓小平现代化理论第一次比较系统地初步回答了中国这样经济文化比较落后的国家实现什么样的现代化、如何实现现代化的一系列基本问题，用新的思想、观点，继承和发展了毛泽东现代化思想，创立了中国特色社会主义现代化理论的话，那么，随着"三个代表"重要思想和科学发展观中的现代化理论的形成，并作为党的指导思想和重大战略方针，中国特色社会主义现代化理论就在丰富发展中逐步走向成熟，在一定程度上比较系统而清楚地回答了中国这样经济文化比较落后的国家实现什么样的现代化、如何实现现代化的一系列基本问题，用新的经验、新的思想、新的战略不断推进中国特色社会主义现代化理论走向更高的阶段。纵观中国特色社会主义现代化理论的内涵与外延，它具有如下特点。

时代性。任何一种理论都是时代的产物，都必然带有时代的烙印和特性，中国特色社会主义现代化理论也不例外。那么，我们目前正处在一个什么样的时代呢？从全球范围看，我们正处在和平与发展的时代。"现在世界上真正大的问题，带全球性的战略问题，一个是和平问题；一个是经济问题或者说发展问题。"① 2005 年 9 月，胡锦涛在联合国成立 60 周年首脑会议上进一步指出，当今世界，和平与发展乃是时代主题。从和平问题说，中国特色社会主义现代化理论是主张和平的现代化。实现中国特色社会主义现代化需要争取一个和平的国际环境；中国是促进和推动世界和平的力量；中国政府奉行独立自主的和平外交政策；中国坚决反对霸权主义，也永远不称霸。从发展问题来说，发展问题也就是经济问题。自从党的十一届三中全会将全党和全国的工作重心从"以阶级斗争为纲"转移到以经济建设为中心，我们党和全国各族人民就始终咬住现代化建设不放松，坚持党的基本路线不动摇。改革开放是社会主义实践的新形式，新的实践必然产生新的理论，所以，改革开放是中国特色社会主义现代化理论产生的实践基础。改革在深化，开放在扩大，中国特色社会主义现代化理论也在与时俱进。任何前人都不可能提出和解决自己身后所遇到的新情况、新问题、新矛盾。所以继邓小平创立邓小平现代化理论之后，江泽民、胡锦涛先后提出了"三个代表"重要思想和科学发展观的现代化理论，进一步拓展、丰富和发展了中国特色社会主义现代化理论。

继承性。中国特色社会主义现代化理论既是改革开放和社会主义现代化建设实践的产物，又是人类文明发展的沉淀和升华，因而中国特色社会主义现代化理论具有继承性。这种继承性既指对历史上人类社会创造的一切优秀成果的继承，也包括对同时代其他民族创造成果的吸取和借鉴。这种继承性不仅体现在对马克思列宁主义、毛泽东现代化思想的继承，也体

---

① 《邓小平文选》第 3 卷，人民出版社 1993 年版，第 105 页。

现在中国特色社会主义现代化理论内在组成部分之间的继承和发展。江泽民在党的十三届四中全会上指出："党的十一届三中全会以来的路线和基本政策没有变，必须继续贯彻执行。在这个问题上，我要十分明确地讲两句话：一句是坚定不移、毫不动摇；一句是全面执行，一以贯之。"①

中国特色社会主义现代化理论的继承性有两点比较突出。一是在继承历史文化时，特别注重使历史遗产、文化传统现代化。也就是说，中国特色社会主义现代化理论在继承历史遗产、文化传统时，是以当代的视野来评估其价值的，虽说也借用了历史遗产和文化传统中的名词概念，但其内涵已被丰富和改造，被赋予了新的时代内涵，而且其改造和借用的目的是为改革开放和现代化建设服务的；二是在汲取和借鉴外国文化特别是西方发达国家的先进文化时，特别注重使这种文化中国化。也就是说，中国特色社会主义现代化理论在汲取和借鉴外国文化特别是西方发达国家的先进文化时，完全从中国的国情出发，绝不盲目照搬照抄。在引进的过程中既注重让世界与中国接轨，让世界了解中国；同时注重中国与世界接轨，让中国了解世界，汇入世界发展的潮流。

探索性。就如邓小平所说："在中国建设社会主义这样的事，马克思的本本上找不出来，列宁的本本上也找不出来，每个国家都有自己的情况，各自的经历也不同，所以要独立思考。"② 又说："我们现在所干的事业是一项新事业，马克思没有讲过，我们的前人没有做过，其他社会主义国家也没干过，所以，没有现成的经验可学，我们只能在干中学，在实践中探索。"③ 还说："不冒点风险，办什么事情都有百分之百的把握，万无一失，谁敢说这样的话？一开始就自以为是，认为百分之百正确，没那么回事，我就从来没有那么认为。"④ 因此，中国特色社会主义现代化理论探索的过程就是"实践没有止境，创新也就没有止境"。这个过程正如党的十六大报告中指出的那样："发展必须坚持和深化改革。一切妨碍发展的思想观念都要坚决冲破，一切束缚发展的做法和规定都要坚决改变，一切影响发展的体制弊端都要坚决革除。"当然，探索不是盲目瞎撞，而是在尊重规律、认识规律和利用规律的基础上进行。同时，探索还要允许失

① 《江泽民文选》第1卷，人民出版社2006年版，第57页。
② 《邓小平文选》第3卷，人民出版社1993年版，第260页。
③ 同上书，第258—259页。
④ 同上书，第372页。

败。总之，没有探索，就不能前进；没有探索，就不可能成功；没有成功，也就不会有经验。正是探索、前进、总结经验，赋予社会主义现代化理论以中国特色，不断深化人们对共产党执政规律、社会主义建设规律和人类社会发展规律的认识，在这个基础上形成了中国特色社会主义现代化理论。

人民性。全心全意为人民服务是党的宗旨。毛泽东在《为人民服务》一文中说："我们的共产党和共产党所领导的八路军、新四军是革命的队伍。我们这个队伍是为了解放人民的，是彻底地为人民的利益而工作的。"① 这一宗旨在中国特色社会主义现代化理论中体现得非常明显。这个宗旨集中体现了人民性，从这个意义上来说，中国特色社会主义现代化理论就是为人民服务、为人民谋利益、为人民带来福祉的理论。"三步走"战略是为人民谋利益的；小康社会是为人民服务的；"三个有利于"标准是为人民的；"三个代表"重要思想是代表中国广大人民最根本利益的；"权为民所用，心为民所想，情为民所系，利为民所谋"道出了为人民服务的主要内容；"以人为本"是科学发展观的核心，这里的"人"是指广大的人民群众，这里的"本"是指人民群众的根本利益，是全心全意为人民服务这一宗旨的新表述。江泽民曾说，我们党奋斗的一切，都是为人民谋利益的。有了这种人民性，中国特色社会主义现代化理论才能深入人心，才能在人民群众中间站稳脚跟，广大人民群众才会自觉地高举这面伟大旗帜，沿着中国特色社会主义现代化的道路，不断创造中华民族的新辉煌。

第四节　研究方法

所谓的研究方法，就是通过什么方法来研究问题。这里面就存在一个方法的选择问题，就是你用这个方法来从事研究的理由是什么？一般来讲，决定用一种方法的依据取决于研究对象自身的特点以及研究要达到的目的，也就是方法的采用必须要适应研究对象的特点和研究目的的要求。具体到本书研究的论题来看，"中国特色社会主义现代化理论的形成与发展"显然属于理论史研究的范畴，理论史研究的任务在于梳理理论形成

---

① 《毛泽东选集》第 4 卷，人民出版社 1991 年版，第 1004 页。

与发展的轨迹，突出对理论自身的发生、发展的脉络的历史寻绎。因此，以"史"为主就成为选择方法的一个主要原则，因为"史"的叙述是以脉络清晰著称，善于揭示理论、观念自身发展完善的轨迹。但是，以"史"的方法为主，并不是要否定综合性、结构性"论"的研究的重要性，因为"论"的研究侧重总体的、综合的把握，以结构性、系统性的理论分析为主，但这种"论"的研究一定要建立在历史研究前提下，做到立论有据，有历史感，以免空乏和表面化。同样，任何"史"的研究如果离开"论"的意识的参与和补充都将成为纪事年表式的资料堆积而丧失其应有的研究意识。因此坚持以"史"为主，"史"、"论"结合就成为本书研究的一个方法原则。

坚持以"史"为主，"史"、"论"结合的原则就意味着本书的研究要以理论自身发展的历史为基本线索，始终坚持以党的文献为依据，力戒脱离文献作空乏的综合性、概括性论述。所谓"党的文献"就是在中国特色社会主义现代化理论形成发展过程中出现的那些直接或间接表达对中国特色社会主义现代化认识、理解、阐释、评价，以及如何看待和实现中国特色社会主义现代化问题的文献。对这些文献的把握总体来言，就是"四个注重"、"一个统一"。"四个注重"：一是注重历史转折关头的重大事件研究，挖掘思想背景；二是注重文本研究，主要是对经典著作《毛泽东选集》、《邓小平文选》、《江泽民文选》和胡锦涛历次讲话进行研究；三是注重历史文献研究，特别是对十一届三中全会以来党的历次代表大会的文献进行研究；四是注重对基本"概念"的梳理和考察。"一个统一"：把邓小平现代化理论、"三个代表"重要思想中的现代化思想、科学发展观中的现代化思想统一于中国特色社会主义现代化理论之中，把握它们之间既一脉相承又与时俱进的关系。显然，只有以时间线索来分析、解读以及比较这些文献，我们才能更为切近地把握中国特色社会主义现代化理论的形成、发展的历史进程，从而使我们对中国特色社会主义现代化理论形成、发展过程中的主要理论成果的概括、判断更为接近历史的真实。

结合以上的分析，我们知道：每一个研究对象都有其独特性，因此，一般的、基本的研究方法在应用到具体研究对象时应当有所变化。即使同一研究对象，由于研究的目的不同对研究方法也提出了相应的要求。所谓研究方法创新的意义并不在于独出心裁、标新立异，而在于如何更切近研究对象、如何更有效地达到研究目的。基于以上的分析和认识，我们得出本书的研究方法就是要遵循立足于党的文献，以"史"为主，"史"、"论"结合的原则。

第五节　创新之处

本书主要是从理论形成与发展史的角度来深化对中国特色社会主义现代化理论的认识，中国特色社会主义现代化理论作为中国特色社会主义理论体系的一部分，不是对中国特色社会主义理论体系的简单重复，而是对中国特色社会主义理论体系中关于现代化理论的提炼，或者说是在对毛泽东现代化思想继承发展的基础上整合了邓小平现代化理论、"三个代表"重要思想中的现代化理论、科学发展观中的现代化理论，是对关于什么是中国特色社会主义现代化、如何实现中国特色社会主义现代化问题的理论思考，是关于中国特色社会主义现代化目标以及实现条件的理论学说，因此中国特色社会主义现代化理论是一个有着自己独特的问题意识，有一系列相互联系的理论观点，并且是来自于实践又在实践中得到检验的正确理论，因此拙文的第一个创新之处就是从中国特色社会主义理论体系中提炼出中国特色社会主义现代化理论。

在对中国特色社会主义现代化理论作为系统存在把握的基础上，本书的第二个特点就是运用马克思主义过程论的思想，对中国特色社会主义现代化理论形成、发展的历史进程与基本经验进行了梳理与提升，在对中国特色社会主义现代化理论进行提炼与梳理的基础上，得出一个结论，这就是本书的第三个特点，即在中国实现现代化必须坚持以中国特色社会主义现代化理论为根本指针的科学结论。

第六节　逻辑思路和结构安排

逻辑思路：关于中国特色社会主义现代化理论，人们可以从不同的角度来展开研究，比如，探讨中国特色社会主义现代化理论与毛泽东现代化思想之间的关系，中国特色社会主义现代化理论内在组成部分之间的关系，以及就中国特色社会主义现代化理论的创新性、时代性、探索性、人民性等等都可以作为展开研究的切入点。这些研究的视角都是值得肯定的。面对中国特色社会主义现代化理论这个博大精深、内容丰富的研究富矿，个人的研究显然不能面面俱到，因此必须结合自身的学术专长以及理论素养选择一个自己可以驾驭的视角，因为视角不仅是看问题的角度，而且跟自己的知识储备、学术兴奋点紧密相关。视角说到底，就是切入点，就是问题意识。本书主要是运用辩证唯物主义过程论的思想和方法从思想史的角度来梳理中国特色社会主义现代化理论形成与发展的历史进程。当然，为了问题深入分析和研究的需要，本书并不排斥以上的其他视角，也需要借鉴以上视角的研究成果。

本书的逻辑思路和结构安排总的来说是由导论、正文以及结语组成。

导论主要介绍研究的对象、研究的目的和研究的意义；第一章主要探讨中国特色社会主义现代化理论是如何尝试从资本主义现代化到苏联式社会主义现代化理论，再到对中国式现代化理论探索的演变过程；第二章、第三章、第四章、第五章主要探讨中国特色社会主义现代化理论从开创奠基到继承发展，再到深化拓展的历史进程，以及历史演进的基本经验；结语主要得出在推进现代化事业的进程中坚持以中国特色社会主义现代化理论为根本方针的必要性、重要性与必然性。

第一章　中国特色社会主义现代化理论的历史依据和思想渊源

中国特色社会主义现代化理论作为指导党和人民沿着中国特色社会主义道路实现国家富强、人民幸福的科学理论，是对邓小平现代化理论、"三个代表"重要思想中的现代化理论以及科学发展观中的现代化理论的理论整合。中国特色社会主义现代化理论是人类文明历史合乎逻辑的发展。恩格斯说过："任何新的学说……它必须首先从已有的思想材料出发。"[①] 他还说："每一时代的哲学……都具有它的先驱者传给它，而它便由此出发的特定的思想材料作为前提。"[②] 中国特色社会主义现代化理论的形成既有它的实践基础——改革开放和现代化建设；也必然有它的理论渊源。要科学地理解和把握中国特色社会主义现代化理论的形成与发展，成为中国特色社会主义现代化的自觉的建设者，就有必要探本溯源，寻求它的历史依据和思想渊源。

第一节　中国特色社会主义现代化理论的历史依据

中国早期现代化，即中国早期现代化的历史进程。这一过程涵盖了中国从 1840 年到 1949 年这一百多年间尝试通过资本主义实现现代化的历史。从现代化的一般含义来说，中国早期现代化是指中国开始逐步从传统农业社会向现代工业社会过渡，资本主义工业化、商业化、城市化和市民化等现代性陆续成为中国近代社会的特征。但是由于中国早期现代化还应

---

① 《马克思恩格斯选集》第 4 卷，人民出版社 1995 年版，第 719 页。
② 同上书，第 703—704 页。

包含另外一项必不可少的内涵：民族化，也就是反对帝国主义侵略，争取民族独立和统一。第一次鸦片战争后，西方资本主义列强为了能够实现其在华的政治、经济利益，它们在中国的沿江、沿海的通商口岸逐步营造了西方式样的社会环境。从而在客观上为中国带来了资本主义的生产方式和社会形态，促使了中国资本主义现代化启动。尽管西方殖民者给中国提供了资本主义体制产生和发展的客观条件，但是他们主观上并不希望中国真正走上资本主义的现代化道路，而是企图使中国处于屈从地位，永远是他们的原料产地、商品市场和资本积累的场所。因此，中国早期现代化的演进进程，也就是中国殖民地程度不断加深的过程。中华民族只有摆脱半殖民地半封建的状态，争取民族独立和统一后，才能驾驭自己的现代化进程。因此，在中国早期现代化的进程中，反对外来侵略、争取民族独立，与资本主义工业化、商业化和民主化等共同构成半殖民地半封建中国现代化的内涵。

现代化是人类社会特定的发展阶段，是一个较长的历史过程。在此过程中，由于部分的、局部的乃至质的变化，使得一切社会的现代化都呈现出不同的阶段。在西方资本主义冲击下而启动的中国早期现代化，是以"器物"、"制度"、"文化"、"革命"为台阶，由点到面，一步一步走向深入的。因此也呈现出一定的阶段性。那么，中国早期的现代化应该如何分期呢？根据一个国家实现现代化的进程要经历准备阶段、过渡阶段、基本实现现代化三个阶段理论，结合中国现代化运动的特殊性，中国早期现代化只经历了前两个阶段。从 1840 年第一次鸦片战争到 1911 年辛亥革命，是早期现代化的第一个阶段，即现代化的准备阶段；从辛亥革命后中华民国成立到 1949 年中华人民共和国成立，中国早期现代化一直处于第二个阶段，即向现代社会过渡阶段。

一　中国早期现代化的第一个阶段（1840—1911）

发生于 1840 年的第一次鸦片战争，是西方资本主义列强侵略中国的开始，同时也是中国早期现代化的起点。在鸦片战争前很长的一段时间，中国社会中的资本主义因素就已经在简单的商品交换和流通领域、封建性质的手工业工场中萌芽，但是在封建专制的统治下，发展极为缓慢，没有也不可能从传统的社会结构破壳而出，成为中国社会的经济基础。通过第一次鸦片战争，古老中华帝国的国门在洋枪洋炮声中轰然倒塌。于是，一方面是物美价廉的机器工业品潮水般畅通无阻地涌入中国市场；另一方面是蚕丝和茶叶等农副产品源源不断地运往千里之外的帝国主义国家。这样一来，不仅中国在不知不觉之中就被卷入世界资本主义市场体系中，而且，由于自给自足的自然经济这一东方专制主义的基础开始遭到破坏，中国封建统治面临着严峻的挑战。这种形势触发了中国追求现代化的愿望。"采西学"、"设局厂"、"制洋器"、"改弊端"等早期现代化思想开始在以林则徐、魏源等为代表的地主阶级改革思想家中酝酿。魏源还提出了"师夷长技以制夷"的主张，力图通过学习西方先进科学技术来实现富国强兵，抵御外敌。总之，鸦片战争造就了中国社会变迁的各种历史因素。基于此，中国早期现代化起点上溯到第一次鸦片战争。始于第一次鸦片战争的第一阶段的早期现代化，包括前后相继的两次社会变革运动，即洋务运动、戊戌变法运动。这两次大规模的社会变革运动，虽然在不同程度上涉及了早期现代化的基本内容，但是如果用现代化发展标准来衡量，显然都还处于准备阶段。其中，洋务运动启动了近代中国工业化的步伐；戊戌变法点燃了以制度变革实现现代化的火种。

（一）洋务运动与中国早期现代化的初步产生

洋务运动自19世纪60年代延续到90年代，是近代中国的第一次社会变革。第一次鸦片战争只是促使部分先进的中国人对外来的挑战作出了初步的思想反应，洋务运动才直接导致了工业化的兴起以及中国社会转型的开始，标志着中国早期现代化迈出了关键性的一步。洋务运动是在外国资本主义的影响下，在清朝内忧外患交困的危机情况下产生的。为了维护清朝的统治，统治阶级内部以李鸿章等为代表的开明官僚，深深地感受到从西方引进先进机器设备、自己开办工厂制造新式枪炮的迫切性。于是，他们先后以"求强"和"求富"为口号，从19世纪60年代到90年代，陆续创办了一批军事工业和民用工业。从此，中国开始了现代化的步伐。洋务工业化主要取得了两大成果，第一项成果是建立了机器制造工厂；第二项成果就是兴办了股份制公司。但是，洋务运动所存在的弊端是极为明显的。这场运动带有鲜明的统治阶级的目的性和保守性，因此，工业化一开始就走上了有悖于工业发展规律的畸形道路。其主要表现是，不按经济规律办事、官商关系极不正常，没有振兴经济的全局考虑。可见，洋务运动是一场局部的、严重畸形的早期现代化运动，并没有步入正常的发展轨道。尽管洋务运动取得了不少的成果，但是它终究逃脱不了失败的命运。

诚然，创办洋务运动的初衷是为了镇压人民大众的反抗和增强防御外敌能力，维护清朝的反动统治，不可避免地存在种种弊端。但是，它毕竟使中国第一次有了现代化产业，刺激着新的社会因素的产生和发展。新的社会因素一经产生就冲击和瓦解着传统的社会结构，导致晚清社会结构开始转型。这种社会转型主要表现在社会组织和社会结构以及社会心理、社会思潮发生了初步的变化。这些变化充分说明，洋务运动时期的中国社会，不仅已经开始了早期现代化含义中的民族化和工业化活动，而且在民族化和工业化的带动下产生了民主化的萌芽。随着工业化的发展、开发和扩大以及传统社会体制弊端的日益暴露，19 世纪 90 年代前后，一种主张全面变革传统社会体制的改革思想替代了洋务思潮。

（二）戊戌变法运动把中国早期现代化从"器物"层面推进到社会制度变革的层面

清末的第二次社会变革运动，是发生于 1895 年至 1898 年的戊戌变法运动。在这一时期，初步兴起的、力图全面变革社会制度的倾向民主运动，使中国早期现代化从工业化扩展到制度化，从社会表层的技术、器物革新深入到社会深层结构的变革，从而扩大和加深了现代化的范围和程度，加快了中国早期现代化全面产生的进程。制度层面的变革是现代化不可缺少的一项内容，也是工业化发展的必然结果。制度变革又是一个漫长的历史过程，必须经过长期的积累，而并非一两次民主运动就能够完成的。戊戌变法运动正是这一制度变革的始发站，是中国历史上具有现代意义的社会制度变革。它较早地提出了西方科学技术和民主政治制度的现代化纲领和措施。中国社会从此步入了社会制度变革的历史进程。戊戌新政的变革范围涉及经济、政治、军事、教育、文化等方面，涉及社会制度的变革，因此，无论变革的广度、深度和力度都超过仅触及器物层面的洋务运动，已经涉及中国早期现代化的核心内容。但是，由于变法运动危及力量十分强大的保守势力的特权和利益，而它的支持者只是一个没有任何实权的皇帝和少数政治经验匮乏的旧式知识分子；加上变革过程缺乏周密的统筹和安排，许多变革措施推进得过猛、过快，因而遭到保守势力的抵制和反对，最终被保守派残酷镇压。这次社会运动没有能够冲垮封建专制主义的大堤。戊戌变法的失败，意味着中国早期现代化的暂时中断。

二　中国早期现代化的第二个阶段（1912—1949）

中国早期现代化历程的第二阶段——正式启动阶段，是以 1912 年中华民国的成立为开端的。从中华民国成立到 1949 年的近 40 年间，中国的早期现代化一直处于启动阶段。虽然辛亥革命没有能够彻底完成其反帝反封建的历史任务，但是它使中国在资本主义的道路上又向前迈出了一大步。政治上，"它不仅推翻了王朝，而且使几千年来的君主专制制度从此结束，使民主共和观念从此深入人心。这对于推动中国社会进步，促进中国人民思想解放所起的作用是不可低估的。"① 具有资产阶级民主共和性质的中华民国，仿照西方国家设置了新式的政府机构，颁布了一系列法律和法规，从形式上规定了中国公民拥有结社、出版、言论等自由。在经济上，发展资本主义工商业已经成为国家的基本国策。从中央到地方纷纷出台"实业计划"，研讨发展工业化的问题。短短几年间，资产阶级性质的实业团体在全国范围内如雨后春笋般涌现出来。在此基础上，资产阶级全国性的组织——中华全国商会联合会成立了，他们的政治代表人物掌握了从中央到地方的一部分政权。资本主义工商业出现新一轮的发展。所有的这一切，无疑有利于工业化、民主化思想的广泛传播，从而起到了早期现代化的社会动员作用。中国早期现代化在程度上有所提高，在规模上有所发展，在成分上有所变化。但是，由于中国仍然缺乏实现现代化的历史条件，这一时期的现代化并没有达到现代社会的目标。

（一）孙中山与中国早期现代化道路

孙中山既是中国民主革命的先行者，又是中国现代化的伟大先驱。他对中国早期现代化的卓越贡献，不仅表现在他领导中国人民推翻了封建专制统治、为中国早期现代化的正式启动创造了必要的前提，而且在于他突破了前人单一的现代化框架，为中国指明了一条从政治改革到经济改革、从社会教育到文化思想、价值观念全面更新的现代化道路。孙中山对中国早期现代化道路的设想，经历了一个逐步发展和深化的过程。孙中山针对19 世纪末 20 世纪初中国社会面临的民族危机、政治危机和社会危机的实际情况，结合西方的社会政治理论学说，逐步为中国的政治、经济以及文

---

① 胡绳：《中国共产党的七十年》，中共党史出版社 1991 年版，第 4 页。

化教育等方面的现代化作出了较为全面的规划和目标规定。由于中国历史条件的不成熟，社会发展水平低下以及当时世界范围内缺乏系统的、可以借鉴的理论参考系，孙中山没有从现代化的视角，给中国人民留下专门的现代化理论专著。他对中国早期现代化的设想，主要散见于三权分立、五权宪法、建国大纲、建国方略等重要论述中。政治现代化在孙中山的现代化蓝图中，被置于首位。政治现代化的最基本特征是政治民主化。孙中山对实现中国政治制度的民主化，建立一个资产阶级民主共和国进行了有益的探索。如提出了全民政治的观念、政党政治是政治现代化的一个重要目标。这些设想都是以资产阶级政党为主要特征的，由于鸦片战争后资本主义已经成为中国社会发展的总趋势，所以这种政治上的设想无疑是当时中国政治发展的基本方向。

政治现代化不可能是政治层面的单方面变化，它需要社会和经济的变革来分裂传统的社会和政治集团，从而形成政治与经济的相互适应。孙中山经济现代化思想，主要包括，以交通运输业为突破口，重点发展"关键及根本工业"，相应发展"本部工业"，提出了实行开放主义，通过对外开放加速本国经济现代化的步伐、重视农业的基础地位、促进农业的发展。在中国实现现代化，必须使整个民族文化心理发生相应的转变，实现人的现代化。不难看出，孙中山所构想的中国现代化道路，是一条以资本主义为发展方向的现代化道路。同时，历史也证明，孙中山所构想的中国现代化道路只是一种美好的设想，根本没有实现的可能。

（二）南京国民政府与中国早期现代化的终结

南京国民政府与中国现代化进程的关系是相当错综复杂的。它为了维护自身的统治，曾在不同时期、不同程度上推进过中国早期现代化的发展，而非有意阻挡中国现代化的进程。但是随着时间的推移，国民政府在不断的高度强化和集中政权力量的同时，相应地把社会经济强行引向国家资本主义的轨道，从而给官僚资本的恶性膨胀埋下了毒根，并最终成为中国现代化进程的障碍，演化为革命的对象。国民党政府党治国家的政治模式，未能把社会成员有效地组织起来，不能把社会变迁的新内容、新要求纳入其政治制度框架内，也就无法有效地控制社会。加上国民党意识形态也无法获得民众的普遍认同，党内派系斗争持续不断、纪律荡然无存，所以，其执政地位长期处于危机之中。因此，在1928年至1949年间，尽管中国早期现代化在若干领域都有所成就和推进，但最终摧毁国民党政权、延缓现代化进程的因素也在急剧增长，注定了它被一场全新的革命推翻的命运。

三　早期现代化百年历程的理论反思

从 1840 年到 1949 年是中国现代化进程的第一个 100 年，由此可以看出，百年来中国巨变所走过的道路是极为复杂和曲折的。中国社会边缘化和半边缘化与内部衰败化重叠，革命化与现代化相交织。中国现代化进程从封建体制下现代军事工业和民用工业的最初起步，到旧体制的崩溃、共和体制的形成以及与其伴随的资本主义经济增长的短暂高潮，直至最后十年战争打断现代化进程，导致断裂性大震荡与经济增长的倒退，总的来讲，鸦片战争一个世纪的中国现代化进程是启动缓慢、持续延误的过程。而它引发的思考不仅有助于我们理解已经过去的百年历程，也将为我们把握未来的百年历程（也就是从 1949 年到 21 世纪中叶）提供批判思维尺度与逻辑基础。

第一，中国现代化是在人口众多、幅员辽阔、经济发展落后的农业大国进行的。这是中国的基本国情，也是中国现代化发展一度十分缓慢的原因。这种情况正好同西方现代化的现行国家相反，它们的人口急剧增长主要在工业化之后。这就使中国农业生产潜力几乎耗尽，并且制约了工业化所需要的资金积累，从世界现代化进程的经验看，在现代化的先行者与后继者中，几乎都是小国或中等规模的国家，而没有一个人口众多、幅员辽阔的农业大国。另外，当 19 世纪中期中国在西方的挑战面前开始现代化的起步时，发展的起点要比西方国家低得多。

第二，中国现代化是在诸多挫折或者说是异乎常态的内外环境中艰难进行的。在近一个世纪的现代化发展中，自然灾害、社会动荡、国内战争和外国入侵交织在一起，造成传统中央集权的政治体制走向衰败和解体，国家的主权与统一遭到破坏，社会经济受到冲击，传统文化和民族精神遇到挑战。由此可见，新旧、内外、传统现代因素错综复杂的剧烈突变，形成了中国现代化过程中反复曲折的发展轨迹，其斗争的规模、冲击力是其他国家不曾碰到的。但是我们需要说明，即使经过这样激烈的搏斗和坎坷的历程，中国的社会并没有解体，反而达到了更高度的整合。西方列强在印度等其他地方推行的殖民化经验，在中国从未收到预期的效果。失败、屈辱、灾难激发了中国人现代民族主义的觉醒，推动了中国从涣散走向团结、统一和进步。1949年全国实现了新的统一，并在新的基础上建国之后，民族自信心和民族凝聚力得到进一步发扬，从而转化成了民族复兴与现代化的伟大动力。

第三，中国走向现代化的过程是在世界化浪潮不断冲击与挑战下，不断选择与变换发展模式的过程，亦是一个历史连续性的破坏与延续的深刻矛盾过程。一百年来，中国现代化的客观目标是向现代工业社会过渡，但实现这一目标的方式方法却在不断地变动与探索中。鸦片战争打开了中国的门户之后，中国在19世纪力图仿效日本与俄国，走君主制的自上而下的保守现代化道路，一时间成为中国新的潮流，但自强运动、维新运动都相继失败。到20世纪初，转而采取自下而上的资产阶级革命道路，以推翻帝制和建立议会民主制。辛亥革命失败后又再次探索新的变革模式。一百年来中国现代化模式的多重选择与实验，深刻地反映了中国社会在现代化挑战下急剧动荡与危机步步深化的曲折历程。然而历史上，从没有盲目崇外、照搬外国模式的现代化能够取得成功，只有独立自主地选择符合国情的现代化才有可能成功。只可惜由于种种原因，在新中国成立之初，这条重要的经验被忽略了。

任何国家、民族实现现代化都需要一定的社会历史条件。没有这个条件，美好的现代化蓝图都是空想。不过，由于时代的变化、所处国际环境的差异，各个国家、民族进行现代化建设所需要的条件也就不同。就中国而言，作为现代化的后发者，要想顺利实现现代化，必须具备如下条件：国家主权的独立和完整、具有稳定有力的中央政权、完成二元性经济结构的变革；消除历史传统中的消极因素。但是，上述条件在半殖民地半封建的近代中国几乎缺失。加上中国资产阶级力量弱小，无力承担领导现代化的重担。这样，中国早期现代化的失败就成了历史的必然。尽管如此，在严酷的社会背景下起步的中国早期现代化，终究给20世纪后半叶中国的现代化提供了一个基础、一个阶梯。

回顾这一段历史，我们不难看出，自鸦片战争以来的仁人志士，都以救亡图存、振兴中华为己任，进行了中国现代化的艰辛探索，但在认识上经历了一个"器物—制度—革命"的逐步摸索过程。最早的认识停留在"器物"层面，认为我们之所以不如西方列强，都是因为我们船不坚、炮不利，因此关键是学习西方的科学技术和生产力，其口号是"师夷长技以制夷"，实际行动是洋务运动。但接下来发现，仅仅着眼于"器物"是不行的，洋务运动终因官僚资本和政治腐败而不了了之，一些先进的中国人感到当务之急是必须解决中国的"制度问题"，即"变法"，这样才能富民强国，于是便有了戊戌变法和辛亥革命。资本主义现代化道路在中国走不通，中国的现代化最终选择了社会主义道路。这种选择是近代中国革命发展的必然结果。中国不仅要走社会主义的现代化道路，而且要走自己的社会主义现代化道路。为此，中国现代化的领导者——中国共产党人进行了艰辛的探索，终于在十一届三中全会后逐步找到了一条有中国特色的社会主义现代化道路，探索中国社会主义现代化道路的历程充满坎坷与曲折。每一代中国共产党人的探索都取得了巨大的成就，也不可避免地出现了失误。无论是探索的成就还是探索的失误，都是后来者探索的宝贵财富，都是把社会主义现代化事业不断推向前进的基础。

第二节　中国特色社会主义现代化理论的思想渊源

一　马克思、恩格斯的现代化思想

马克思主义创始人虽然没有明确提出过什么"现代化"，但并不代表他们没有过现代化的思想，因为在他们的著作中，多次论述了"现代社会"。早在一百多年前，马克思在《资本论》第一版序言中就表述了从传统社会向现代社会转变这一思想。他曾提道："工业较发达的国家向工业较不发达的国家所显示的，只是后者未来的景象。"① 马克思这一光辉思想对落后国家的发展道路和工业化问题产生了很大影响。马克思主义始终是从社会变革的角度来阐述自己现代化思想的。马克思主义对现代化与资本主义、社会主义的关系的理论探索，主要体现在以下三个方面。

第一，从世界现代化的起源及其发展的一定阶段的角度上看，资本主义化和现代化是一种"重合"的世界历史进程。马克思所说的"现代社会"也就是资本主义社会，我们所说的从农业社会到工业社会的过渡也就是从现代社会的到来开始的，也就是从资本主义开始的。传统社会向现代社会的过渡是从15世纪下半叶开始的。在当时，现代社会就是资产阶级社会，现代的到来，就是资本主义时代的到来。马克思充分肯定了资本主义在现代化进程中的作用，或者说肯定了资本主义在推进人类社会发展

---

① 《马克思恩格斯全集》第23卷，人民出版社1972年版，第8页。

中的作用。但马克思同时强调：资本主义的世界现代化在给人类社会带来史无前例的巨大进步的同时，也给人类社会及其生存环境带来了前所未有的巨大灾难，使阶级与阶级之间、国家与国家之间、民族与民族之间、人与人之间、人与社会之间、人与自然之间的矛盾愈演愈烈，从而也使人和社会处在一种极端畸形发展的状态。因此，在资本主义世界现代化发展的一定阶段上，作为制度的社会主义的选择就必将会出现在世界现代化发展的进程中。

第二，从社会形态相继更替的角度上看，社会主义是世界现代化发展的结果；正是在世界现代化的过程中，产生了科学社会主义思想，产生了以科学社会主义为指导的社会主义运动，也产生了社会主义制度。所以说，科学社会主义是世界现代化发展的结果。马克思从社会形态更替过程的角度考察世界现代化与社会主义的关系。主要观点有，在经济必然性的基础上，着眼于社会主义代替资本主义的过程（包括社会主义代替资本主义的战略和策略），强调这一过程的长期性、复杂性和艰巨性；着眼于抓住在一定的历史条件下出现的有利于向社会主义转变的时机（指民族和国家，尤其是经济文化不发达国家）；着眼于（在资本主义生产方式还占统治地位的世界历史时代中）无产阶级夺取政权后在继承、发展资本主义现代化的一切肯定的成果的同时，限制、克服和避免资本主义现代化的弊病，巩固和发展已取得的社会主义现代化的成果，从而最终实现社会主义世界历史时代对资本主义世界历史时代的全面取代。在资本主义世界现代化发展的一定阶段上所产生的作为制度的社会主义，在其相当长的发展时期内，还不可能在人和社会发展的各个方面实现对资本主义现代化的全面超越。因为，它在其相当长的发展时期内面临着如何限制、克服或避免资本主义现代化弊病的问题。而要在实践中解决这一难题，只有实施以经济发展为中心的人和社会、人和自然全面、协调发展的战略方针，最终实现高于资本主义现代化的现代化形态。

第三，从社会形态更替过程的角度上看，社会主义现代化是高于资本主义现代化的崭新的世界现代化形态。从世界历史的角度看，社会主义现代化既是资本主义现代化发展的逻辑结果，又是对资本主义现代化的超越。实现社会主义现代化的过程也就是对资本主义现代化的超越过程。这种"超越过程"是一个不可避免的"自然历史过程"，是世界上各个民族和国家最终都要经历的世界历史进程。社会主义世界历史时代全面代替资本主义世界历史时代、社会主义现代化全面代替资本主义现代化的过程是曲折、复杂的。对于发达资本主义国家来说，有一个在逐步克服资本主义现代化的各种弊病的过程中实现高于资本主义现代化的现代化形态的问题，而对于经济相对落后国家来说，则有一个在逐步汲取资本主义现代化的一切肯定的成果的同时尽可能地避免资本主义现代化的弊病，从而实现高于资本主义现代化的现代化形态的问题。

除了上述三个方面之外，马克思主义的现代化思想还在关于科技与社会发展、人与人之间关系、民主和法制等理论中有所体现。这一切表明在马克思主义的理论中不仅有比较丰富的现代化思想，而且已成为现代化理论的核心部分。

二 列宁关于社会主义现代化建设的思想

19 世纪末 20 世纪初，自由资本主义步入垄断资本主义即帝国主义阶段，资本主义世界所固有的一切矛盾都尖锐化了，而俄国则成为帝国主义矛盾的焦点。列宁把科学社会主义的基本原理与俄国革命的实际结合起来，建立了世界上第一个社会主义国家，使社会主义从理论变为现实。进而，列宁对不发达国家如何进行社会主义现代化建设的问题进行了可贵的探索，并取得了重大成果。这些成果是中国特色社会主义现代化理论形成与发展的重要理论渊源。

在《论欧洲联邦口号》一文中，列宁从资本主义经济政治发展不平衡规律和资本主义体系的薄弱环节出发，创造性地提出社会主义革命将在一国或数国首先胜利的理论。他指出："经济和政治发展的不平衡是资本主义的绝对规律。由此就应当得出结论：社会主义可能首先在少数甚至在单独一个资本主义国家内获得胜利。"[1] 这是列宁对科学社会主义的重大发展，是列宁主义的重要标志。这个理论为各国无产阶级指出了取得革命胜利的前途，极大地鼓舞了它们与本国资产阶级进行革命斗争的积极性和主动性。十月革命的伟大胜利，正是在这一理论指导下取得的。

如何进行社会主义现代化建设，是经济文化比较落后的国家走上社会主义道路后必然面临的重大历史课题。为解决这个历史课题，列宁进行了卓有成效的探索。这种探索突出地表现在实行新经济政策上。依马克思的

---

[1] 《列宁选集》第 2 卷，人民出版社 1995 年版，第 554 页。

看法，未来共产主义社会的第一阶段，已经消灭了商品货币。列宁最初也持这种观点，并依照这样的思路，在十月革命胜利后提出了社会主义现代化建设计划并付诸实践。但不久，由于国内战争的爆发和外国武装干涉，全国陷入了令人"痛苦已极的饥荒"。苏维埃政权不得不实行"战时共产主义政策"。在农业方面，实行余粮收集制，取消集市贸易；在流通领域，取消一切私人贸易，实行国家对外贸易的垄断；在全国范围内有计划地分配消费品；在工业方面，将大、中、小企业全部收归国有，实行高度集中的管理体制；在劳动力分配方面，普遍实行义务劳动制，贯彻不劳动者不得食的原则。"战时共产主义政策"，实质上取消了市场和货币，否定了商品经济和价值规律，实行共产主义的分配方式。实践证明，实行这种政策，在当时对于夺取战争胜利和捍卫国家政权，是必要的和行之有效的，但用它去建设新社会则违背了经济发展规律，超越了社会发展阶段，是不成功的。于是，列宁明确提出由"战时共产主义政策"向"新经济政策"的转变。这个政策的主要思想是，从俄国经济文化落后的情况出发，从忽视、排斥、消灭资本主义转向利用资本主义，建设社会主义。实行这一政策的主要措施是，用粮食税代替余粮收集制，允许农民缴纳粮食税后把剩余粮食拿到市场上交换，允许多种经济成分存在，通过商品交换、货币流通和自由贸易来活跃经济，培植国家资本主义，利用外国资本和技术，加快经济恢复和发展。

　　大致说来，列宁的新经济政策对社会主义现代化建设的贡献有三个方面：一是突破了关于社会主义的一些传统认识和僵化观念。列宁根据实际，纠正了马克思、恩格斯以西欧发达资本主义国家为背景，对未来社会的一些具体设想。他认为，并不是只有纯粹的单一公有制和单一按劳分配才是社会主义。相反，社会主义并不排斥和否定私人利益，它要求把私人利益与国家对它的监督检验结合起来，使私人利益服从共同利益；社会主义并不是绝对排斥私人资本主义企业，它要求两者联合，变成合作企业。列宁批判了把社会主义与资本主义绝对对立起来的僵化观念。他指出，为了苏维埃的生存和经济的恢复，必须利用资本主义建设社会主义。"恢复资本主义也就是恢复无产阶级，使他们在大机器工厂里生产有利于社会的物质财富。"① 列宁大胆启用资本主义对发展生产力、对历史进步具有积

---

　　① 《列宁最后的书信和文章》，人民出版社 1992 年版，第 31 页。

极作用的一面，用以改变苏俄经济落后的面貌。他更多地看到了资本主义与社会主义之间存在相互依存的一面，更关注社会进步、人类文明发展所共有的物质和文化基础。列宁还提出了"少搞一点政治、多搞一点经济"的观点。这是对科学社会主义理论的重大发展；二是找到了切实可行的建设社会主义现代化的途径和方法。这种途径和方法主要包括新经济政策的各要素，利用商品、货币、市场、市场机制发展经济的思路。其中最具独创性的思想是"通过国家资本主义走向社会主义"，"通过市场来满足千百万农民需要的基础上实行经济竞赛"。列宁善于异中求同、同中求异，在资本主义与社会主义两个不同社会制度之间寻找相同、相似之处；善于运用以退为进的策略。他提出了引进—吸收—国内竞赛—国际竞争的经济发展战略，强调要善于利用资本主义国家、垄断集团之间的矛盾，使苏俄在世界市场上赢得有利的地位，推动苏俄经济和外贸的发展。列宁的经济发展战略适应了 20 世纪初世界经济的发展趋势；三是对社会主义现代化建设的全方位思考。新经济政策的实施过程，是列宁对社会主义现代化建设不断探索和重新认识的过程。在他看来，社会主义不是一成不变的，而是一个不断发展的过程，对它的认识也应随着实践不断深化。列宁特别关注政治建设。为改善党中央的领导，改变权力过分集中于少数人的状况，他主张建立党、苏维埃机关、群众三位一体的监督、检查制度体系。为改造国家机关，他主张精简机构，划分职能、职责范围，建立个人负责制，实行党政分开，建立奖惩制度，建立和健全社会主义民主法制。列宁也十分重视文化建设。他把能否继承掌握人类创造的优秀文化成果和先进技术成果，提高到能否建成社会主义的战略高度，在农民中进行文化工作，努力发展教育事业，提高教师的地位和待遇，重视知识分子和专家的作用，以正确的政策和方针吸引大批知识分子、专家投身建设事业。

列宁关于社会主义建设的正确思想，特别是新经济政策的实践，体现了创造性、灵活性和预见性，是社会主义现代化建设理论系统化、实践化的一次伟大尝试。新经济政策是社会主义改革之路的真正源头。它的基本精神、原则、思路和策略思想，对我国改革开放和现代化建设具有巨大的启迪作用。中国特色社会主义现代化理论中的社会主义改革开放理论、社会主义市场经济理论、社会主义民主法治理论、社会主义文化建设理论等，继承和发展了列宁关于社会主义现代化建设的正确思想。

三　斯大林关于社会主义现代化建设的思想

从上节可以看到"新经济政策"以及列宁关于社会主义建设一系列问题的思考极具前瞻性，可惜的是，列宁的实践是短暂的，他提出的适应落后国家社会主义现代化建设规律的设想远未在苏共党内形成共识。斯大林等领导人未能真正把握"新经济政策"的实质，不能正确理解"新经济政策"实施中出现的负面问题。当苏联再一次面临帝国主义战争威胁时，"新经济政策"中断了，应对战争需要的权力高度集中的体制建立了起来。这一体制被后人称为斯大林模式或苏联模式。

"苏联模式"是在世界范围社会主义建设史上一个经过较长时间运作并且真正"定型"的现代化建设模式。这个模式的内容涵盖了社会主义经济、政治、文化建设各个层面，涉及斯大林执政时期社会主义现代化建设的指导理论、运行体制和相关政策等等，具有相当完整的体系。而且因为这个模式为后起的社会主义国家模仿照搬，影响广泛而深刻。对斯大林社会主义现代化建设思想的认识，关系到 20 世纪社会主义现代化建设事业兴衰成败的经验总结，也关系到对社会主义现代化建设规律的认识和把握。

所谓"苏联模式"就是斯大林时期社会主义现代化模式，它是苏联在斯大林的领导下，摸索出的一条"由落后国变成先进国，由农业国变为工业国"的现代化道路。① 第二次世界大战后，苏联现代化模式几乎无一例外地移植到东欧社会主义国家。于是，苏联模式被国际化，成为一种与西方资本主义现代化模式相对立的形式。苏联高速工业化和农业全盘集体化的大规模实施是苏联模式基本形成的标志，在"两化"过程中，斯大林制定的一系列政策措施以及相应的一整套管理体制集中反映了苏联模式的特征。1925 年苏共（布）十四大刚刚揭开序幕的社会主义工业化运动，不久即驶入快车道。按照斯大林即"重工业化"的指导方针，苏联以特殊的手段、超越的速度走上了一条集中资源、优先发展重工业的非常规工业化道路。与此同时，为了解决高速工业化所需的资金积累问题和农业本身的社会主义改造问题，苏联从 1928 年起运用行政命令和强制手段突击完成农业集体化。经过两个"五年计划"的建设和发展，苏联在

---

① 《斯大林选集》下卷，人民出版社 1979 年版，第 495 页。

短时间内迅速建设起以重工业为主导的工业化体系，实现了农业全盘集体化，完成了由农业国向世界工业国的转变。但是，在另一方面，斯大林把工业化和农业集体化当作彻底消灭非公有制经济成分的手段，因此在"两化"过程中实行了完全限制、排挤乃至消灭私人经济的政策。1936年，斯大林在《关于苏联宪法草案》的报告中称苏联已经建成社会主义，苏联经济生活的根本变化就是社会主义体系已经在国民经济所有部门中取得了完全的胜利，剥削阶级已被消灭，留下的只是工人阶级和农民阶级以及知识分子。除了经济基础和阶级结构的巨大变化，大规模的工业化和农业集体化运动还推动国民经济的运行和管理体制迅速地走向集中。在高度集中的经济体制形成的同时，苏联的政治体制也加快走向高度集权的步伐。总之，"苏联模式"归结起来有以下几个特点。

第一，社会主义公有制是所有制的唯一形式，把公有制、国有化作为现代化模式创新的决定性因素。国家有计划地发展以国营企业和集体化农业为主导的国民经济，并期望借助这种先进的生产关系促进社会生产力的高速发展，为赶超发达的资本主义国家提供可靠的经济制度保障。第二，指导方针上，选择优先发展重工业的现代化战略。实现优先发展重工业的战略方针，一方面，促使工业化的快速发展，极大地增强了苏联的经济实力；另一方面，对工业化投资过高，导致国民经济比例严重失调。片面发展重工业、轻视农业和轻工业造成了农业和轻工业长期落后，人民生活得不到提高；用掠夺农民的办法来积累资金，大大损伤了农民的利益和生产的积极性。第三，经济体制上，实行国家指令性计划和有限市场相结合的经济调节体系。国家指令性计划，就是由中央来统一计划分配物力、财力和人力，规定基本的比例关系，使指令性计划成为调节经济的唯一方式；有限市场供求，实际上是取消了市场机制，否定市场调节资源分配的作用，正因为如此，在经济活动中，不是自觉地利用价值规律调节生产和供求，也不能利用经济手段、经济杠杆有效调节经济运行，而是运用各种行政手段进行硬性管理。第四，管理体制上，是高度集权的国家权力统制形式。苏联按照部门管理的原则支配经济。

应该说，这种过分集中的经济运行机制，不利于发挥地方和企业的积极性。尽管"苏联模式"存在不少弊端，但它毕竟使苏联的国力得到迅速的提升，这不仅使苏联在帝国主义的四面包围中站稳脚跟，而且开创了一条崭新的社会主义现代化道路，结束了资本主义现代化模式一统天下的旧时代，这也说明，资本主义现代化道路并非是所有国家和民族走向现代化的必由之路。

第三节　毛泽东对社会主义现代化的理论探索

　　中国特色社会主义现代化理论是我们党在改革开放和现代化建设实践中形成的科学理论。但是，历史具有连续性，思想也有继承性。正如胡锦涛在党的十七大报告中指出的："改革开放伟大事业，是在以毛泽东同志为核心的党的第一代中央领导集体创立毛泽东思想、带领全党全国各族人民建立新中国、取得社会主义革命和建设伟大成就以及艰辛探索社会主义建设规律取得宝贵经验的基础上进行的。新民主主义革命的胜利，社会主义基本制度的建立，为当代中国一切发展进步奠定了根本政治前提和制度基础。"① 作为中华人民共和国的缔造者、社会主义制度的奠基者的毛泽东，在领导中国革命的过程中，把马克思主义的普遍真理同中国的具体情况相结合，走出了一条具有中国特色的革命道路，从而为中国特色社会主义现代化理论的创立提供了启示，积累了经验。同时，毛泽东又是中国社会主义现代化建设的领导者和探索者。他在领导中国社会主义建设过程中，进行过积极而有效的探索，积累了许多经验，其中也不乏教训。他领导社会主义建设所取得的光辉成就为中国特色社会主义现代化建设奠定了物质和制度基础；他关于中国社会主义建设的思想，无论是经验还是教训都为中国特色社会主义现代化理论的创立提供了思想和精神基础。所以我们说中国特色社会主义现代化理论虽然形成于改革开放新时期，但是从理论起点和认识源头上来说，中国共产党对中国特色社会主义现代化理论的探索，是从以毛泽东为核心的党的第一代领导集体开始的。尽管毛泽东没有提出建设有中国特色社会主义现代化这个命题，但是，在社会主义全面展开以后，他提出了以苏为鉴，走自己道路的问题。根据这一思路、围绕这一问题，以毛泽东为代表的党的第一代领导集体进行了长期的探索和努力，积累了正反两方面的重要经验，提出了许多重要的思想和观点。这一切对于中国特色社会主义现代化建设和发展具有长远的指导意义。毛泽东关于社会主义现代

---

① 《十七大以来重要文献选编》（上），中央文献出版社2009年版，第6页。

化建设的正确思想，对于人们加深对现代化的认识和理解，把握现代化建设规律发挥了重要的作用，也为中国特色社会主义现代化理论的形成提供了重要的思想基础，这些思想是中国特色社会主义现代化理论的重要内容，但它是以被继承和发展的形式融汇其中的，从而成为中国特色社会主义现代化理论形成与发展的思想渊源。

一　毛泽东探索"四个现代化"目标与"两步走"战略的历史进程

目标确定：从"工业化"到"四个现代化"。怎样才能使中国由一个落后的农业国变为世界强国，毛泽东最初制定的目标是工业化。1945 年 4 月 25 日，毛泽东在"七大"政治报告中突出地强调了工业的重要性，他说：没有工业，便没有巩固的国防，便没有人民的福利，便没有国家的富强。基于这种分析，毛泽东提出了工业化目标，即"在新民主主义的政治条件获得之后，中国人民及其政府必须采取切实的步骤，在若干年内逐步地建立重工业和轻工业，使中国由农业国变为工业国。"相应地，中国工人阶级的任务，就"不但是为着建立新民主主义的国家而奋斗，而且是为着中国的工业化和农业的近代化而斗争。"① 四年之后，他在《论人民民主专政》一文中又一次重申了工业化的目标，他说："人民民主专政的国家，必须有步骤地解决国家工业化的问题。"② 这就是毛泽东对新中国经济发展战略的最初思考。后来，他又把实现国家的社会主义工业化作为一个重要内容纳入到"过渡时期的总路线"当中。直到 1954 年 9 月，毛泽东在一届人大一次会议致开幕词时仍然突出强调了工业化目标，他说，准备在几个五年计划之内，将我们现在这样一个经济文化落后的国家，建设成为一个工业化的具有高度现代化程度的伟大的国家。这表明，从 20 世纪 40 年代中期至 50 年代前期，毛泽东一直把基本实现工业化作为国家建设的一个战略性目标。

除了基本实现工业化之外，毛泽东、周恩来还思考制定了更加长远的目标。在毛泽东那里，这个目标最初被说成是建设一个"伟大的社会主义国家"，后来又被具体定位为"赶上或超过"世界上最先进的资本主义国家。在周恩来那里，自 20 世纪 50 年代中期开始，长远目标一直被概括

① 《毛泽东选集》第 3 卷，人民出版社 1991 年版，第 1081 页。
② 《毛泽东选集》第 4 卷，人民出版社 1991 年版，第 1477 页。

为"四个现代化"（其间有几年是"三个现代化"）。当然，毛泽东同意这一概括。事实上，50 年代中后期，毛泽东在文稿中也多次使用"四个现代化"或"三个现代化"的提法。自 60 年代中期开始，党的重要文件即三届人大一次会议和四届人大一次会议的《政府工作报告》都使用了"四个现代化"的提法。这表明，在长远目标的具体表述上，党中央已经形成共识。

"四个现代化"的思想，最早可追溯到 1953 年。这一年 12 月，经中共中央批准，中宣部编印了《关于党在过渡时期的总路线的学习和宣传提纲》（以下简称《提纲》），《提纲》在解释国家的社会主义工业化时，提出了"促进农业和交通运输业的现代化"，"建立和巩固现代化的国防"。这大概是"四个现代化"的最初萌芽。1954 年 9 月，周恩来在一届人大一次会议上正式提出了四化目标："我国的经济原来是很落后的。如果我们不建设起强大的现代化的工业、现代化的农业、现代化的交通运输业和现代化的国防，我们就不能摆脱落后和贫困，我们的革命就不能达到目的。"① 这是我们党的领导人第一次完整地提出"四个现代化"。这也是关于"现代化"战略的最早表述。此后，随着社会主义建设实践的不断深入，毛泽东、周恩来又对现代化的内容做了几次调整：第一次是不再把交通运输单列为现代化的一项专门内容，而是把它纳入到工业现代化范畴之中。第二次是取消和恢复国防现代化。1955 年日内瓦会议和万隆会议之后，世界形势趋向缓和，可能是出于要集中力量搞经济建设的考虑，国防现代化暂时不提了。比如 1957 年，毛泽东在《关于正确处理人民内部矛盾的问题》一文中用的就是"三个现代化"，即"将我国建设成为一个具有现代工业、现代农业和现代科学文化的社会主义国家"②。但在 20 世纪 50 年代末期，由于国内外形势的变化，国防问题凸显出来了，因此国防现代化又成为毛泽东关注的重点。1959 年 12 月至 1960 年 2 月，在读苏联《政治经济学教科书》时，毛泽东指出：建设社会主义，原来要求是工业现代化、农业现代化、科学文化现代化，现在要加上国防现代化。第三次是随着对科学技术重要性认识的深化，便将科学文化现代化改为"科学技术现代化"。1963 年 1 月 29 日，周恩来在上海市科学技术工作会

---

① 《周恩来选集》下卷，人民出版社 1984 年版，第 132 页。
② 《毛泽东文集》第 7 卷，人民出版社 1999 年版，第 207 页。

议上讲话时说，要把我国建设成为社会主义强国，"关键在于实现科学技术的现代化"。① 出于这种认识，他在讲话中首次将四化表述为：农业现代化、工业现代化、国防现代化和科学技术现代化。此后，周恩来在三届人大一次会议和四届人大一次会议上所做的政府工作报告中，沿用了这一提法。

用"四个现代化"代替工业化，不仅内容更为丰富，而且表明以毛泽东为代表的共产党人对现代化内涵的理解更为深刻了。应该说，"四个现代化"发展目标更符合实际，反映了我国社会经济发展的需要，但以现在的观点来看，四化目标本身偏重于经济和科技，未涉及制度和思想、政治、社会层面。

战略选择：从"工业化战略"到"'赶英超美'的战略"，再到"分'两步走'战略"。新中国成立后，以毛泽东为核心的党的第一代领导集体根据马克思主义"尽可能快地增加生产力的总量"的要求，确定了以工业化为中心的现代化战略。这一现代化战略在具体的实践过程中，经历了从"与社会主义改造并举的工业化战略"，到"'赶英超美'的赶超战略"，再到"分'两步走'实现现代化的战略"三个阶段。

（一）工业化战略

实现中国社会的工业化、现代化以摆脱苦难的境地，是先进的中国人近百年的一个宏愿。把中国由落后的农业国变为先进的工业国，是共产党开国后既定的发展战略目标。经济发展必须要有一定的制度保障。关于建国初期的社会发展路向问题，中共中央和毛泽东曾经达成了一个共识：经过新民主主义革命夺取全国政权，建立一个既非资本主义又非社会主义的新民主主义共和国，经过相当长时期的新民主主义建设，在国家经济事业和文化事业大为兴盛之后，在各种条件具备了以后，再采取社会主义步骤，一步到位，在全国实现社会主义。这就是我们曾经设想在新民主主义社会制度下实现工业化。这种先建设后转变的"先后战略"是符合马克思主义基本原理并适合中国经济文化极端落后这一特殊国情的。但是三年经济恢复时期一结束，毛泽东的看法发生了明显变化，即开始产生直接向社会主义过渡的思想。1953 年他明确提出了过渡时期总路线和总任务，这是一个改造与建设同时进行的"并举战略"。"先后战略"与"并举战

---

① 《周恩来选集》下卷，人民出版社 1984 年版，第 412 页。

略"是两种不同的思路和模式。

工业化战略提出的原因：从国际角度看，第二次世界大战后形成了两大阵营。当时的资本主义阵营处于衰败状态，而社会主义阵营则充满了向上发展的活力，尤其是苏联依靠社会主义制度实现了由农业国到工业国的转变，创造了落后国家走向工业化的奇迹，又依靠已建立的社会主义制度，赢得了反法西斯战争的胜利，充分体现了社会主义的优越性，这为苏联社会主义赢得了声望。苏联社会主义模式对包括中国在内的所有无产阶级取得政权的国家都产生了重大影响。在两种社会制度尖锐对立的国际环境中，作为近代一直遭受帝国主义凌辱的中国，深感没有现代工业和现代国防的无奈，我们的领导人自然希望充分发挥政治优势和现有的物质条件，尽快让中国富强起来。在我们心目中，已经强大起来的苏联无疑是制度选择的榜样。从苏联方面来讲，对中国实行的新民主主义政策也颇有微词。从国内情况来看，到 1952 年，我们的国民经济得到了恢复并有一定程度的发展，国家政权得到巩固，尤其是国民经济结构也发生了深刻的变化：一方面，工业产值在工农业总产值中的比重有了上升；另一方面，社会主义、半社会主义性质的经济有了迅速的增长，在国民经济中的比重不断增大，并占据了绝对优势。这说明我们已经获得了有计划进行经济建设的条件。与此同时，无产阶级与资产阶级的矛盾、公私矛盾也凸显出来。这使毛泽东等党和国家领导人感到，一是有前提进行改造的必要性；二是也具备了实行改造的客观环境。

工业化战略的主要内容：界定了我们要实现的工业化是社会主义工业化，提出了使我国有强大重工业，可以自己制造各种必要的工业装备，使现代化工业化能够完全领导整个国民经济而在工农业总产值中占绝对优势的初步工业化标准，规定了实现工业化的战略步骤和方针，即从 1953 年开始，经过三个五年计划或更长一些时间，完成国家的社会主义工业化，并同时完成国家对农业、手工业和资本主义工商业的社会主义改造；确定了实现社会主义工业化的战略重点，即以发展国家的重工业作为实现社会主义工业化的中心环节，奠定社会主义工业化的基础，结合中国的国情，提出了以重工业为重点，带动轻工业和农业，用多发展些农业和轻工业的办法来发展重工业的工业化方针。由此不难看出，毛泽东的观点具有相当的理论深度。

工业化战略的评析：就工业化战略的总体而言，我们要给予充分的肯定，因为党中央和毛泽东抓住了当时政治、经济、社会基础和国际条件等有利因素，及时推动了历史进程，有着巨大的合理性。从实际执行的结果看也是好的。但这一战略也存在一些局限性，其一，过渡时期总路线作为一种社会经济发展战略，只有经济方面的内容，缺乏上层建筑与精神文化方面内容的规定；其二，没有摆脱先期工业化国家的发展模式，即以粗放经营方式追求经济发展的高速度，孕育着忽视经济效益倾向；其三，这一战略偏重于社会主义改造。尽管总路线是将工业化与改造任务并重的，在解释总路线时强调工业化是主体、社会主义改造是两翼，但总路线提出后的客观影响是强化了无产阶级与资产阶级的矛盾，淡化了经济建设这个中心任务。当时从中央到地方各级党委的主要精力，不是放在抓主体的工业化建设，而是抓作为两翼的社会主义改造。毛泽东曾明确地说，中央现在百分之七八十的精力都集中在抓社会主义改造，而他本人则可以说是全力以赴。① 1956 年底就完成了社会主义改造，基本上建立起单一公有制和计划经济体制。而工业化进程相对于社会主义改造严重滞后。在这种情况下，毛泽东以为生产关系的问题基本解决了，剩下的任务就是怎样在优越的社会主义制度下来加快经济发展了。

（二）"超英赶美"的赶超战略

赶超战略提出的原因：首先，新中国贫弱的巨大压力。新中国成立后，人民成了国家和社会的主人。但就经济实力而言，我们仍然是世界上少有的贫穷大国。我们的生产力水平还几乎处于农业文明阶段，现代化建设还是一张白纸。与此形成鲜明对照的是，世界主要资本主义国家都较我们发达，并凭借其经济实力在国际市场上要挟甚至封锁我们，而"人家看不起我们，主要是因为我们粮、钢、机械少"②。这对立志为民族的解放、国家的富强和人民的幸福而奋斗的毛泽东来说，是绝不能长期存在的。强烈的民族自尊心与自信心，使党和国家领导人希望把常规化的现代化进程大大压缩，在低起点上实现高目标，用跃进的步伐追赶欧美等现代化先行者。其次，国际共运中追赶热潮的激励。世界历史的进程没有像经典作家所设想的那样发展，而是在苏俄、中国这样落后的东方大国首先胜利，因而不仅没有出现社会主义对资本主义的包围，反而陷入了资本主义

---

① 石仲泉：《毛泽东的艰辛开拓》，中共党史出版社 1996 年版，第 175 页。
② 戴茂林：《毛泽东与邓小平》，时代文艺出版社 1993 年版，第 169 页。

的反包围之中。这一基本事实促使各社会主义国家的政党和领导人，把尽快在经济上赶上发达资本主义国家作为努力奋斗的目标。毛泽东提出的这一战略与此不无关系。再次，社会主义改造的提前完成，为赶超战略提供了事实依据。对生产资料私有制的社会主义改造所需要的时间，中央和毛泽东原来估计大约 3 个五年计划，但实际上只用了 4 年的时间就基本完成了。社会主义改造的路子和方向的正确性不容置疑，这是中国历史上具有重大意义的历史性选择。但在实际工作中的确存在着不少问题。但正是这一表面成功使毛泽东得出了"党领导人民建设社会主义很容易"的结论，并主观地认为社会主义建设的历史进程可以人为地加快。

赶超战略的形成与实施：赶超战略酝酿于第一个五年计划期间，总的构想是分两步，用 50 年到 75 年甚至更长的时间把我国建设成为一个强大的社会主义国家。1954 年毛泽东指出：我们的总目标是"要建成一个伟大的社会主义国家，大概经过 50 年即 10 个五年计划，就差不多了，就像个样子了，就同现在大不一样了。"① 按照毛泽东的设想，我国将在 20 世纪 60 年代末实现第一步任务，在 20 世纪末 21 世纪的第一个 10 年里将赶上或超过美国。这一设想尽管缺乏科学论证，但还是比较求实、比较谨慎的，它集中反映了百余年来中国人民的强烈愿望，代表几代先进中国人振兴中华的理想。1957 年 11 月，毛泽东出席在莫斯科举行的各国共产党和工人代表会议期间，对原来设想的经济发展战略目标作了较大改变。赫鲁晓夫在 11 月 6 日最高苏维埃会议上的报告中，提出了通过和平竞赛在今后 15 年内不仅赶上并且超过美国的目标。这一思想使着一直有摆脱中国贫穷落后强烈愿望的毛泽东受到启发，在事先征得其他领导人同意的情况下提出了中国要在 15 年左右的时间内，在钢铁等主要工业产品的产量方面赶上和超过英国的目标。如果实现了 15 年赶超英国的目标，将意味着中国用 23 年的时间走完英国 120 年所走的路。这对于渴望早日富强起来的中国人民的确是一个巨大的鼓舞；但另一方面，恰恰是对这个目标的追求，使中国社会主义建设上的着眼点发生了由从中国实际出发到快速赶超出发的不正确的变化。盲目的赶超引发了社会主义现代化建设中急于求成、急于过渡的错误。这一战略突出地强调在短时期内提高钢铁等几种主要的工业产品的产量，这导致了多方面的恶果，过分突出重工业，尤其是

---

① 《毛泽东文集》第 6 卷，人民出版社 1999 年版，第 329 页。

钢铁工业的地位，大幅度提高了原来比较符合实际的计划指标，指导思想上把速度看成是达到预期目标的关键，选择了超常规的"大跃进"的方式搞建设，造成了巨大损失。

赶超战略的评析：赶超战略本身无可厚非。中国是世界上典型的现代化后来者，发动时间晚于英、美等先期工业化国家一个多世纪，而经济起点却几乎低于所有的先期工业化国家。在这种情况下，我们实现现代化的进程实际上就是一个被大大压缩了的赶超过程。如果我们总是跟在别人后面爬行，不能创造出比资本主义更快的建设速度，被动挨打的局面永远无法改变，社会主义的优越性就成了一句空话。十一届三中全会以来，邓小平为我们规划的"三步走"的发展战略，经济发展总要力争隔几年上一个台阶的真知灼见，实际上就是一种立足于国情的科学的赶超。由此，我们不难看出毛泽东赶超战略中所固有的真理性内涵。赶超战略并非异想天开。如果我们对各种条件加以综合分析，就可以看到毛泽东提出的五六十年甚至更长一些时间赶上美国，这种本来意义上的赶超战略的实现是有某种可能性的，因为社会主义制度具有优越性，中国人民是全力为其奋斗的。赶超战略失败有因，忽视了客观经济发展规律，过分夸大了人的主观性、忽视了科学技术的重要作用。因此失败也是必然的。

（三）分"两步走"实现现代化战略

新中国成立后我们强调的目标一直是工业化，从 20 世纪 50 年代后期开始毛泽东对社会主义建设战略目标的构思，由工业化转到四个现代化。关于实现这一战略目标的步骤，经过"大跃进"和人民公社化运动，特别是三年经济严重困难，使毛泽东又回到了原来那个比较客观的起点上，认识到社会主义建设不能那么急，急了办不成，只能逐步提高，恐怕要搞半个世纪。1961 年他在接见外宾时都说过，"中国准备用 50 年到 100 年来解决工业、农业生产问题。大跃进也需要几十年到 100 年时间来解决问题，使很穷的国家变成一个很富的国家"①。这之后，在他的提议下，我们党又提出我国经济建设"两步走"的设想：第一步，从第三个五年计划（1966 年）开始，用 15 年时间，即在 1980 年以前，建成一个独立的比较完整的工业体系和国民经济体系；第二步，在 20 世纪内，全面实现农业、工业、国防和科学技术的现代化，使我国国民经济走在世界的

---

① 顾龙生：《毛泽东经济年谱》，中共中央党校出版社 1993 年版，第 554—555 页。

前列。

毛泽东关于"两步走"实现现代化的战略思考，对后来我们党提出"三步走"的经济发展战略，具有重要的借鉴意义，但毛泽东对我国经济落后现状，特别是改变这种现状的艰巨性缺乏足够的认识，因而对经济建设的长期性认识不足。一方面，毛泽东在论及"长期性"时，往往更侧重于两个阶级两条道路的斗争对经济建设的影响。他在一次重要谈话中就特别强调："我在七千人大会上的讲话，讲到建成社会主义要50年、100年或者更多的时间，讲这一段话的意思是要人民懂得，有阶级存在，不要忘记还有阶级斗争。"① 另一方面，毛泽东虽然提出了经济建设的长期性，但他又积极主张缩短时间，并认为这是可能的。这其中的原因在于他过于看重我们在政治方面的某些优势，低估了经济文化的落后现状对经济建设的制约作用，夸大了人的主观意志对经济建设的社会发展的推动作用。

二   毛泽东探索社会主义现代化建设的理论贡献

诺贝尔经济学奖获得者阿马蒂亚·森曾经说道："毛泽东是有意识地为市场经济和资本主义的扩展建立基础吗？这个假设是很难接受的。但是，毛泽东的土地改革、普及识字、扩大公共医疗保健等政策，对改革后的经济增长起到了非常有益的作用。改革后的中国受益于改革前中国所取得成果的程度，应该得到更多的承认。"② 胡锦涛同志《在新进中央委员会的委员、候补委员学习贯彻党的十七大精神研讨班上的讲话》中指出："我们党能够在新时期开创出中国特色社会主义道路，其理论基础是对马克思列宁主义、毛泽东思想的科学继承……"③ 这些都指出了毛泽东时代留下的有形资产和无形资产。在新中国前29年的发展中，毛泽东和中国共产党人在领导中国人民进行社会主义现代化建设的过程中，在积累的一些正确的和比较正确的社会主义建设的实践经验的基础上，在"中国特色社会主义现代化"问题上提出了一系列正确和比较正确的理论观点，第一次形成了自己的现代化思想。概括起来就是：

---

① 顾龙生：《毛泽东经济年谱》，中共中央党校出版社1993年版，第568页。

② ［印度］阿马蒂亚·森：《以自由看待发展》，任赜、于真译，中国人民大学出版社2002年版，第259—260页。

③ 《十七大以来重要文献选编》（上），中央文献出版社2009年版，第97页。

（一）在发展模式上，实现了从"苏联模式"到"中国特点"的转变

以工业化为核心内容的现代化是一个普遍的社会发展过程，但是，由于每个国家和民族的具体情况不同，因此，现代化不可能存在一个固定不变的模式。在新中国成立之初，中国在现代化问题上采用的是"苏联模式"。简单地说，这就是通过高度集中的社会主义计划经济的方式优先发展重工业以促进国家的现代化。在当时特定的历史条件下，中国也只能采用"苏联模式"。这在于中国当时缺乏现代化建设的基本资源，只能采用外向移植的方式来启动现代化的航船，而新生的人民政权处在西方资本主义世界的包围和遏制当中，新中国不能也不可能学习和借鉴西方现代化的经验；苏联是第一个承认中国新生的人民政权的国家，他们在社会主义建设方面取得了巨大的成就，因此，中国在外交上采取了"一边倒"政策的同时，在现代化问题上也只能以苏联为师，更为重要的是，在中国这样的农业大国，只有优先发展重工业才能把中国的现代化建设搞上去，而在当时特定的社会历史条件下，优先发展重工业也只能采用计划经济的方式。

但是"苏联模式"本身存在着一系列的弊端，把这种模式全盘移植到中国也难以完全解决中国的问题。因此，从1955年底开始，毛泽东在党内首先提出了如何以苏联经验为鉴戒的问题，要求探索适合中国国情的社会主义建设的道路和方式。他基本考虑的首先是国情。每个国家的国情不同，因此，每个国家都具有自己特别的具体的社会主义建设的形式和方法。具体到中国来看，中国从政治上、人口上说是个大国，但是，从经济上说还是个小国。因此，中国的社会主义现代化建设就要充分考虑到这种既是大国又是小国的矛盾，要使全体干部和全体人民经常想到中国是一个社会主义的大国，但又是一个经济落后的穷国，这是一个很大的矛盾。其次是借鉴。苏联社会主义建设的经验固然值得我们学习和借鉴，但是，我们也应该避免苏联所犯的错误。尤其是在《论十大关系》中，毛泽东特别提醒人们要注意，苏联最近暴露了他们在建设社会主义过程中的一些缺点和错误，他们走过的弯路，你还想走？中国过去就是鉴戒苏联的经验教训，少走了一些弯路，现在当然更要引以为戒。再次是结合。在总体上，在把握社会主义建设客观规律的基础上，必须把马克思主义的普遍真理与中国社会主义建设的具体实际结合起来。毛泽东在1962年1月明确指出：

"为了这个事业，我们必须把马克思列宁主义的普遍真理同中国社会主义建设的具体实际，并且同今后世界革命的具体实际，尽可能好一些地结合起来，从实践中一步一步地认识斗争的客观规律。要准备着由于盲目性而遭受到许多的失败和挫折，从而取得经验，取得最后的胜利。"① 可以说，毛泽东的上述思想其实已经开启了中国式社会主义现代化理论和实践的先河，同时，标志着"中国式社会主义现代化"模式的正式探索。这种思路对于后发国家的现代化同样具有重大的意义。

（二）在发展目标上，实现了从"工业化"到"四个现代化"的转变

在一般的意义上，现代化首先是在工业化的推动下才成为一个"世界历史"过程的，从农业社会到工业社会的过渡（工业化）是社会发展的最终目的。

首先是工业化目标的确立。正是凭借大工业的发展，资本主义才在其不到几百年的发展中创造出了超过以往一切历史时代总和的巨大物质成就；而中国的现代化正是在应对西方的船坚炮利的过程中提出来的。不少仁人志士欲图通过"实业救国"的方式解决中国的前途和命运问题。但是，他们没有看到社会制度因素是制约中国现代化的重大障碍。中国共产党人在领导中国革命的过程中，认为只有在解决了社会制度以后才能真正开始自己的工业化的历史进程。毛泽东早在 1945 年 4 月发表的《论联合政府》的讲话中就明确表明，在新民主主义的政治条件获得之后，中国人民及其政府必须采取切实的步骤，在若干年内逐步地建立重工业和轻工业，使中国由农业国变为工业国。这样，在社会主义的基础上实现工业化就被确立为中国社会发展的目标。1953 年提出的"一化三改"的过渡时期的总路线，在新制度的基础上进一步重申了上述目标。中国共产党人之所以把实现社会主义工业化作为中国社会发展的目标，就在于：一是从经济上来看，中国落后的原因，主要是没有新式的工业化；二是从政治上来看，只有工业社会才能是充分民主的社会；三是从中国对人类文明的贡献来看，只有把中国变为一个强大的社会主义工业国，中国才能对于人类有较大的贡献。无疑，中国共产党人的这种认识抓住了现代化的核心。

① 《毛泽东文集》第 8 卷，人民出版社 1999 年版，第 302 页。

其次是现代化目标的确立。工业化不能包含现代化的全部内容，现代化是一个整体的社会变迁过程，因此，在社会发展目标的定位上，应该把现代化作为社会发展的目标。随着中国社会主义工业化的发展，毛泽东和中国共产党人开始逐步用"现代化"的目标来取代"工业化"的目标，而对现代化的认识，逐步从经济领域（工业现代化、农业现代化、交通运输现代化）扩展到了国防和科学技术领域，最终提出了"四个现代化"的奋斗目标。突出的成就是，在 1959 年 12 月至 1960 年 2 月期间，毛泽东在研读苏联政治经济学教科书时，第一次明确地将工业现代化、农业现代化、科学技术现代化和国防现代化作为中国社会发展的目标。1960 年 3 月 18 日，毛泽东在会见外宾时，正式将自己关于"四个现代化"的思想公诸于世。后来，在三届人大（1965 年）和四届人大（1975 年）通过的《政府工作报告》中最终将这一目标上升到了国家意志的高度，表明了中国共产党人率领中国人民把中国建设成为社会主义现代化强国的雄心壮志。"四个现代化"目标的提出标志着中国共产党人在认识上的一次新的理论飞跃。将现代化区分为社会主义现代化和资本主义现代化，把实现社会主义现代化作为中国社会发展的目标。这不仅是在总结中国历史经验尤其是近代以来经验基础上得出的科学结论，而且进一步在苏联社会主义现代化建设经验的基础上开辟了一条非西方的、非资本主义的发展道路。将现代化看作是一个整体的社会发展过程，尤其是将"四个现代化"看作是一个协同发展的过程，"我们的四个现代化，要同时并进，相互促进，不能等工业化现代化以后再来进行农业现代化、国防现代化和科学技术现代化。"① 这事实上是认同了社会发展的全面性。不仅将科学技术现代化作为了现代化整体进程的重要组成部分，而且将科学技术现代化看作是实现"四个现代化"的关键。毛泽东在 1963 年 12 月的一次谈话中明确指出，科学技术这一仗，一定要打，而且必须打好；不搞科学技术，生产力无法提高。这表明中国共产党人对科学技术在现代化建设过程中的基础性、支撑性的作用已经有了完全清醒的认识。这样，"四个现代化"就成为了"中国特色社会主义现代化"的一种基本的理论形态和实践形态，"中国特色社会主义现代化"就是在"四个现代化"的基础上进一步展开的。

---

① 《周恩来选集》下卷，人民出版社 1980 年版，第 412 页。

（三）在发展步骤上，实现了从"赶超战略"到"两步走"战略的转变

社会主义现代化建设是一个根据客观实际逐步推进的历史过程，必须根据各国的具体国情和社会主义社会的具体发展阶段，合理安排现代化的战略步骤。

首先是"赶超战略"。在实际的发展过程中，确立发展步骤有很大的难度。新中国在这个问题上走了许多弯路。最初，毛泽东和中国共产党人也意识到了在中国进行社会主义现代化建设的长期性和艰巨性，认为没有几十年努力，不可能把中国建设成为一个强大的社会主义现代化国家；但是，由于国内外一系列的原因，中国在 20 世纪 50 年代后期还是选择了"赶超战略"。主要的原因是：一是在国内，由于提前完成了社会主义改造的任务而且取得了较好的效果，同时超额完成了"一五计划"并且取得了巨大的成绩，这在一定程度上就容易使人忽略经济建设的复杂规律；二是在国际上，苏联在 1957 年提出用 15 年超过美国的口号，这就在一定程度上向中国的社会发展提出了挑战。综合考虑这些情况，毛泽东于 1957 年 11 月在莫斯科提出中国将用 15 年左右的时间在主要工业产品的产量方面超过英国，再用 30 年到 40 年的时间在经济上赶上美国，这种"超英赶美"的思想就构成了"赶超战略"的主要内容。后来由于盲目乐观和急于求成情绪的影响，中国将超英赶美的时间一再缩短，并且提出了"多快好省建设社会主义"的总路线，试图通过"大跃进"和"人民公社化"的方式达到这一目的。事实证明，这种超越中国实际国情、违背客观经济规律和社会发展规律的人为做法，不仅不能有效地推进中国的现代化建设，反而会成为中国现代化建设的重大障碍。

其次是"两步走"战略。在事实和经验教训面前，毛泽东在研读苏联政治经济学教科书时清醒地意识到："苏联的工农业劳动生产率，现在还没有超过美国，我们则差得更远。人口虽多，但是劳动生产率远远比不上人家，还要继续紧张地努力若干年，分几个阶段，把我们的国家搞强大起来，使我们的人民进步起来。"[1] 这标志着毛泽东和中国共产党人不得不再次选择"适度发展"的战略，同时说明中国共产党人对社会发展规律、社会主义现代化建设规律的认识达到了一个新的高度。"适度战略"

---

[1]　《毛泽东文集》第 8 卷，人民出版社 1999 年版，第 124 页。

是建立在对中国国情的科学判断的基础上的。在"世界历史"的背景中，在中国这样经济文化落后的大国中进行社会主义现代化建设，必然要遇到如何正确处理发展的速度和步骤的问题；如果发展的速度太慢、步骤太长，那么，我们与发达国家之间的差距会进一步拉大，必然要重蹈落后就要挨打的覆辙；如果发展的速度太快、步骤太短，必然会超越中国的具体国情和实际的发展能力，那么，只能是欲速则不达。因此，在科学把握国情的基础上量力而行才是科学的选择。既然已经认识到中国人口多、劳动生产率低的实际，那么，"适度发展"就自然成为中国现代化的战略选择。"适度战略"是建立在对社会主义社会发展阶段的科学认识基础上的。只有在科学判断社会主义社会发展阶段的基础上，才能形成科学的社会主义现代化建设的战略。而中国的社会主义是在经济文化落后的基础上开始的，这样，社会主义在中国的具体发展过程可能更为复杂。社会主义发展阶段在实践经验和理论思考的过程中，毛泽东提出："社会主义这个阶段，又可能分为两个阶段，第一个阶段是不发达的社会主义；第二个阶段是比较发达的社会主义。后一阶段可能比前一阶段需要更长的时间。经过后一阶段，到了物质产品、精神财富都极为丰富和人们的共产主义觉悟极大提高的时候，就可以进入共产主义社会了。"[①] 虽然这里还没有明确提出"社会主义初级阶段"的概念，但是，对社会主义社会发展阶段认识的科学性却大大地提高了。既然社会主义社会的发展是一个分阶段的逐步推进的过程，因此，在社会主义现代化建设的过程中，就应该采用"适度发展"的战略。"适度战略"是合理安排社会主义现代化战略步骤的客观基础。社会主义现代化建设是一个从基本国情和社会主义发展阶段出发而稳步推进的历史过程，这样，能否采用稳健的战略步骤就成为影响社会主义现代化建设的一个重要的因素。根据上述新的科学认识，中国政府在1964年12月提出了分"两步走"实现"四个现代化"的战略构想："从第三个五年计划开始，我国的国民经济发展，可以按两步来考虑：第一步，建立一个独立的比较完整的工业体系和国民经济体系；第二步，全面实现农业、工业、国防和科学技术的现代化，使我国经济走在世界前列。"[②] 尽管"十年内乱"耽误了这一战略构想的实现时间，但是，"两

---

① 《毛泽东文集》第8卷，人民出版社1999年版，第116页。
② 《周恩来选集》下卷，人民出版社1980年版，第439页。

步走"的构想事实上成为了后来邓小平"三步走"战略构想的思想来源和理论基础。

（四）在现代化发展机制上，实现了从"优先发展"到"协调发展"的转变

在现代化建设的过程中，尤其是在经济文化落后国家的现代化建设的过程中，如何正确处理各种利益关系，把现代化建设的各种要素协调起来，是实现现代化的一种重要的机制。

首先是"优先发展"。在新中国成立初期，迫于内外的各种压力和挑战，面对中国与西方的巨大发展差距，毛泽东和中国共产党人深刻地意识到，中国之所以长期处于落后和挨打的地步，就在于中国没有实现工业化尤其是基本上没有自己的重工业，因此，在新中国现代化的过程中，最早采用的是重工业优先发展的战略，将苏联工业化的经验作为自己简单模仿的对象。这种战略是在当时的特定的历史条件下做出的一种不得已的选择，对于中国的工业化也起到了重要的推动作用。但是，实施这种战略必然要牺牲轻工业和农业的发展，必然要牺牲其他方面的利益，最终会制约重工业的发展。这在于现代化建设的各种要素是处在复杂的相互联系当中的。

其次是"兼顾发展"。在事实和经验教训面前，在探索中国特色社会主义现代化道路的过程中，毛泽东和中国共产党人提出了中国工业化道路的问题，要求在社会主义现代化建设的过程中要妥善处理农、轻、重的比例关系，在此基础上，毛泽东认为"搞社会主义建设，很重要的一个问题是综合平衡"①，要求整个国民经济必须按比例协调发展；最终，他将统筹兼顾作为了社会主义现代化建设中的一项重要的原则，形成了协调发展的思想。中国的工业化道路就是要正确处理农、轻、重的比例关系，实现农、轻、重的协调发展。由于中国是一个农业大国，因此，中国的工业化必然要走与苏联不同的道路，"这里所讲的工业化道路的问题，主要是指重工业、轻工业和农业的发展关系问题。我国的经济建设是以重工业为中心，这一点必须肯定。但是同时必须充分注意发展农业和轻工业。"②这就是，要以农业为基础、以工业为主导进行经济建设，按照农、轻、重

①　《毛泽东文集》第8卷，人民出版社1999年版，第73页。
②　《毛泽东文集》第7卷，人民出版社1999年版，第240—241页。

的顺序安排国民经济计划。这里，"中国工业化道路"的思想是在科学判断国情和总结苏联工业化经验教训的基础上提出来的，不仅是一个产业结构合理安排的问题，而且涉及现代化的各种要素和社会生活的各种利益格局的协调问题，因此，对于中国的工业化过程和整个社会主义现代化建设具有重大的长期的指导价值。经济内部的协调发展，也就是要求整个国民经济要按比例协调发展。整个国民经济构成了一个系统，各种要素之间存在着复杂的相互联系、相互影响和相互作用，因此，国民经济必须按比例协调发展、平衡。在整个经济建设过程中，"有三种平衡：农业内部农、林、牧、副、渔的平衡；工业内部各个部门、各个环节的平衡；工业和农业的平衡。整个国民经济的比例关系是在这些基础上的综合平衡。"①　其实，沿海工业和内地工业之间的关系，经济建设和国防建设之间的关系，国家、生产单位和生产者个人之间的关系，中央和地方之间的关系，汉族聚居区经济发展和少数民族地区经济发展之间的关系，内贸和外贸之间的关系，计划经济和商品经济之间的关系，科技进步和社会经济发展之间的关系，人的发展和经济发展之间的关系，人口、资源、环境和社会经济发展之间的关系，都需要平衡或协调，它们都是这个总要求中的构成部分。综合平衡或协调发展不是否认矛盾的客观存在，也不是要搞绝对的调和，事实上是要在解决和协调平衡与不平衡矛盾的过程中，统筹各种经济资源、协调各种经济利益，从而实现经济发展和社会稳定。"社会主义国家的经济能够有计划按比例地发展，使不平衡得到调节，但是不平衡并不消失。'物之不齐，物之情也。'因为消灭了私有制，可以有计划地组织经济，所以就有可能自觉地掌握和利用不平衡是绝对的、平衡是相对的这个客观规律，以造成许多相对的平衡。"②　这就是说，协调发展事实上是唯物辩证法在社会主义现代化建设中的一种生动体现，反过来进一步丰富和发展了唯物辩证法。社会生活中的协调发展，关键是要正确解决"三大差别"问题，使工农之间、城乡之间和脑体之间协调发展。这些问题集中起来也就是在工业化的过程中如何合理解决农业问题、农村问题和农民问题。毛泽东深刻地意识到，中国是个农业大国，农民的情况如何，对于我国经济的发展和政权的巩固，关系极大。因此，他的设想是，要使农村

---

① 《毛泽东文集》第 8 卷，人民出版社 1999 年版，第 80 页。

② 同上书，第 119 页。

的生活水平和城市的生活水平大致一样，或者还好一些。为此，在人民公社的体制中，一是必须把安排人民生活、安排公社积累和安排国家需要这三个方面的工作，同时统筹兼顾；二是通过把公社建设成为经济中心，按照统一计划，大办工业，就地使农民成为工人，避免农村人口向城市盲目流动；三是公社要有高等学校，培养自己所需要的高级知识分子。当然，关键的问题是人民公社超越了中国农村生产力发展的实际，集中的程度太高反而限制了生产力的发展。总体上，以统筹兼顾为主要内容的协调发展是解决社会主义现代化建设过程中各种矛盾的一种总体方法，"任何矛盾不但应当解决，也是完全可以解决的。我们的方针是统筹兼顾、适当安排。无论粮食问题、灾荒问题、就业问题、教育问题、知识分子问题、各种爱国力量的统一战线问题、少数民族问题，以及其他各项问题，都要从对全体人民的统筹兼顾这个观点出发，就当时当地的实际可能条件，同各方面的人员协商，作出适当的安排。"① 从协调发展中，我们不仅已经窥视到了"五个统筹"的影子，而且可以看出全面、协调、可持续发展的端倪。

三　毛泽东在探索社会主义现代化建设当中的失误及其经验总结

　　毛泽东探索中国社会主义建设道路的进程，既有坦途，也有曲折；既写下了辉煌的篇章，也发生过严重的失误。正如邓小平所说："1957 年后，'左'的思想开始抬头，逐步占了上风。"② 毛泽东晚年在探索中，形成了一整套"左"的理论和主张：政治上的"以阶级斗争为纲"论，经济上的超高速发展的战略论，建设途径上的群众运动论，建设目标上追求"纯而又纯"的社会主义的空想模式，等等。而这些理论主张之间又是紧密联系、相互作用的。建立一个"纯而又纯"的社会主义，是毛泽东晚年探求并为之奋斗的目标。实现这一目标的根本办法，就是政治上搞"以阶级斗争为纲"，经济上实行超高速的发展战略。而无论是"以阶级斗争为纲"，还是超高速发展战略，都是以群众运动为根本途径。

　　正是在这一套"左"的思想指导下和其他因素的共同作用下，毛泽东和中国共产党在实践中犯了反右派严重扩大化、"大跃进"运动和"人

---

　　① 《毛泽东文集》第 7 卷，人民出版社 1999 年版，第 227—228 页。
　　② 《邓小平文选》第 3 卷，人民出版社 1993 年版，第 115 页。

民公社化"运动、思想文化领域的批判运动、"文化大革命"等一系列重大错误，严重影响了中国社会主义建设事业的发展。

毛泽东晚年的探索之所以发生了重大失误，说到底，是由于对"什么是社会主义现代化、如何建设社会主义"这个根本问题没有完全搞清楚。毛泽东没有认识到党和国家工作总的指导思想，应随着革命时期到建设时期有一个根本性的转变；没有认清中国国情，并未从国情出发，进行社会主义现代化建设。

辩证地看，在中国这种特殊的历史条件下，要找到一条建设社会主义现代化的正确道路，不经由曲折和失误，几乎是不可能的。重要的是，要从以往的探索中总结经验教训，找出失误的原因。因此，我们在这里剖析毛泽东探索的失误，并不是要对前人求全责备，而是为今天的建设事业提供借鉴。消化吸收毛泽东晚年的错误，接受这份遗产对中国共产党极为宝贵，它是我们党用巨大代价换来的，对于建设中国特色社会主义现代化，它是任何理论和经验所不能取代的。恩格斯说："伟大的阶级正如伟大的民族一样，无论从哪个方面学习都不如从自己错误的后果中学习来得快。"邓小平也曾说过，我们要是做对了一些事，是因为我们总结了"文革"的教训。

邓小平对前30年，从不同角度作过两个总体性评价：一是从新旧中国对比的角度，指出："我们尽管犯过一些错误，但我们还是在三十年间取得了旧中国几百年、几千年所没有取得过的进步。我们的经济建设曾经有过较快的发展速度。"① 二是从总结经验教训的角度指出："从1949年建国开始，一直到1957年，我国的发展形势是非常好的，但往后就出问题了。在这20年中，我们并不是什么好事都没做，我们做了许多工作，也取得了一些重大成就，比如搞出了原子核、氢弹、导弹等。但就整个政治局面来说，是一个混乱状态；就整个经济情况来说，实际上是处于缓慢发展和停滞状态。"他还说："从建国到1978年三十年的成绩很大，但做的事情不能说都是成功的。"② 这两个评价的参照系不同，其侧重点也有所不同。但邓小平对前30年的基调是肯定的，而不是否定的。邓小平还指出："从许多方面来说，现在我们还是把毛泽东同志已经提出、但是没

---

① 《邓小平文选》第2卷，人民出版社1994年版，第167页。
② 《邓小平文选》第3卷，人民出版社1993年版，第264页。

有做的事情做起来，把他反对错了的改正过来，把他没有做好的事情做好。今后相当长的时期，还是做这件事情。当然，我们也有发展，而且还要继续发展。"① 后来，邓小平又进一步强调说："我们现在的路线、方针、政策是在总结了成功时期的经验、失败时期的经验和遭受挫折时期的经验后制定的。历史上成功的经验是宝贵财富，错误的经验、失败的经验也是宝贵财富"②；"文化大革命""那件事，看起来是坏事，但归根结底也是好事，促使人们思考，促使人们认识我们的弊端在哪里"，"现在的方针政策，就是对'文化大革命'进行总结的结果。"③

江泽民在阐述"三个代表"重要思想时曾指出，"我们党之所以赢得人民的拥护，是因为我们党在革命、建设、改革的各个历史时期，总是代表着中国先进生产力的发展要求。"④ 今天，尽管比工业化技术更先进的信息、生物等高新技术已经出现，而且在我国，工业化需要由信息化来带动，但工业相对于还大量存在的手工生产、半机器化生产来说，仍然是先进生产力的主体，实现工业化仍然是我国现代化进程中艰巨的历史性任务，代表先进生产力的发展要求仍然要代表工业化的发展要求。毛泽东对中国工业化孜孜不倦的探求将会随着时间的推移，愈益显示出其深远意义。我们应当继承他的遗志，在新的历史条件下走新型工业化道路，争取在 21 世纪前 20 年基本实现现代化，最终把中国建设成为富强、民主、文明、和谐的社会主义强国。

把中国由一个半殖民地半封建的国家变成一个独立、民主、自由、统一和富强的社会主义国家，由落后的农业国变为先进的工业国，是毛泽东为之奋斗一生的目标。现在，这些目标绝大部分都已经实现或接近实现。虽然中国工业化的任务还没有最终完成，但一个基本的事实是，当毛泽东接过国民党留在大陆的烂摊子时，中国还不能生产一颗机制铁钉，而当他撒手人寰时，中国已经能够制造汽车、火车、飞机、轮船和"两弹一星"，已经能够生产发电机、水压机等重型机械，已经建立了门类比较齐全的工业化体系。在他逝世多年后的今天，我国工业化建设取得了举世瞩目的新发展；人民生活总体达到了小康水平；而且，又成功发射了载人飞

---

① 《邓小平文选》第 2 卷，人民出版社 1994 年版，第 300 页。
② 《邓小平文选》第 3 卷，人民出版社 1993 年版，第 234—235 页。
③ 同上书，第 172、223 页。
④ 江泽民：《论"三个代表"》，中央文献出版社 2001 年版，第 2 页。

船。所有这一切，毫无疑问是党在十一届三中全会后制定的"一个中心、两个基本点"的基本路线指引的结果，是实行改革开放总政策的结果。但同样毫无疑问的是，所有这一切也是在毛泽东老一辈革命家为中国工业化奋斗的结果及其经验教训的基础上取得的。

第二章　邓小平对中国特色社会主义现代化理论的开创和奠基

新中国成立后特别是社会主义基本制度建立以后，以毛泽东为代表的党中央在 20 世纪中国社会主义革命和建设的伟大历史进程中，基于对传统"苏联模式"弊端的反思，开始了中国式社会主义建设理论的探索。

从现代化的目标上看，提出了通过"两步走"实现"四个现代化"的战略目标，从对实现现代化目标所需要的条件上看，提出了实现我国现代化"必须把马克思列宁主义的普遍真理同中国社会主义建设的具体实际……尽可能好一些结合起来"。[①] "不是硬搬苏联经验。硬搬苏联经验是错误的"[②] 指导思想。与此同时，毛泽东从中国国情出发，提出了"要把国内外一切积极因素调动起来，为社会主义事业服务"[③] 等一系列基本建设方针。可以说达到了历史条件允许的高度，但也止于历史规定的限度。从 1957 年反右派斗争严重扩大化到十年"文化大革命"，毛泽东对中国特色社会主义现代化理论的探索，陷入曲折发展和严重失误之中。在这一时期，原有的正确思想放弃了；有的虽然没有明确放弃，但在实践中却已经背离了。尽管如此，我们还是应当实事求是地肯定，毛泽东在探索中提出的真知灼见，为后人继续探索积累了历史经验，成为我们党探索中国特色社会主义现代化理论的历史起点。正如邓小平 1980 年所指出的："转入社会主义建设以后，毛泽东同志也有好文章，好思想。""三中全会以后，我们就是恢复毛泽东同志那些正确的东西嘛……基本点还是那些。从许多

---

① 《毛泽东文集》第 8 卷，人民出版社 1999 年版，第 302 页。
② 《毛泽东文集》第 7 卷，人民出版社 1999 年版，第 176 页。
③ 同上书，第 23 页。

方面来说，现在我们还是把毛泽东同志已经提出，但是没有做的事情做起来，把他反对错了的改正过来，把他没有做好的事情做好。今后相当长的时期，还是做这件事。当然，我们也有发展，而且还要继续发展。"① 党的十一届三中全会以来，作为党的第一代领导集体的重要成员和党的第二代领导集体核心的邓小平在继承了毛泽东关于社会主义现代化建设理论的科学内容，又结合和平与发展的时代主题，在我国改革开放和现代化建设的实践过程中，在总结我国社会主义胜利和挫折的历史经验教训并借鉴其他社会主义国家兴衰成败历史经验的基础之上，对中国社会主义现代化建设的目标以及实现的条件进行了创造性的思考和探索，形成了邓小平现代化理论，使中国特色社会主义现代化理论在毛泽东中国式社会主义建设理论的基础上，以一个系统化的理论形态正式确立。

中国特色社会主义现代化理论的形成同任何思想理论的形成一样，是有逐步形成和发展过程的。它是伴随着我们社会主义现代化建设伟大实践的历史进程逐步产生和发展起来的。从这一理论的自身发展过程来看，1975 年的全面整顿是这一理论的酝酿，其间提出了把实现"四化"作为全党工作的大局的论断；从党的十一届三中全会到十二大是其初步形成时期，其标志就是提出了"中国式的现代化建设道路"；从十二大到十三大是其基本形成时期，其标志是现代化战略目标以及战略步骤的提出；从十三大到十四大是其创造性发展时期，这期间提出了台阶式发展战略以及三个有利于判断标准等。

第一节　中国特色社会主义现代化理论形成的时代背景

在世界历史条件下进行的中国社会主义现代化建设，其路径和方式，不仅是由中国的国情所决定的，也与世情相联系，世情由时代的主要矛盾决定。邓小平对世情认识的突出贡献，在于解决了对世情的基本判断问题。邓小平是战略思想家，具有广阔的世界视野，他把时代主题的确立作为制订社会主义发展战略的基础。邓小平分析战后国际形势的变化，用高度概括的语言指出："现在世界上真正大的问题，带全球性的战略问题，一个是和平问题；一个是经济问题或者说发展问题。和平问题是东西问

---

① 《邓小平文选》第 2 卷，人民出版社 1994 年版，第 296、300 页。

题，发展问题是南北问题……南北问题是核心问题。①"党中央根据这一判断，提出和平与发展是时代主题。在和平与发展的内涵中，和平是国际形势的主要特点，而发展则是时代的中心任务。简言之，当今时代主题是解决发展问题。对广大发展中国家而言，主要是实现现代化问题。

一　发展问题成为当今时代主题

在世界保持相对和平的条件下，发展问题越来越突出地成为时代的主要潮流，成为世界各国普遍关注的核心问题。发展是一个全球性的问题，不仅发展国家需要发展，发达国家也存在着发展的问题。发展的内容是多方面的，包括经济、社会、科技、文化等各个领域，但其主体是经济的发展。不同社会制度和不同发展程度的国家，都日益关注自身的发展问题，把发展置于内外战略的中心地位。争取发展之所以成为当代世界各国的共同发展要求，有其历史的必然性。首先，广大发展中国家，要巩固政治独立和维护国家主权，改变自身的贫穷落后面貌，当务之急和根本出路就在于抓住机遇，加快发展；其次，对西方发达国家来说，也面临着再发展的问题。如果长期没有发展或发展缓慢，将面临固有地位失落的问题；最后，南北差距扩大，总体上发达国家越来越富，而发展中国家却越来越穷。这个问题的解决，说到底也只能靠发展来解决。这是中国特色社会主义现代化理论形成的一个重要的时代背景。

二　世界形势总体上趋于缓和，发展有了相对和平的环境

19 世纪末 20 世纪初，资本主义发展到了帝国主义阶段。由于垄断资本的发展，加剧了世界经济各个部分在发展速度上的差异，引起了政治、军事发展的不平衡，整个资本主义世界充满了激烈的对抗、争斗和危机，并导致了帝国主义国家为重新瓜分世界而发动战争。战争也引起了革命。由于帝国主义国家之间的矛盾和冲突，推动了世界其他矛盾的发展，世界无产阶级充分利用这种战争造成的形势，突破帝国主义体系中的薄弱环节，实现了社会主义革命从一国的首先胜利到多国的成功实践，形成了与资本主义相抗衡的世界体系，并由此促进了世界民族解放运动的蓬勃发展。随着社会主义和帝国主义两种制度的对立和冲突的日趋发展，地区矛

---

① 《邓小平文选》第 3 卷，人民出版社 1993 年版，第 105 页。

盾和局部战争也连绵不断。正是帝国主义的战争与无产阶级的革命，使战争与革命成了当时世界历史的主题。

但是，在 20 世纪 70 年代中期之后，国际形势和世界格局发生了一系列的重大变化。东西方矛盾开始缓和，争取和维护世界和平，成为越来越多国家的共同要求，国际间出现了相对和平的发展趋势。世界形势出现相对和平稳定的发展趋势，不是偶然的，而是世界各种矛盾发展变化和抑制战争的力量不断增长等因素交互作用的结果。首先，随着战后世界各国人民的空前觉醒，维护世界和平已经成为一股不可阻挡的历史潮流。其次，随着战后世界经济整体性的不断加强和全球化进程的加快，各国经济间的相互依存、相互渗透和互为条件的程度有了提高，这在一定意义上成为制约战争的重要因素，有利于促进和平局面的到来。最后，随着世界向多极化方向的逐步发展，制止战争的因素在日益增强。

这种相对和平的国际环境，给每个国家和民族提供了发展的契机和条件。针对国际格局的新变动，邓小平从 20 世纪 80 年代刚一开始就指出："我们有信心，如果反霸权主义斗争搞得好，可以延缓战争的爆发，争取更长一点时间的和平。这是可能的，我们也正是这样努力的。不仅世界人民，我们自己也确确实实需要一个和平的环境。"① 由于中国的经济文化发展水平还不高，在国际政治、经济格局中还是比较弱的一方，就制约战争、维护和平而言，力量还是有限的。所以，邓小平说："如果说中国是一个和平力量、制约战争的力量的话，现在这个力量还小。等到中国发展起来了，制约战争的和平力量将会大大增强。"② 正因为如此，邓小平强调指出："中国对外政策的目标是争取世界和平。在争取和平的前提下，一心一意搞现代化建设，发展自己的国家，建设具有中国特色的社会主义。"③ 这就是中国特色社会主义现代化理论的一个重要时代背景。

第二节　邓小平对中国特色社会主义现代化理论的酝酿

从 1956 年党的八大到 1966 年"文化大革命"爆发前的十年，是党领

---

① 《邓小平文选》第 2 卷，人民出版社 1994 年版，第 241 页。
② 《邓小平文选》第 3 卷，人民出版社 1993 年版，第 105 页。
③ 同上书，第 57 页。

导我们社会主义现代化在探索中曲折发展的十年，也是邓小平担任党的总书记的十年。在这十年当中，邓小平作为以毛泽东为主要代表的第一代领导集体的重要成员，对于社会主义现代化的认识成果应当属于毛泽东关于社会主义建设的理论成果。因此我们把 1975 年整顿看作是中国特色社会主义现代化理论的酝酿，不过这期间邓小平关于社会主义现代化的认识也是后来整顿的思想来源，只不过是以继承的形式融汇于邓小平对于社会主义现代化的认识之中。下面我们将结合整顿时期的思想看中国特色社会主义现代化理论的酝酿。

1975 年 2 月，在毛泽东支持下，邓小平开始主持党中央和国务院的日常工作。受命于危难之际的邓小平，不顾刚刚出来工作，困难重重的处境，根据毛泽东提出的要安定团结和把国民经济搞上去的指示以及四届人大确定的在我国实现"四个现代化"的宏伟目标，立即着手对全国各方面的工作进行大刀阔斧的整顿。在全面整顿的过程中，邓小平在认真总结历史经验和深入进行理论思考的基础上，制定了一系列搞好国民经济建设的重大政策原则，提出了关于社会主义现代化建设的一系列重要认识和观点，不仅成为当时进行全面整顿的指导思想，而且对后来提出的建设中国特色社会主义现代化理论有直接的影响。这事实上是邓小平在纠正"文化大革命"错误过程中，关于社会主义现代化建设问题上新思路的一次预演和尝试。

一　全国全党工作必须服从四化建设这个大局

全面整顿一开始，邓小平就明确指出："现在有一个大局，全党要多讲。大局是什么？三届人大一次会议和四届人大一次会议的政府工作报告，都讲了发展我国国民经济的两步设想：第一步到一九八〇年，建成一个独立的比较完整的工业体系和国民经济体系；第二步到二十世纪末，也就是说，从现在算起还有二十五年时间，把我国建设成为具有现代农业、现代工业、现代国防和现代科学技术的社会主义强国。全党全国都要为实现这个伟大目标而奋斗。这就是大局。"① 邓小平把实现"四化"确定为全党工作大局，实际上就是要求全党从"阶级斗争"的困境中摆脱出来，把发展生产力作为一切工作的中心，用四化建设来统率各方面的工作。为

---

① 《邓小平文选》第 2 卷，人民出版社 1994 年版，第 4 页。

此，他严肃批评了"文革"中形成的那种认为"抓革命保险，抓生产危险"的错误认识。特别是为了真正实现全党工作重心的转移，他巧妙而明确地提出了以"三项指示为纲"，他说："前一个时期，毛泽东同志有三条重要指示，第一，要学习理论，反修防修；第二，要安定团结；第三，要把国民经济搞上去。这三条指示互相联系，是个整体，不能丢掉任何一条。这是我们这一时期工作的纲。"① 尽管"三项指示"中包括学习理论、反修防修在内，而这在当时却是完全必要的，这样有利于取得毛泽东的同意，也适应了当时一般干部和群众的觉悟程度和认识水平，同时有利于同"四人帮"作斗争。在邓小平看来，既然"三项指示"是一个整体，那么学习理论也必须促进安定团结和国民经济的发展。所以，"三项指示为纲"这个提法是符合当时历史条件的，表现了原则性与灵活性的高度统一。"三项指示为纲"的提法，实际上是对"以阶级斗争为纲"的否定，目的是为了在实现安定团结的基础上，大力发展生产力，尽快把国民经济搞上去。

二　积极开展对外经济技术交流，以加速我国现代化的进程

邓小平在规划我国工业发展时说：我们要"引进新技术、新设备、扩大出口"。"要争取多出口一点东西，换点高、精、尖的技术和设备回来，加速工业技术改造，提高劳动生产率。"② "文革"中"四人帮"把开展对外技术交流诬蔑为"崇洋媚外"、"卖国主义"等，使我国经济的对外开放在一个相当长的时期内基本上停滞了，并重新回到了闭关自守、夜郎自大的状态，从而在很大程度上延缓了我国自身的经济技术发展的进程，扩大了我国同外国的差距。扩大进出口，开展对外经济技术交流，取别人之长补自己之短，这是进行现代化建设的一个必要条件和重要途径。正是基于这种认识，邓小平强调说："这是一个大政策。"③ 意在引起全党对这项工作的重视，破除"四人帮"强加给对外经济技术上的诬蔑之词，使我国早日走出自我封闭的状态，参加国际经济的分工和竞争，以加速我国社会主义现代化的进程。

---

① 《邓小平文选》第 2 卷，人民出版社 1994 年版，第 12 页。
② 同上书，第 29 页。
③ 同上。

三 科学技术是生产力，用科学技术的进步带动国民经济发展

在"文革"中，科学家、教授、知识分子作为"臭老九"受到了错误的批判和打击，正常的科学研究无法进行，从而严重阻碍了我国科学技术的进步。在全面整顿的过程中，邓小平尖锐地指出："科技人员不是劳动者？科学技术叫生产力，科技人员就是劳动者！"① 并强调必须大力开展科学研究，认为"这是多快好省地发展工业的一个重要途径。随着工业的发展，企业的科技人员数量应当越来越多，在全部职工中所占的比例应当越来越大"。"如果我们的科学研究工作不走在前面，就要拖整个国家建设的后腿。"② 为了尽快地把科研工作搞上去，不拖国民经济的后腿，根据邓小平的指示，《科学院工作汇报提纲》起草完成。这个提纲突出地阐述了"科学技术是生产力"的观点，强调科学研究要走在国民经济的前列，要推动生产的向前发展；要求科研机构以搞好科研为主，在短时期内，采取有效措施，认真落实知识分子政策，鼓励科研人员钻研科学技术，把我国的科学研究水平搞上去。这些主张否定了当时轻视科学技术和科技人才的错误倾向，为我国进行社会主义现代化建设指出了一个基本的方法和途径。

四 办好教育、发挥知识分子的作用，这是关系我国现代化水平的大事

"文革"时期，全国上下流行着"读书无用论"的思潮，从而荒废了一代青年。面对这种情况，邓小平在听取科学院工作汇报时指出，科技事业要后继有人，中心是办好教育。"我们有个危机，可能发生在教育部门，把整个现代化水平拖住了"③。"现在相当多的学校学生不读书，这也不符合毛泽东思想。毛泽东同志反对的是教育脱离实际、脱离群众、脱离劳动，并不是不要读书，而是要读得更好"④。教育是科技发展的基础和保障，不发展教育，整个科技队伍会后继无人。同时，教育的发展状况在很大程度上决定着一个国家整个现代化的发展程度。因此，不办好教育，

---

① 《邓小平文选》第 2 卷，人民出版社 1994 年版，第 34 页。
② 同上书，第 29、32 页。
③ 同上书，第 34 页。
④ 同上书，第 37 页。

不仅会直接影响科学技术的发展，而且将直接关系到我国现代化建设目标能否实现。邓小平的这些主张，对于纠正当时那种轻视教育、"读书无用"的不良风气，提高全党和全国人民对教育战略地位的认识产生了积极的影响。

知识分子是科技进步和经济社会发展最重要的资源。在改革开放和现代化建设中，邓小平始终重视知识分子问题，特别强调我们正在进行的社会主义现代化建设，成败的关键就是能不能充分发挥知识分子的作用。科学技术是第一生产力，是实现现代化的关键。"我们向科学技术现代化进军，要有一支浩浩荡荡的工人阶级的又红又专的科学技术大军，要有一大批世界一流的科学家、工程技术专家。造就这样的队伍，是摆在我们面前的一个严重的任务。"① 为了造就一支宏大的人才大军，"一定要造就一种空气：尊重知识，尊重人才。要反对不尊重知识分子的错误思想。不论脑力劳动、体力劳动，都是劳动。从事脑力劳动的人也是劳动者。"② 一个国家、民族、一项事业的兴衰成败，首先不取决于资源，不取决于资金，不取决于设备，而取决于有没有一批杰出的知识分子。抓住了知识分子就是抓住了根本。"全党和全社会都要真正尊重知识，真正发挥知识分子的作用，这样，我们就一定会逐步实现现代化。"③

邓小平认为，解决知识分子的问题，首先在于正确看待知识分子，正确看待脑力劳动和体力劳动的关系，如实肯定从事脑力劳动的人也是劳动者，知识分子是工人阶级的一部分。同时还要在政治气氛上给知识分子创造一个宽松的能自由发挥作用的工作环境；在学术上贯彻百家争鸣；在生活上为他们解除后顾之忧；并且为他们出国留学，进行学术交流、咨询、经商等方面提供方便。这样就不仅要将"文化大革命"中强加给知识分子的"罪名"一扫而光，而且要为调动知识分子的积极性，解放科学技术这个第一生产力提供思想保证、组织保证、制度保证。"对知识分子除了精神上的鼓励，还要采取其他一些鼓励措施，包括改善他们的物质待遇。教育工作者的待遇应该同科研人员相同。假如科研人员兼任教师，待遇还应当提高一点，因为付出的劳动更多嘛。讲按劳分配，无非是多劳多

---

① 《邓小平文选》第 2 卷，人民出版社 1994 年版，第 91 页。
② 同上书，第 41 页。
③ 《邓小平文选》第 3 卷，人民出版社 1993 年版，第 70 页。

得，不劳不得。这个问题从理论到实践，有好多具体问题要研究解决。这个不仅是科学界、教育界的问题，而且是整个国家的重大政策问题。"①

从以上不难看出，邓小平关于知识分子的思想有以下几个特点：邓小平的知识分子思想体现了时代的新特点和新要求；邓小平的知识分子思想来自实践、服务实践、接受实践的裁决；邓小平的知识分子思想从不刻意地建构体系，但将他在各个不同时期、不同场合就知识分子问题的论述加以整理归纳，就表现出其完整性、系统性，而且这一完整的思想又是开放着的，随着实践的变化、时代的发展、科技的进步而不断丰富和发展的；邓小平的知识分子思想具有鲜明的政治导向，就是坚持把人才优势与制度优势相结合，强调我们要造就比资本主义国家"更多更优秀的人才"，是充分发挥社会主义制度优越性的一种表现。总之，邓小平的知识分子思想，贯穿于我们党的解放思想、实事求是的思想路线，深刻体现了马克思主义的科学世界观和方法论，具有深邃的辩证法思想和鲜明的时代特征。

这一段历史虽然极其短暂，但是对现代化本身产生了积极影响，很多观点都是探索中国特色社会主义现代化建设范式的尝试，是改革的尝试，为后来的改革开放，开辟有中国特色社会主义道路作了思想上的酝酿。如果说现代化的必然性是在无数偶然性中为自己开辟着道路，那么当我们重温这段历史，在某种意义上可以说，"文化大革命"后历史局面的形成已经水到渠成。

第三节　中国特色社会主义现代化理论的初步形成

中国特色社会主义现代化理论是党的十一届三中全会后，我们党领导全国人民对历史进行建设性反思和开动脑筋研究新情况、解决新问题的基础上逐步形成的。诚如邓小平指出："为什么我们能在七十年代末和八十年代提出了现行的一系列政策，就是总结了'文化大革命'的经验和教训。"② 1978 年召开的十一届三中全会，不仅恢复了实事求是的现代化建设路线，确定了解放思想，实事求是，团结一致向前看的指导方针。全会还作出了把党的工作重心转移到社会主义现代化建设上来的战略决策。对

①　《邓小平文选》第 2 卷，人民出版社 1994 年版，第 51 页。
②　《邓小平文选》第 3 卷，人民出版社 1993 年版，第 172 页。

此，邓小平指出："一九七八年我们党的十一届三中全会对过去作了系统的总结，提出了一系列新的方针政策。中心点是以阶级斗争为纲转到以发展生产力为中心，从封闭转到开放，从固守成规转到各方面的改革。"①从党的十一届三中全会开始到十二大，我们党不仅完成了指导思想和重大是非的拨乱反正，以经济建设为中心的工作转移，农村改革的迅速有效开展，同时，邓小平在 1978 年 3 月 30 日的理论工作务虚会上，针对拨乱反正中出现的错误思潮，旗帜鲜明地重申必须坚持四项基本原则。1979 年国庆 30 周年，叶剑英发表了经党的十一届四中全会讨论通过的重要讲话，明确指出"我们所说的四个现代化，是实现现代化的四个主要方面，并不是说现代化事业只以这四个方面为限。我们要在改革和完善社会主义经济制度的同时，改革完善社会主义政治制度，发展高度的社会主义民主和完备的社会主义法制，我们要在建设高度物质文明的同时，……建设高度的社会主义精神文明。这些都是我们社会主义现代化的重要目标，也是实现四个现代化的必要条件。""一个中心、两个基本点"的思想已初步形成，中国特色社会主义现代化目标纲领的初步提出，并且还提出"走出一条中国式的现代化道路"②的概念。这些成为中国特色社会主义现代化理论的思想雏形。1981 年 6 月，党的十一届六中全会通过的《关于建国以来党的若干历史问题的决议》，指明我国正处于社会主义初级阶段，并概括了这条适合我国情况的社会主义现代化建设的正确道路的十个要点。1982 年 9 月 1 日，邓小平在党的十二大开幕词中郑重提出："把马克思主义普遍真理同我国的具体实际结合起来，走自己的道路，建设有中国特色的社会主义，这就是我们总结长期历史经验得出的基本结论。"③"建设有中国特色的社会主义"的命题，科学准确地反映了十一届三中全会以来形成的一系列关于现代化建设方针政策的本质，成为中国特色社会主义现代化理论的主题。它的提出成为这一理论开始形成的突出标志。为什么这么说，因为自建党以来，中国共产党最为重大的理论创新就是针对"苏联马克思主义研究模式"与"苏联社会主义建设模式"提出了"马克思主义中国化"和"中国特色社会主义"两大命题，而"建设有中国特色

---

① 《邓小平文选》第 3 卷，人民出版社 1993 年版，第 269 页。
② 《邓小平文选》第 2 卷，人民出版社 1994 年版，第 163 页。
③ 《邓小平文选》第 3 卷，人民出版社 1993 年版，第 3 页。

的社会主义"是"中国特色社会主义"的最初提法。从字面上看,"建设有中国特色的社会主义"是以实现什么样社会主义为主题的,就如我们经常说,"只有社会主义才能救中国,只有中国特色社会主义才能发展中国",其实,说到底,不管是社会主义,还是中国特色社会主义,都是以实现现代化为主题的。所以,胡锦涛在建党九十周年的讲话中指出:"中国特色社会主义道路,是实现社会主义现代化的必由之路,是创造人民美好生活的必由之路。"

从党的十一届三中全会到十二大近四年的时间里,我们党在总结历史和新鲜的经验基础上通过不懈的探索取得的主要理论成果,从大的方面来讲,主要体现在以下几个方面。

一　坚持以经济建设为中心是实现社会主义现代化的必然要求

把党的工作重心转移到以经济建设为中心的现代化上来,这是党的十一届三中全会作出的重大战略决策。这个转移是非常艰难和曲折的,是来之不易的,1956 年党的八大就提出了这个问题,但在实践中很快又被"以阶级斗争为纲"的错误方针所取代。粉碎"四人帮"后,当时的主要领导人仍然信奉这个方针。为了实现全党工作重心的转移,1978 年 9 月,邓小平在揭批"四人帮"运动取得基本胜利的情况下,指出:运动抓得差不多以后,要抓日常工作,不能没完没了地搞下去。次年 6 月,又对社会主义社会的阶级斗争重新做了分析和估量,指出:新中国成立后"我国的社会阶级状况发生了根本的变化。我国工人阶级的地位已经大大加强,我国农民已经是有二十多年历史的集体农民。工农联盟将在社会主义现代化建设的新的基础上更加巩固和发展。我国的广大知识分子,包括从旧社会过来的老知识分子的绝大多数,已经成为工人阶级的一部分,正在努力自觉地为社会主义事业服务"。"我国的资本家阶级原来占有的生产资料早已转到国家手中,定息也已停止十三年之久。他们中有劳动能力的绝大多数人已经改造成为社会主义社会中的自食其力的劳动者"①。正是基于这种正确分析,中央对我国社会主义时期的阶级斗争问题做了明确的结论,指出:在剥削阶级作为阶级消灭之后,阶级斗争虽然在一定时期内长期存在,但已不是我国社会的主要矛盾。这就彻底否定了"以阶级斗

---

① 《邓小平文选》第 2 卷,人民出版社 1994 年版,第 185—186 页。

争为纲"的一套错误理论，从而进一步说明了工作中心转移到以经济建设为中心的现代化建设上来的必要性。

邓小平在深刻分析我国阶级和阶级斗争的状况，摒弃"以阶级斗争为纲"这个不适于社会主义社会的"左"的错误方针的同时，又反复论述了社会主义现代化建设的根本任务是以经济建设为中心，集中精力发展生产力，从而完成了从"以阶级斗争为纲"到以经济建设为中心的现代化建设为根本任务的拨乱反正。1978年，邓小平在听取吉林省委工作汇报时就指出："我们是社会主义国家，社会主义制度优越性的根本表现，就是能够允许社会生产力以旧社会所没有的速度迅速发展，使人民不断增长的物质文化生活需要能够逐步得到满足。按照历史唯物主义的观点来讲，正确的政治领导的成果，归根结底要表现在社会生产力的发展上，人民物质文化生活的改善上。"[1] 在同年12月召开的中央工作会议上，他又指出：经济工作"是今后主要的政治，离开这个主要的内容，政治就变成空头政治，就离开了党和人民的最大利益"[2]。这个讲话实际上成为党的十一届三中全会的主题报告，由此确立了我党将工作重心转移到经济建设上来的重大决策，实现了党以经济建设为中心的重大转移。1980年一开始，邓小平就告诫大家一定要以经济建设为中心，并说：现在要横下心来，一心一意搞建设，因为"离开了经济建设这个中心，就有丧失物质基础的危险。其他一切任务都要服从这个中心，围绕这个中心，决不能干扰它，冲击它。过去二十多年，我们在这方面的教训太沉痛了"[3]。同年2月，邓小平在党的十一届五中全会的讲话中又说："我们党在现阶段的政治路线，概括的说，就是一心一意地搞四个现代化。这件事情，任何时候都不要受干扰，必须坚定不移地、一心一意地干下去。"[4] 同年5月，他又说："根据我们的经验，讲社会主义，首先就要使生产力发展，这是主要的。只有这样，才能表明社会主义的优越性。"[5] 后来，邓小平又多次强调："我们的政治路线，是把四个现代化建设作为重点，坚持发展生产力，始终扭住这个根本环节不放松，除非打起世界战争。即便打世界战

---

① 《邓小平文选》第2卷，人民出版社1994年版，第128页。

② 同上书，第150页。

③ 同上书，第250页。

④ 同上书，第276页。

⑤ 同上书，第314页。

争，打完了还搞建设。"①

二　四项基本原则是实现社会主义现代化的根本政治保证

邓小平指出："四项基本原则不是新的东西，是我们党长期以来一贯坚持的。"② 之所以在党的十一届三中全会不久就重申这一原则，是针对在纠正"文化大革命"的错误和拨乱反正的过程中，出现的两种错误思潮：一方面是针对受极"左"思潮的毒害，攻击党中央执行的一系列方针政策违反了马列主义、毛泽东思想；另一方面是针对社会上有极少数人别有用心地歪曲解放思想的方针，散布怀疑或反对四项基本原则的言论。这两种思潮都是违背马列主义、毛泽东思想的，都是妨碍和破坏社会主义现代化建设事业的。而党内也有极少数人不但不承认这种思潮的危险性，而且还直接或间接地加以某种程度的同情或支持。正是面对这种情况，邓小平在 1979 年召开的理论工作务虚会上明确指出："为了实现四个现代化，我们必须坚持社会主义道路，坚持无产阶级专政，坚持共产党的领导，坚持马列主义、毛泽东思想。中央认为，今天必须反复强调坚持四项基本原则，因为某些人（哪怕只是极少数人）企图动摇这些基本原则。这是决不许可的。每个共产党员，更不必说每个党的思想理论工作者，决不允许在这个根本立场上有丝毫动摇。如果动摇了这四项基本原则中的任何一项，那就动摇了整个社会主义事业，整个现代化建设事业"，因为四项基本原则是实现四个现代化的根本前提。如果让反党反社会主义的思想任意泛滥，那么，"三中全会的方针政策就要落空，工作的重点转移就要落空，四个现代化建设就要落空，党内外民主生活的发展也要落空"③。国内外的形势和党的十一届三中全会以来的实践证明：要保证改革开放和现代化建设的社会主义性质和方向，要实现改革和建设的历史任务，要保持一个安定团结的社会治安环境，要维护民族的统一，实现国家的兴旺，都离不开四项基本原则这个立国之本。

三　实现"小康"是社会主义现代化建设阶段性目标

党的十一届三中全会后，我国改革开放和现代化建设进入新时期。中

---

① 《邓小平文选》第 2 卷，人民出版社 1994 年版，第 135—136 页。

② 同上书，第 91 页。

③ 同上书，第 173、164、178 页。

国特色社会主义现代化理论的一个重要方面，就是随着对社会主义现代化建设规律认识的不断深化，我们党不仅明确提出了"小康"概念，而且明确把实现小康作为社会主义现代化建设的阶段性目标，并为实现这一中国式现代化目标设计了具体的实施步骤。回顾这一时期这一概念以及作为阶段性目标提出的背景及其发展历程，分析其内涵深化和扩展的原因和推进过程，不仅可以清楚地看到我们党是怎样在实践中加深对中国社会主义现代化建设规律认识的，而且可以进一步通过社会主义现代化目标的不断具体化来彰显中国特色社会主义现代化理论是如何形成的。

新时期"小康"概念以及目标的提出以及背景有以下几方面。

首先，新时期"小康"概念及目标的提出是中国社会主义现代化进一步发展的客观要求。

中国共产党人对社会主义现代化建设目标的探索经历了曲折的发展历程。新中国成立以后，以毛泽东为代表的中国共产党人逐渐摆脱苏联片面发展重工业的发展模式的影响，积极探索社会主义现代化建设的内容以及目标。1954 年召开的第一届全国人民代表大会上，提出了"我国的经济原来是很落后的。如果我们不建设起强大的现代化的工业、现代化的农业、现代化的交通运输业和现代化的国防，我们就不能摆脱落后和贫困，我们的革命就不能达到目的"① 的"四个现代化"的任务。1956 年 9 月，关于"四个现代化"的这一任务被写进了党的八大通过的党章，强调要走中国自己的社会主义工业化道路。1958 年的"大跃进"，出现了工业和农业、建设与生活严重不平衡的问题。党和政府在总结"大跃进"的经验教训过程中，对如何认识现代化的奋斗目标有了新的进展，意识到科学技术在发展经济、实现现代化中的重要地位和作用。1964 年周恩来在三届人大一次会议上代表中共中央和中央人民政府郑重宣布："今后发展国民经济的主要任务，总的来说，就是要在不太长的历史时期内，把我国建设成为一个具有现代农业、现代工业、现代国防和现代科学技术的社会主义强国，赶上和超过世界先进水平。为了实现这个伟大的历史任务，从第三个五年计划开始，我国的国民经济发展，可以按两步来考虑：第一步，建立一个独立的比较完整的工业体系和国民经济体系；第二步，全面实现

① 《周恩来年谱（一九四九———一九七六）》上卷，中央文献出版社 1997 年版，第 254—255 页。

农业、工业、国防和科学技术的现代化，使我国经济走在世界的前列。"
这一宏伟目标的提出说明当时我们党对实现社会主义现代化建设目标的长
期性有着较为清醒的认识，它所体现出来的分阶段逐步实现现代化对后人
有着积极的借鉴作用。时隔两年多之后，由于发生"文化大革命"这场
灾难，"四个现代化"建设遭受严重干扰和破坏达十年之久。但是，在动
乱的年代里，毛泽东、周恩来等老一辈革命家始终心系"四化"大业。
1974 年冬，邓小平受毛泽东委托，代周恩来主持起草全国人大四届一次
会议政府工作报告。1975 年 1 月 13 日，周恩来不顾重病缠身，在全国人
大四届一次会议上庄严重申："全面实现农业、工业、国防和科学技术的
现代化"，号召"向四个现代化的宏伟目标前进"。对于这次重申实现
"四个现代化"的奋斗目标，具有非同寻常的意义。正如叶剑英在中华人
民共和国国庆 30 周年纪念大会上的讲话中所指出的："一九六四年底，
在三届人大一次会议上，周恩来同志根据毛泽东同志的提议，在政府工作
报告中提出：我们一定要在本世纪内，把我国建设成为一个具有现代农
业、现代工业、现代国防和现代科学技术的社会主义强国。一九七五年，
在四届人大一次会议上，周恩来同志重申了这个宏伟任务。这是毛泽东同
志和周恩来同志给我们留下的政治遗嘱，是全党全国人民必须百折不挠地
加以实现的奋斗目标。"[①] 可以说，"四个现代化"的发展目标极大地振
奋了全国人民的精神，鼓舞了人民的斗志，对我国国民经济的发展起着重
要的指导作用。然而由于"社会主义运动的历史不长，社会主义国家的
历史更短，社会主义社会的发展规律有些已经比较清楚，更多的还有待于
继续探索"[②]，而我们对于我国社会主义社会所处的历史阶段、主要矛盾
和根本任务等重大问题也缺乏始终一贯的科学认识，使得这一目标在实现
的速度上超越了当时的国情国力。同时，对于究竟什么是社会主义现代
化，也并没有清晰的表述。要进一步推进社会主义现代化建设，就要求我
们确定一个切合实际的发展目标。

　　其次，新时期"小康"概念及目标的提出也是我国工作重点转移到
以经济建设为中心之后的必然要求。

　　党的十一届三中全会以后，以邓小平为核心的党中央对我国社会主义

---

　　① 《三中全会以来重要文献选编》（上），人民出版社 1982 年版，第 218 页。
　　② 《三中全会以来重要文献选编》（下），人民出版社 1982 年版，第 817 页。

现代化建设事业的曲折实践进行了建设性的全面反思,重新开始思考如何从中国的具体国情出发推进我国的现代化进程问题。在邓小平看来,新中国建立三十年来,不论是农业、工业,还是其他方面,都有了一定程度的发展。"但一个根本的问题是,我们耽误了时间,生产力的发展太慢。"①后来邓小平还就此尖锐地指出:"我们干革命几十年,搞社会主义三十多年,截至一九七八年,工人的月平均工资只有四五十元,农村的大多数的地区仍处于贫困状态。这叫什么社会主义优越性?"② 因此,不改革没有出路,必须迅速地把工作重点转移到经济建设上来。而随着我国以经济建设为中心、坚持四项基本原则,坚持改革开放的基本路线以及一系列现代化政策的确立,人民群众对于通过发展经济、提高生活水平的愿望充满期待,通过促进发展满足人民日益增长的物质文化需要提到了我们党的面前,必然要求我们党提出一个既能鼓舞人心又能切实可行的发展目标。

　　1978 年底到 1979 年初邓小平出访日本和美国所亲身感受到发达国家的现代化水平,使他认识到要使我国达到发达国家的现代化水平,不是短时期内能够办到的。于是邓小平在 1979 年 10 月中共省、市、自治区委员会第一书记座谈会上第一次明确提出要降低原来关于现代化的具体指标,他谈道:"我们开了大口,本世纪末实现四个现代化。后来改了个口,叫中国式的现代化,就是把标准放低一点。……现在我们的国民生产总值人均大概不到三百美元,要提高两三倍不容易。我们还是要艰苦奋斗。就是降低原来的设想,完成低的目标,也得很好地抓紧工作,要全力以赴,抓得很细,很具体,很有效。四个现代化这个目标,讲空话是达不到的。"③这段话不仅生动地体现了邓小平同志实事求是的思想精神,也反映了改革开放一开始我们党对现代化目标的科学认识。那么,如何根据中国的实际定位和概括新时期社会主义现代化建设的目标呢? 邓小平选择了"小康"这个对我国人民来讲耳熟能详的词汇来表述新时期我国现代化建设的具体目标。1979 年他在会见日本首相大平正芳时说:"我们的四个现代化的概念,不是像你们那样的现代化的概念,而是'小康之家'。到本世纪末,中国的四个现代化即使达到了某种目标,我国的国民生产总值人均水平也

---

① 《邓小平文选》第 2 卷,人民出版社 1994 年版,第 311 页。
② 《邓小平文选》第 3 卷,人民出版社 1993 年版,第 10—11 页。
③ 《邓小平文选》第 2 卷,人民出版社 1994 年版,第 194—195 页。

还是很低的。要达到第三世界中比较富裕一点的国家的水平，比如国民生产总值人均一千美元，也还得付出很大的努力，就算达到那样的水平，同西方来比，也还是落后的。所以，我只能说，中国到那时也还是一个小康的状态。"① 邓小平把我国古代思想家用来描绘千百年来普通百姓对宽裕、殷实美好社会理想的词汇"小康"以赋予全新时代内涵的形式概括出我国新时期现代化建设的战略目标，反映出我们的现代化目标是结合国情与时代特征的产物，是人民群众喜闻乐见能够理解的现代化，从而以人民群众能够理解和接受的方式表明：我们党全部工作的出发点和落脚点，就是一切以人民根本利益为出发点和落脚点。因此，我们党把提出"小康"概念作为现代化建设在新时期的奋斗目标，不是空穴来风，而是新时期社会主义现代化建设实践的客观要求。实现"小康"也成为得乎民心、顺之潮流的第一任务。

四　发展社会主义民主，健全社会主义法制是实现社会主义现代化的根本任务和目标之一

粉碎"四人帮"后，邓小平在总结十年"文化大革命"经验教训的基础上，及时提出了发展社会主义民主，健全社会主义法制的任务。邓小平在 1978 年 12 月召开的中央工作会议闭幕会上的讲话中明确指出："为了保障人民民主，必须加强法制。必须使民主制度化、法律化，使这种制度和法律不因领导人的改变而改变，不因领导人的看法和注意力的改变而改变。现在的问题是法律很不完备，很多法律还没有制定出来。"所以，我们面临的迫切任务是要加快立法的步伐，以便"做到有法可依，有法必依，执法必严，违法必究"。同时强调"国家和企业、企业和企业、企业和个人等等之间的关系，也要用法律的形式来确定；它们之间的矛盾，也有不少要通过法律来解决。"② 1979 年 3 月，邓小平在党的理论工作务虚会上的讲话中又说："我们过去对民主宣传得不够，实行得不够，制度上有许多不完善，因此，继续努力发扬民主，是我们党今后一个长时期的坚定不移的目标。"并指出，"没有民主就没有社会主义，就没有社会主

---

① 《邓小平文选》第 2 卷，人民出版社 1994 年版，第 237 页。
② 同上书，第 146—147 页。

义的现代化。当然，民主化和现代化一样，也要一步一步地前进"。① 那么中国人民今天所需要的是一种什么样的民主呢？"中国人民今天所需要的民主，只能是社会主义民主或称人民民主，而不是资产阶级的个人主义的民主。人民的民主同对敌人的专政分不开，同民主基础上的集中也分不开"。"如果离开四项基本原则，抽象地空谈民主，那就必然会造成极端民主化和无政府主义的严重泛滥，造成安定团结政治局面的彻底破坏，造成四个现代化的彻底失败"②。1980 年 12 月，邓小平在中央工作会议的讲话中，又一次指出："要继续发展社会主义民主，健全社会主义法制。这是三中全会以来中央坚定不移的基本方针，今后也决不允许有任何动摇。我们的民主制度还有不完善的地方，要制定一系列的法律、法令和条例，使民主制度化、法律化。社会主义民主和社会主义法制是不可分的。不要社会主义法制的民主，不要党的领导的民主，不要纪律和秩序的民主，决不是社会主义民主。"③

这样，邓小平在党的十一届三中全会前后，不仅科学地阐述了民主和法制的辩证关系，提出了发展社会主义民主和健全社会主义法制的任务，而且为如何建设社会主义民主制定了一系列的基本方针和基本原则，从而为民主和法制建设指明了方向。

五　建设社会主义精神文明，"两手抓，两手都要硬"

建设社会主义精神文明，是我们党在十一届三中全会后，对社会主义进行再认识的基础上提出的一个关于社会主义现代化建设的重大理论问题。1979 年 9 月，在党的十一届四中全会通过的叶剑英《在庆祝中华人民共和国成立三十周年大会上的讲话》中，第一次明确提出了建设社会主义精神文明的重要命题，讲话中说道："我们要在建设高度物质文明的同时，提高全民族的教育科学文化水平和健康水平，树立崇高的革命思想和革命道德风尚，发展高尚的丰富多彩的文化生活，建设高度的社会主义精神文明。"④ 这样就正式把"建设高度的社会主义精神文明"确定为我国社会主义现代化建设的一个重要目标。

---

①　《邓小平文选》第 2 卷，人民出版社 1994 年版，第 176、168 页。
②　同上书，第 175、176 页。
③　同上书，第 359 页。
④　《三中全会以来重要文献选编》，人民出版社 1982 年版，第 234 页。

此后，随着改革开放的深入和现代化建设的发展，对精神文明建设的认识不断深化。1979 年 10 月 30 日，邓小平在中国文艺工作者第四次代表大会的祝词中首次阐述了精神文明建设问题，他说："务必要在建设高度文物文明的同时，提高全民族的科学文化水平，发展高尚的丰富多彩的文化生活，建设高度的社会主义精神文明。"① 1980 年 12 月召开的中央工作会议，把建设社会主义精神文明列为重要议题进行了讨论，邓小平在这次会议上进一步指出："所谓精神文明，不但是指教育、科学、文化（这是完全必要的），而且是指共产主义的思想、理想、信念、道德、纪律，革命的立场和原则，人与人的同志式关系，等等。""没有这种精神文明，没有共产主义思想，没有共产主义道德，怎么能建设社会主义？"② 这样，就明确地把精神文明建设这一内涵具体化为两个方面：一方面是科学文化建设；另一方面是思想道德建设。根据这些认识，在党的十一届六中全会通过的《关于建国以来党的若干历史问题的决议》重申"社会主义必须有高度的精神文明"，并把党在新时期的奋斗目标概括为"现代化的、高度民主的、高度文明的社会主义强国"。在六中全会后不久召开的思想战线问题谈话会及五届人大四次会议上，对精神文明建设又作了进一步的阐述。1982 年 7 月，邓小平又科学地阐述了精神文明建设的根本任务就是提高人的素质，他说："搞社会主义精神文明，主要是使我们的各族人民都成为有理想、讲道德、有文化、守纪律的人民。"③ 他还指出："要努力使我们的青少年成为有理想、有道德、有知识、有体力的人，使他们立志为人民作贡献，为祖国作贡献，为人类作贡献，从小养成守纪律、讲礼貌、维护公共利益的良好习惯。"这些论述又进一步阐述了社会主义精神文明建设的目标和任务。在此基础上，党的十二大对十一届三中全会以来党在精神文明建设问题上的论述做了系统和全面的展开，指出人们在精神生产和精神生活方面所取得的成果就是精神文明，把建设社会主义精神文明确定为我国社会主义现代化建设的一个主要方面，并对精神文明建设做了全面部署。这样，党的十二大关于社会主义精神文明的新见解，反映了我们党对中国特色社会主义现代化内容的深刻认识。社会主义现代化是一

---

① 《邓小平文选》第 2 卷，人民出版社 1994 年版，第 208 页。

② 同上书，第 367 页。

③ 同上书，第 408 页。

个包括经济、政治、文化全面建设的事业，社会主义现代化建设的各项事业也是相互协调和良性互动的。因此，邓小平在提出进行社会主义精神文明建设的同时，还提出了"两手抓"的思想，成为正确处理现代化建设各内容之间关系的基本方针。

"两手抓"的思想，是邓小平1979年会见日本友人时提出来的。他说："民主要坚持下去，法制要坚持下去，这好像两只手，任何一只手削弱都不行。"① 在1982年召开的一次会议上，他又说：进行社会主义现代化建设，"我们要有两手，一手就是坚持对外开放和对内搞活经济的政策；一手就是打击经济犯罪活动。没有打击经济犯罪活动这一手，不但对外开放政策肯定要失败，对内搞活经济的政策也肯定要失败。有了打击经济犯罪活动这一手，对外开放，对内搞活经济就可以沿着正确的方向走"② 。同年7月，他又指出："我们必须坚持对外开放、对内搞活经济这一手。但是为了保证这个政策在贯彻执行过程中能够真正有利于四化建设，能够不脱离社会主义方向，就必须同时还有另外一手，这就是打击经济犯罪活动。没有这一手，就没有制约。"③ 在这里，邓小平已经把"两手抓"提到了有利于社会主义现代化建设的高度，表明了邓小平对"两手抓"思想认识的深化。

六　必须坚持走中国式的现代化建设道路

中国的现代化建设道路究竟是什么样子？这是邓小平一开始就十分关心并认真研究和概括总结的问题。党的十一届三中全会召开前夕，他就强调指出，我们要在解放思想、总结经验的基础上，"根据我国的实际情况，确定实现四个现代化的具体道路、方针、方法和措施"。④ 1979年3月，邓小平在《坚持四项基本原则》一文中，又明确提出了"中国式现代化道路"的概念，他说："过去搞民主革命，要适合中国情况，走毛泽东同志开辟的农村包围城市的道路。现在搞建设，也要适合中国情况，走出一条中国式的现代化道路。"⑤ "中国式的现代化道路"这一命题的提

---

① 《邓小平文选》第2卷，人民出版社1994年版，第189页。
② 同上书，第404页。
③ 同上书，第409页。
④ 同上书，第141页。
⑤ 同上书，第163页。

出，为根据我国国情，确定现代化的具体道路和方针政策，建设中国特色社会主义指明了方向。特别是经过十一届三中全会以来两年的实践，我们党对于这条现代化道路的认识也逐渐清晰了。在此基础上，邓小平在1980年12月中央工作会议上的讲话中对"中国式的现代化道路"作了比较全面完整的总结和概括，这可以说是在党的历史上最早的一次总结和概括。这次讲话对十一届三中全会以来的路线、方针、政策作了比较系统总结的同时，还指出："走什么样的路子，采取什么样的步骤来实现现代化，这要继续摆脱一切老的和新的框框的束缚，真正摸准、摸清我们的国情和经济活动中各种因素的相互关系，据以正确决定我们的长远规划的原则。"① 他还指出，中国的现代化建设"不能照抄西方国家或苏联一类国家的办法，要走出一条在社会主义制度下合乎中国情况的道路"②。

1981年6月，党的十一届六中全会通过的《关于建国以来党的若干历史问题的决议》，对我国社会主义现代化道路作了系统的理论概括，这是党中央以正式的文献对"中国式的现代化道路"的第一次概括。《决议》指出："三中全会以来，我们党已经逐步确立了一条适合我国情况的社会主义现代化建设道路。这条道路还将在实践中不断充实和发展，但是它的主要点，已经可以从建国以来正反两方面的经验，特别是'文化大革命'的基本教训中得到基本的总结。"正是在上述认识的基础上，邓小平在党的十二大开幕词中第一次完整地提出了关于建设社会主义必须根据本国国情，走自己道路的观点。

第四节　中国特色社会主义现代化理论的基本形成

1982年党的十二大到1987年党的十三大，是中国特色社会主义现代化理论从全面探索到基本形成时期。十二大以后，我国的改革开放开始从农村转移到了以城市为中心的全面经济体制改革。这个时段是中国特色社会主义现代化理论繁荣发展的重大时期。十三大面对实践中出现的新问题、新情况，进行了大胆的探索与创新，从现代化的角度提出了在经济文化落后国家，建设社会主义必须有一个很长的初级阶段；社会主义社会的

---

① 《邓小平文选》第2卷，人民出版社1994年版，第356页。
② 同上书，第362页。

根本任务是发展生产力，集中力量实现现代化；改革是社会主义发展的重要途径；对外开放是实现社会主义现代化的必要条件；社会主义民主政治和社会主义精神文明是社会主义的重要特征；坚持四项基本原则同坚持改革开放的总方针这两个基本点相互结合缺一不可；和平与发展是当代世界的主题等重要观点。这些观点构成了中国特色社会主义现代化理论的基本轮廓，初步回答了我国社会主义现代化建设的阶段、任务、动力、条件、布局和国际环境等基本问题。特别值得一提的是，在这期间，我们党首次提出了社会主义初级阶段的理论，并使之成为中国特色社会主义现代化理论的立论基础；制定了党在社会主义初级阶段现代化建设的基本路线，即"一个中心、两个基本点"；部署了"三步走"的经济发展战略。

一　社会主义现代化建设宏伟蓝图的提出

中国共产党对中国现代化目标的设计大致经历了三个阶段：第一阶段是把工业化和农业现代化或近代化等同于现代化，认为我国现代化的目标就是实现国家的工业化和农业的现代化或近代化。毛泽东在新中国成立前和新中国成立初期关于现代化的大量论述反映了中国共产党人的这种现代化认识。第二阶段是把经济的现代化等同于现代化，认为我国现代化的总体目标就是"四个现代化"。新中国成立后，毛泽东、周恩来对现代化的论述以及党和政府的文件中大都采用了这个提法，党的十一届三中全会前后邓小平也采用这一提法。第三阶段是把现代化看成是社会的全面现代化，把建立富强、民主、文明的社会主义现代化国家作为我国现代化的总体目标。

1987年党的十三大明确提出："在社会主义初级阶段，我们党的建设有中国特色的社会主义的基本路线是：领导和团结全国各族人民，以经济建设为中心，坚持四项基本原则，坚持改革开放，自力更生，艰苦创业，为把我国建设成为富强、民主、文明的社会主义现代化国家而奋斗。"①至此，"富强、民主、文明"成为我国现代化的目标。

邓小平关于中国式现代化目标的全面认识，不仅是对工业化、"四个现代化"目标的继承与发展，而且也是对从鸦片战争到五四运动的中国近代史上关于现代化从器物、到制度、再到文化这样一个认识历程的反

---

① 《十三大以来重要文献选编》（上），人民出版社1991年版，第15页。

思，更是和平与发展时代的到来对现代化要求的理论把握。这个目标的提出不仅是对历史经验的科学总结，也是对现实实践经验的理性认识，同时也是时代发展的必然要求。因此这一关于现代化战略目标的认识对于中国特色社会主义现代化目标形成与发展起到了开创与奠基的作用。

二　实现社会主义现代化宏伟蓝图的根本途径和方法

十一届三中全会实现了党的工作重心的转移，并作出了改革开放的决策。随即又针对拨乱反正过程出现的错误思潮，明确提出了必须坚持四项基本原则的问题，这就奠定了党的基本路线的基础。随着实践的发展，我们党对改革开放等一系列根本政策的认识也不断深化。到 1984 年，我国的改革开放和现代化建设已取得了巨大的成功，并形成了全面改革开放的格局，党的十一届三中全会以来提出的一系列方针政策也开始形成比较完整的体系。实践和认识的发展表明，从整体上对这些认识进行系统概括和科学阐述的条件已经成熟。正是在这种情况下，邓小平及时地对五年多来形成的路线、方针和政策开始形成一个比较清晰的思路，并进行了科学系统的总结和概括。1984 年 6 月 30 日，邓小平在会见第二次中日民间人士会议日方委员会代表团的谈话就是一个明显的标志，在这次谈话中他对十一届三中全会以来我们党在实践中形成的最主要的方针政策和理论观点进行了系统的阐述，清晰地勾画出了中国特色社会主义现代化理论的基本框架和中国式现代化的蓝图，并以"一个中心、两个基本点"的路线作为主线贯穿始终。他说："马克思主义最注重发展生产力……所以社会主义初级阶段的最根本的任务就是发展生产力，社会主义的优越性归根到底要体现在它的生产力比资本主义发展得更快一些、更高一些，并且在发展生产力的基础上不断改善人民的物质文化生活"；那么，要加快生产力的发展，对内就必须实行改革，我国的改革是从农村开始，然后转向城市的，城市改革是不仅包括工业、商业的改革，而且还包括科技、教育等各行各业都在内的全面改革，同时还必须实行对外开放，因为"现在的世界是开放的世界……关起门来搞建设是不行的，发展不起来"的，我们的发展"要尽可能快一点，这就要求对内把经济搞活，对外实行开放政策"。"总之，我们内部要继续改革，对外进一步开放"；"在中国现在落后的状态下，走什么样道路才能发展生产力，才能改善人民生活？这就又回到是坚持社会主义还是资本主义道路的问题上来了"。"坚持马克思主义对中国十分重要，坚持社会主义对中国也十分重要"，"如果不搞社会主义，而走资本主义道路，中国的混乱状态就不能结束，贫困落后的状态就不能改变。所以，我们多次重申，要坚持马克思主义，坚持社会主义道路。但是，马克思主义必须是同中国实际相结合的马克思主义，社会主义必须是切合中国实际的有中国特色的社会主义。"邓小平最后总结说："如果说构想，这就是我们的构想……总的来说，这条道路叫做建设有中国特色的社会主义道路。"① 上述谈话内容已经清晰地勾画出了"一个中心、两个基本点"的轮廓，提出了中国特色社会主义现代化理论的基本构想与核心内容。

到 1985 年 8 月邓小平会见外国友人时，又对上述构想作了进一步的阐发，并开始把"一个中心、两个基本点"有机地联系起来表述了。他说："社会主义的任务很多，但根本一条就是发展生产力，在发展生产力的基础上体现出优于资本主义，为实现共产主义创造物质基础"；"我们拨乱反正，就是要在坚持四项基本原则的基础上发展生产力。为了发展生产力，必须对我国的经济体制进行改革，实行对外开放政策。"② 尽管当时还没有明确地概括为党的"基本路线"，但"一个中心"与"两个基本点"已经连为一体了。这是党的现代化基本思想路线形成的重要环节。

把"一个中心、两个基本点"作为党的基本路线完整提出来，并对其相互关系进行论述是从 1987 年开始的。当时鉴于反对资产阶级自由化斗争的需要，中共中央回顾了十一届三中全会以来的成就，认为对全国人民都身受"三中全会以来路线之惠"这个亲切的政治概念——"三中全会以来的路线"，需要给予明确的界定。于是，在 1987 年 1 月底举行的春节团拜会上，党中央第一次公开提出了坚持四项基本原则和坚持改革开放是三中全会以来路线的两个基本点。并且指出："两者相互联系，缺一不可。不讲四项基本原则，改革、开放、搞活就没有方向，没有保证。不搞改革、开放、搞活，就不可能迅速发展生产力，就谈不上建设有中国特色社会主义。"同年 5 月，党中央指出"三中全会以来的路线，是实事求是，从中国实际出发，建设有中国特色的社会主义的路线。这条路线有两个基本点，一个是坚持四项基本原则，一个是坚持改革、开放、搞活。"

---

① 《邓小平文选》第 3 卷，人民出版社 1993 年版，第 62—65 页。
② 同上书，第 137、138 页。

并且进一步论述了两个基本点的相互关系，认为"两个基本点是统一的，即不应拿这个来排斥那个，也不应拿那个排斥这个。二者之间的关系，是唇齿相依的关系，不是相互排斥的关系。两个基本点统一起来，才是三中全会以来的路线的完整内容，才是有中国特色的社会主义，才是有生命力的、有血有肉的、实践中的科学社会主义"。

1987年6月12日，邓小平对他一贯坚持和强调的"一个中心、两个基本点"的路线进行了深刻的阐述。他说："从一九七八年我们党的十一届三中全会开始，确定了我们的根本政治路线，把四个现代化建设，努力发展社会生产力，作为压倒一切的中心任务。在这个基础上制定了一系列新的方针政策，主要是改革和开放政策。改革是全面的改革，包括经济体制改革、政治体制改革和相应的其他各个领域的改革。开放是对世界所有国家的开放，对各种类型的国家开放。"但是，"我们的改革不能离开社会主义道路，不能没有共产党的领导，这两点是相互联系的，是一个问题"。①在此基础上，党的十三大报告对"一个中心、两个基本点"的基本路线第一次进行了完整科学的论述。指出：四项基本原则是我们的立国之本，改革开放又赋予四项基本原则以新的时代内容，"坚持四项基本原则和坚持改革开放这两个基本点，相互贯通，相互依存，统一于建设有中国特色的社会主义的实践。不能以僵化的观点看待四项基本原则，否则就会怀疑和否定改革开放的总方针。也不能以自由化的观点看待改革开放，否则就会离开社会主义轨道。""总之，以经济建设为中心，坚持两个基本点，这就是我们的主要经验，这就是党在社会主义初级阶段的基本路线的主要内容。"② 以上，就是我们党关于基本路线的认识过程。

其实，这个认识过程也说明了我们党对如何实现现代化目标认识的深化。也就是说，"一个中心、两个基本点"的建设路线，就是实现现代化目标的根本路径。之所以这样说是因为，在现代化建设的三个目标当中，富强这个目标是处于首位的。所谓的富强，就是物质文明建设，而物质文明建设的重点就是经济建设，而要进行经济建设，就要通过改革解放束缚先进生产力发展的体制性障碍，就是要通过开放吸收先进国家的管理经验和技术加速我们的经济建设。当然，这个体制改革不仅包括政治、经济、

---

① 《邓小平文选》第3卷，人民出版社1993年版，第237、242页。

② 《十三大以来重要文献选编》（上），人民出版社1991年版，第15—16页。

文化三个方面，这个开放也包括对国外经济、政治文化优秀成果的借鉴与吸收，但是，不管是改革还是开放，我们所追求的现代化目标一定是社会主义的现代化目标，一定是坚持在社会主义前提下进行改革，吸收外来的东西。也就是说我们通过政治、经济、文化体制的改革与建设，通过对外来先进经济、政治、文化成果的借鉴，在坚持以经济建设为中心的前提下，去实现富强、民主、文明的现代化宏伟目标。

三　现代化宏伟蓝图及其实现途径和方法的根本依据

社会主义初级阶段理论，是我们党在改革开放的实践中逐步形成的。第一次提出的这一论断是在 1981 年 6 月通过的《关于建国以来党的若干历史问题的决议》中，决议指出："我们的社会主义制度还是处于初级的阶段"，"我们的社会主义制度由比较不完善到比较完善，必然要经历一个长久的过程"。这是在我们党的文献中最早关于社会主义"初级阶段"的提法。一年后，党的十二大报告重申了这一论断。报告中指出："我国的社会主义社会现在还处在初级阶段，物质文明还不发达。"这次论述突出了"物质文明不发达"这样一个初级阶段的重要特征。但是，这时还没有对社会主义初级阶段这一问题展开论述，全党对它的认识还不深刻。

1986 年 9 月，党的十二届六中全会通过的《中共中央关于社会主义精神文明建设指导方针的决议》，再一次强调了我国正处于社会主义初级阶段这一论断。指出："我国还处在社会主义初级阶段，不但必须实行按劳分配，发展社会主义的商品经济和竞争，而且在相当长历史时期内，还要在公有制为主体的前提下发展多种经济成分，在共同富裕的目标下鼓励一部分人先富起来。"可以看出，《决议》对这个问题的论述同以前相比又前进了一步。它不仅初步概括了社会主义初级阶段的基本特征，而且从实际出发，论述了精神文明建设所应当遵守的一些指导方针。但从总体上来说，对"初级阶段"认识的深度还是有限的。

党的十三大召开前夕，邓小平对社会主义初级阶段问题进行了深刻的论述。1987 年 4 月 26 日，邓小平指出，"搞社会主义必须根据本国的实际。""中国科学技术落后，困难比较多，特别是人口多。"所以我们"必须从一切实际出发，不能把目标定得不切实际，也不能把时间定得太短"。在这次谈话中，邓小平还讲了我们搞社会主义事实上"不够格"，说："现在虽说我们也在搞社会主义，但事实上不够格。只有到了下世纪中叶，达到了中等发达国家的水平，才能说真的搞了社会主义，才能理直气壮地说社会主义优于资本主义"①。这句话的意思是说，从我国目前的生产力水平来看，如果按照马克思当初设想的社会主义应当建立在生产力高度发达基础上的要求来说，我们是不够格的。这句坦率而又十分深刻的话，极大地启发和解放了人们的思想，促使人们对我国社会主义的发展阶段和基本国情进行更加清醒的认识。同年 8 月 29 日，邓小平在会见意大利共产党领导人时又说："我们党的十三大要阐述中国社会主义是处在一个什么阶段，就是处在初级阶段，是初级阶段的社会主义。社会主义本身是共产主义的初级阶段，而我们又处在社会主义的初级阶段，就是不发达的阶段。一切都要从这个实际出发，根据这个实际来制订规划。"②

　　这样，党的十三大报告以社会主义初级阶段作为立论基础，系统阐述了社会主义初级阶段理论，指出，我国社会主义初级阶段是指生产力落后、商品经济不发达条件下建设社会主义必然要经历的特定阶段，这个阶段至少需要上百年的时间。报告明确阐述了党在这个阶段的基本路线。十三大闭幕后，邓小平指出，十三大的特点之一就是"阐述了中国社会主义初级阶段的理论，在这个理论指导下，坚定地贯彻党的十一届三中全会以来的路线、方针和政策"③。

　　总之"社会主义初级阶段"这一论断，是十一届三中全会以来我们党在改革开放的基础上对我国基本国情和社会主义现代化建设深刻认识的理论结晶，是我们党制订现代化目标战略与实现现代化目标途径的根据依据。为什么这样说？因为不管是建设富强、民主、文明的现代化国家，还是坚持以经济建设为中心、以四项基本原则和改革开放为基本点的基本路线，说到底就是处理好社会主义与现代化的关系，即通过社会主义实现现代化，通过现代化建成社会主义。之所以说是建成社会主义，是因为社会主义已经建立，还没有建成。之所以得出没有建成社会主义的结论，就是因为我们的商品经济还相对落后，生产力还相对落后。之所以说通过社会主义实现现代化，是因为我们已经建立了社会主义。因此，说到底，就是我们已经是社会主义社会了，但是社会主义的物质基础还不发达，就是我

　　① 《邓小平文选》第 3 卷，人民出版社 1993 年版，第 223、224、225 页。

　　② 同上书，第 252 页。

　　③ 同上书，第 258 页。

们处在社会主义初级阶段。所以说，社会主义初级阶段理论的认识是社会主义宏伟蓝图和实现途径的理论依据，而我们之所以得出社会主义初级阶段这个认识，也是对以前我们关于社会主义现代化建设经验的历史总结。过去，在毛泽东时代，我们在现代化建设上之所以出现失误，其中一个很重要的原因，就是毛泽东的现代化政策与理论是多变的，其实，现代化理论的变化是很正常的。但是，毛泽东现代化政策的变化脱离了中国的基本国情，超越了社会主义发展的阶段，因而出现了挫折。正是在总结前人探索现代化的经验教训的基础上，我们提出了社会主义初级阶段论，提出了社会主义初级阶段的现代化目标以及实现社会主义初级阶段的基本途径和方法。因此我们要牢牢把握社会主义宏伟蓝图及其实现途径的根本国情依据，就是我们现在正处于并将长期处于社会主义初级阶段这个当前中国最大的实际。

四　是否有利于发展生产力是判断现代化各项工作是非得失的根本标准

随着改革开放的深入，邓小平对于发展生产力认识更深入了，不仅认识到发展生产力的必然性，而且把发展生产力看作是判断各项工作是非得失的根本标准。从以下的论述我们就能看到邓小平关于发展生产力思想认识的演进过程。

早在1978年视察东北工作时，邓小平就说过："按照历史唯物主义的观点来讲，正确的政治领导的成果，归根结底要表现在社会生产力的发展上，人民物质文化生活的改善上。"① 1979年10月，他又指出："对实现四个现代化是有利还是有害，应当成为衡量一切工作的最根本的是非标准。"② 1980年5月，他进一步说："社会主义经济政策对不对，归根到底要看生产力是否发展，人民收入是否增加，这是压倒一切的标准。空讲社会主义不行，人民不信。"③ 根据邓小平一贯思想，1984年10月党的十二届三中全会通过的经济体制改革决定强调指出："全党同志在进行改革的过程中，应该紧紧把握住马克思主义的这个基本观点，把是否有利于发

---

① 《邓小平文选》第3卷，人民出版社1993年版，第128页。
② 同上书，第209页。
③ 同上书，第314页。

展社会生产力作为检验一切改革得失成败的最主要标准。"党的十三大报告不仅明确提出了"生产力标准"这一概念，而且指出："社会主义社会的根本任务是发展生产力。在初级阶段，为了摆脱贫穷和落后，尤其要把发展生产力作为全部工作的中心。是否有利于发展生产力，应当成为我们考虑一切问题的出发点和检验一切工作的根本标准。"① 生产力标准理论的提出，对中国特色社会主义现代化理论的形成具有十分重要的意义。

我们都知道，十一届三中全会我们党的工作重心是经济建设，我们的大局是现代化，而经济建设的能力集中体现就是看生产力的水平，现代化很大程度上也是体现在经济的发展上，也就是生产力的发展上，其实，经济建设、现代化、生产力在一定意义上是同义的，之所以把生产力作为中心，把是否有利于生产力标准作为判断各项工作是非得失的根本标准，是因为过去的经验教训。1956 年后，我们就认识到发展生产力的必要性和重要性，但是后来由于受到"左"的影响，生产力的发展受到了干扰，基于历史的教训，邓小平把发展生产力提高到判断各项工作是非得失标准的位置，另外，也是当时我们的现实以及时代发展的必然要求，也就是说，之所以这样来定位生产力的地位，一方面是因为发展生产力的迫切性；另一方面我们很多人思想上还没有引起足够的重视，更重要的还面临着干扰生产力发展的因素存在，因此，我们说把是否有利于生产力发展作为判断现代化是非得失的标准是对现代化发展规律的客观认识。

五　"分三步走，基本实现社会主义现代化"的战略

关于我国现代化发展战略的目标和步骤问题，在 1984 年以前，邓小平经常谈到的是 20 世纪末的目标，即到 20 世纪末的两个步骤。1984 年 5 月，邓小平在会见巴西总统时第一次明确提出我国在 20 世纪末实现小康的基础上，到 21 世纪中叶的发展目标。他说："我们的目标是，到本世纪末人均达到八百美元……更重要的是，在这样一个基础上，再发展三十年到五十年，我们就可以接近发达国家的水平。"② "第三步"战略目标的提出，大大充实了战略目标的核心内容，使之成为一个更为完整的长远战略目标。同年 10 月他在一次会议上再次对 20 世纪末实现翻两番的目标

① 《十三大以来重要文献选编》（上），人民出版社 1991 年版，第 13 页。
② 《邓小平文选》第 3 卷，人民出版社 1993 年版，第 57 页。

做了具体的解释，并把最初提出的一千美元改为八百美元。10 月 22 日，邓小平在中顾委第三次全体会议上指出，小康水平不单是多少美元的问题，而是一个综合指标。他说："到本世纪末，年国民生产总值达到一万亿美元。从总量说，就居于世界前列了。这一万亿美元，反映到人民生活上，我们就叫小康水平；反映到国力上，就是较强的国家。"① 这就使小康状态乃至整个战略步骤具有了综合发展的意义。1985 年，邓小平又进一步把上述目标概括为"分两步走"的战略，即"第一步，本世纪末，达到小康水平，就是不穷不富，日子比较好过的水平。第二步，再用三五十年的时间，在经济上接近发达国家的水平，使人民生活比较富裕"②。同年，在接见美国客人时进一步阐述了"两步走"的关系。他说：第一步"这个目标达到了，就为我们的继续发展奠定了一个很好的基础。再用三十年到五十年的时间建设，我们就可以接近世界上发达国家的水平。"③ 1987 年，在会见西班牙客人时对"三步走"战略目标做了完整的表述，他说：我们的目标是，"第一步在八十年代翻一番。以一九八〇年为基数，当时国民生产总值人均只有二百五十美元，翻一番，达到五百美元。第二步是本世纪末，再翻一番，人均达到一千美元。实现这个目标意味着我们进入小康社会，把贫困的中国变成小康的中国……我们制定的目标更重要的还是第三步，在下世纪用三十年到五十年再翻两番，大体上达到人均四千美元。做到这一步，中国就达到中等发达的水平"④。随后，他又把上述内容概括为"建国一百周年的经济发展战略""三部曲"的战略。这样，分"三步走"的战略步骤就系统化了，成为科学的理论构想和中国特色社会主义现代化建设的总体蓝图。

六　基本实现现代化的战略重点

战略重点是实现战略目标诸项措施中的关键部分。在战略目标确定后，正确选定并紧紧抓住战略重点，具有十分重要的意义。为了更好地实现分"三步走"、基本实现现代化的战略目标，邓小平提出了以重点带动

---

① 《邓小平文选》第 3 卷，人民出版社 1993 年版，第 88 页。
② 同上书，第 109 页。
③ 《邓小平建设有中国特色社会主义论述专题摘编》，中央文献出版社 1995 年版，第 96 页。
④ 《邓小平文选》第 3 卷，人民出版社 1993 年版，第 226 页。

全局的思想，根据我国国情和经济发展的实际情况，把农业、能源和交通以及教育和科学确定为我国现代化的战略特色重点。他指出："战略重点，一是农业；二是交通和能源；三是教育和科学。"①

农业是国民经济的基础，也是经济发展、社会安定、国家自立的基础。在中国这样一个绝大多数人口在农村的大国，必须把加强农业放在经济工作的首位，这是实现国民经济健康发展和社会安定的基础。农业现代化是我国现代化建设的重要内容之一。党的十一届三中全会以来，邓小平在总结以往农业现代化建设经验教训的基础上，就如何在中国实现农业现代化进行了大胆的探索和实践。他从农业自身的发展规律出发，结合时代特点和我国国情，制定了农业现代化建设的一系列方针政策及战略策略，形成了系统的具有中国特色的社会主义农业现代化思想。如何抓住农业这个战略重点，进一步加强和发展农业？邓小平讲过很多意见，其中最为重要的有两个思想，一是强调靠政策调动农民的积极性；二是靠科学技术的作用。他指出："农业的发展一靠政策，二靠科学。"② 党的十一届三中全会以后，我国在农村形成了一系列新政策和新措施，特别是党和政府积极推广多种形式的联产承包责任制和科教兴农战略，极大地调动了广大农民的生产积极性，促进了农业和农村经济发展，使农村面貌发生重大变化。

交通和能源是我国经济发展和现代化建设的第二战略重点。邓小平特别强调加强基础工业和基础设施的建设，指出："基础工业，无非是原材料工业、交通、能源等，要加强这方面的投资，要坚持十年到二十年，宁肯欠债，也要加强。"③ 这就表明了发展交通和能源的必要性和重要性。邓小平认为，基础工业是我们发展的重点，宁肯欠债，也要加强这方面的投资。他进一步指出："我建议组织一个班子，研究下一个世纪前五十年的发展战略和规划，主要是制订一个基础工业和交通运输的发展规划。"④ 他认为铁路、公路、航运也是重点中的重点，必须放在优先的位置加以考虑。在这一思想指导下，我们把交通运输和通信事业放到了优先发展的位置上。

邓小平在谈到我国社会主义现代化建设时指出："我们要实现现代

① 《邓小平文选》第3卷，人民出版社1993年版，第9页。
② 同上书，第17页。
③ 同上书，第307页。
④ 同上书，第312页。

化，关键是科学技术要能上去。发展科学技术，不抓教育不行"①。"我们国家要赶上世界先进水平，从何着手呢？我想，要从科学和教育着手。"②我们党正是根据邓小平这一思想，做出了大力发展教育和科学的战略决策，并把这一任务确定为我国社会主义现代化建设的战略重点。

第五节　中国特色社会主义现代化理论的创新性发展

1987 年党的十三大到 1992 年党的十四大，是中国特色社会主义现代化理论从深入阐发到理论的确立。在此期间，国内外发生了一系列的重大事件。从国内来说，我国经济在改革开放中继续前进的同时，也出现了许多困难和问题。1988 年出现了全国性的抢购风潮，接着又进行了为期三年的治理整顿。在国际上，西方一些资本主义国家公开干涉我国内政，肆无忌惮地对我国进行"和平演变"和所谓的"经济制裁"，东欧国家的社会主义制度在极短时间内发生了剧烈的变化，特别是具有七十多年历史的苏维埃社会主义联邦也迅速宣告解体，国际共产主义运动遇到了前所未有的巨大危机。国际风云变幻和国内政治风波使我党面临着严峻考验。邓小平坚定指出："改革开放政策不变，几十年不变，一直要讲到底。国际国内都很关心这个问题。要继续贯彻执行十一届三中全会以来的路线、方针、政策、连语言都不能变。""十三大制定的路线不能改变，谁改变谁垮台。"③ 1991 年，江泽民在建党 70 周年的讲话中，论述了什么是中国特色社会主义现代化的经济、政治、文化，阐明了中国特色社会主义现代化理论框架的基本要素。经过几年的深入观察和思考，邓小平 1992 年春发表了南方谈话，提出了"三个有利于"的现代化判断标准；从实现现代化目标的角度思考什么是社会主义，揭示了社会主义本质；明确提出计划经济不等于社会主义，市场经济不等于资本主义，为确定社会主义市场经济的现代化经济发展目标奠定了基础；还强调了发展是硬道理，发展生产力是根本，科学技术是第一生产力；强调抓住机遇，发展自己等对如何实现现代化的重要观点，正确地

---

① 《邓小平文选》第 2 卷，人民出版社 1994 年版，第 40 页。
② 同上书，第 48 页。
③ 《邓小平文选》第 3 卷，人民出版社 1993 年版，第 296、324 页。

回答了这些年来经常困扰我们的许多重大认识问题，使全党在总结经验、冷静思考中深化了对中国特色社会主义现代化理论的认识。在这个基础上，1992 年 10 月，在南方谈话思想指导下召开的十四大，从现代化道路、现代化发展阶段、现代化根本任务、现代化发展动力、外部条件、政治保证、战略部署、领导力量和依靠力量以及祖国统一等九个方面，对中国特色社会主义现代化理论的内容做了系统的概括。这标志着中国特色社会主义现代化理论的发展。

一　抓住时机、加快发展，力争隔几年上一个台阶的现代化战略部署

抓住有利时机，努力发展经济，力争隔几年上一个台阶的思想，是邓小平在领导我国改革开放和现代化建设实践中逐步形成的。粉碎"四人帮"后不久，他就提出要充分利用国际国内的各种有利条件，加速发展生产力。1978 年 9 月 16 日，在听取吉林省委常委汇报工作时指出："我们一定要根据现在的有利条件加速发展生产力。"① 进入 20 世纪 80 年代，随着我国农村改革的巨大成功和城市改革的全面展开，邓小平又开始要求全党抓住时机，推进改革。1985 年 7 月，在听取中央负责同志汇报当前经济情况时强调："我们要抓住时机，现在是改革的最好时机。"② 同年 9 月，又提出："我们要抓住当前的有利时机，坚定不移，大胆探索，同时注意及时发现问题和解决问题，力争在不太长的时间内把改革搞好。"③ 但是，到 1986 年底我们的改革事业却遇到了资产阶级自由化的干扰，在果断排除了这一干扰后，1987 年 2 月，邓小平又及时指出："前一段出了点差错没有什么了不起，不值得那么大惊小怪。不要怕，一怕就不能搞改革了。我倒觉得，我们是否搞得过稳了。当然在目前情况下，学生闹事不久，稳一点好，但从长远来说，改革的步伐不能太慢。"④ 1988 年 6 月，再次强调："现在国际形势看来会有个比较长时间和平环境……要紧紧抓住经济建设这个中心，不要丧失时机。"⑤

正是在以上邓小平现代化战略思想的指导下，从 1984 年到 1988 年我

---

① 《邓小平文选》第 3 卷，人民出版社 1993 年版，第 373 页。
② 同上书，第 132 页。
③ 同上书，第 142 页。
④ 同上书，第 203 页。
⑤ 同上书，第 270 页。

国经济在高速发展中上了一个新台阶，基本解决了人民大众温饱问题，提前实现了第一步战略目标。为此，邓小平用"上了一个台阶"来评价我们的现代化成绩。他说，在过去的十年里，"中国有了可喜的成就，经济发展和人民的生活水平都上了一个台阶。"① 1980 年以来，特别是 1984 年至 1988 年这五年的伟大实践和巨大成就对邓小平最终形成"台阶式"的发展战略具有决定意义。后来，邓小平总结说："经济发展比较快的是一九八四年至一九八八年……这是一个非常生动、非常有说服力的发展过程。"重要的是这五年的加速发展，使我们有充分的理由确信我国"经济发展隔几年上一个台阶，是能够办得到的"②。

　　1989 年，邓小平又指出："经济不能滑坡。凡是能够积极争取的发展速度还是要积极争取。"③ 进入 90 年代以后，面对更为复杂多变的形势，邓小平又高瞻远瞩地及时强调我国已经进入了现代化建设更为重要的发展阶段。1990 年 3 月，在同几位中央负责同志谈话时指出，在国际上"我们可以利用的矛盾存在着，对我们有利的条件存在着，机遇存在着，问题是要善于把握"。并且谆谆告诫说："机遇要抓住，决策要及时。""现在特别要注意经济发展速度滑坡问题，我担心滑坡。"④ 同年 4 月，又说："我们要利用机遇，把中国发展起来，少管别人的事，也不怕制裁。"⑤ 1991 年 8 月，又进一步系统地表达了他的观点，并作为正式建议向中央提出来，他说："强调稳是对的，但强调的过分就可能丧失时机……可能我们经济发展规律还是破浪式前进。过几年有一个飞跃，跳一个台阶，跳了以后，发现问题及时调整一下，再前进，总结经验，稳这个字是需要的，但并不能解决一切问题……根本的一条是改革开放不能丢，坚持改革开放才能抓住时机上台阶。""我们不抓住机会使经济上一个台阶，别人会跳得比我们快得多，我们就落在后面了。要研究一下，我总觉得有这么一个问题。时机难得呀！"⑥ 在这里邓小平把上台阶与抓住时机紧紧联系起来，强调只有抓住时机，才能跃上台阶。也只有以上台阶的方式，才能

---

① 《邓小平文选》第 3 卷，人民出版社 1993 年版，第 288 页。
② 同上书，第 376 页。
③ 同上书，第 312 页。
④ 同上书，第 354、355、354 页。
⑤ 同上书，第 358 页。
⑥ 同上书，第 368、369 页。

真正抓住时机，用好时机；上台阶不是无条件的，它必须借助改革开放；同时强调了上台阶与"稳"的关系。这个谈话表明邓小平在这个问题上已经形成了比较成熟的认识。在 1992 年视察南方时，邓小平进一步重申："抓住时机，发展自己，关键是发展经济……所以，能发展就不要阻挡，有条件的地方要尽可能搞快点，只要是讲效益，讲质量，搞外向型经济，就没有什么可以担心的。""我国的经济发展，总要力争隔几年上一个台阶。""现在，我们国内条件具备，国际环境有利，再加上发挥社会主义制度能够集中力量办大事的优势，在今后的现代化建设长过程中，出现若干个发展速度比较快、效益比较好的阶段，是必要的，也是能够办到的。我们就是要有这个雄心壮志！"① 根据邓小平的谈话精神，1992 年 3 月召开的中共中央政治局全体会议指出，必须"抓住当前有利时机，加快改革开放的步伐，集中精力把经济建设搞上去"。党的十四大报告又把这一观点归纳为关于社会主义现代化建设的战略步骤之中，指出："在现代化建设的长过程中要抓住时机，争取出现若干个发展速度比较快、效益比较好的阶段，每隔几年上一个台阶。"这标志着在现代化战略步骤上全党形成了普遍的共识。

二　科学技术是第一生产力，是实现社会主义现代化的根本推动力

邓小平是怎样提出这一思想的呢？1975 年他在指导起草《中国科学院工作汇报提纲》时，就以马克思"生产力中也包括科学"的论述为依据，提出了"科学技术是生产力"的观点。1978 年 3 月，他在全国科学大会上重申了这个观点，并指出"四个现代化，关键是科学技术的现代化"。因为"科学技术的发展，使科学与生产的关系越来越密切了。科学技术作为生产力，越来越显示出巨大的作用"②。在这里邓小平不仅坚持了"科学技术是生产力"的思想，而且将科学技术放在了生产力十分重要的位置。接着，根据邓小平的建议，1982 年中央确立了"经济建设要依靠科学技术，科技工作要面向经济建设"的科技工作战略方针。这一方针很快在实践中显示了巨大的威力并深入人心。为此，邓小平在 1985 年 2 月召开的全国科技工作会议上的讲话中兴致勃勃地说："我很高兴，

---

① 《邓小平文选》第 3 卷，人民出版社 1993 年版，第 375、377 页。

② 同上书，第 86、87 页。

现在连山沟里的农民都知道科学技术是生产力。他们未必读过我的讲话。他们从亲身的实践中，懂得了科学技术能够使生产发展起来，使生活富裕起来。"① 随着科学技术作为生产力所显示的越来越重要的作用，党的十三大报告指出，在经济发展战略中要"把发展科学技术和教育事业放在首要位置，使经济建设转到依靠科技进步和提高劳动者素质的轨道上来"。这是党的工作重点转移的进一步深化，并把它推向一个更高的层次。

1988 年当我们决定开始治理整顿，把经济发展转向以提高经济效益为核心的轨道上来的时候，邓小平对科学技术在当代生产力和社会经济发展中的第一变革作用，及时地进行了高度的理论概括。这年 9 月 5 日，他在会见国际友人时明确指出："马克思说过，科学技术是生产力，事实证明这话讲得很对。依我看，科学技术是第一生产力。"② 9 月 12 日，又重申了这一观点，指出科学技术是生产力尽管非常正确，但是"现在看来这样说可能不够，恐怕是第一生产力"。③ 此后，邓小平又多次重申并论证了"科学技术是第一生产力"的思想。党的十四大报告把这一观点列入了建设有中国特色社会主义现代化理论体系关于"社会主义的根本任务问题"之中，强调"科学技术是第一生产力，经济建设必须依靠科技进步和劳动者素质的提高"。现在，"科学技术是第一生产力"已经成为全党、全社会的共识，走科技进步、推动经济发展和腾飞的道路已成为民族振兴的历史抉择和实现现代化的希望之所在。

三　"三个有利于"是判断姓"资"姓"社"及各方面工作是非得失的根本标准

尽管从党的十一届三中全会到十三大，我们党已经确立了"生产力标准"。但是在实践中有些人总是戴着有色眼镜看问题，公开主张：凡事都要问一问姓"资"还是姓"社"，如果不问清姓"资"姓"社"，就必然会把改革开放引向资本主义道路而断送社会主义事业。所以，这些人往往把自己不甚了解，也搞不清楚的东西，统统说成是

---

① 《邓小平文选》第 3 卷，人民出版社 1993 年版，第 107 页。
② 同上书，第 274 页。
③ 同上书，第 275 页。

资本主义的，使人不敢越雷池半步。这种无谓的争论成为了现代化的严重障碍。

　　为了避免无谓的争论，1991 年三四月间，上海《解放日报》以邓小平的内部谈话精神为依据，以黄甫平的名义发表了《改革开放要有新思路》等三篇评论文章，提出改革要深化，开放要扩大；"我们要防止陷入某种新的思想僵化"，要进一步解放思想；认为，"如果我们仍然囿于姓社还是姓资的诘难，那就只能坐失良机"；并指出，"计划和市场只是资源配置的两种手段和形式"，"这种科学认识的获得，正是我们在社会主义商品经济问题上又一次更大的思想解放。" 3 月至 7 月，一些省市的党政负责人也纷纷发表讲话、文章，谈论加大改革分量的问题。这不仅因为有邓小平的内部谈话，而且客观经济生活也使更多的人感到，改革既不能退缩，也不能维持现状，而必须加快。1991 年 9 月，中共中央关于进一步搞好国营大中型企业的决定，把转换企业经营机制，将企业推向市场作为深化改革的一个突破口，反映了加快市场取向的改革观点开始成为主流。

　　然而，上海黄甫平的文章在北京舆论界引起了强烈的反响。在京的一些有影响的报纸杂志发表一系列文章进行批评。主要有两个问题，一个是解放思想问题。对"进一步解放思想，防止思想僵滞"的说法发表了激烈批评，认为现在不是解放思想不够，而是过了头。现在的问题不是思想僵化问题，而是到底改革是改到资本主义那里去，还是改到社会主义那里去的问题。二是姓"资"姓"社"问题。批评文章诘问说，"为什么不能问姓'资'姓'社'？""你不问姓'资'姓'社'，且问你贵姓什么？"批评延续了半年多时间，直到 1991 年 9 月才停止了公开批评。但内部的争论仍在进行。

　　邓小平针对理论界姓"资"姓"社"的无谓争论和对改革开放政策是非的无休止责难，于 1992 年年初视察南方的谈话中，以改革家的无畏胆略和理论勇气，尖锐地指出："改革开放迈不开步子，不敢闯，说来说去就是怕资本主义的东西多了，走了资本主义道路。要害还是姓'资'姓'社'的问题。判断的标准，应该主要看是否有利于发展社会主义社会的生产力，是否有利于增强社会主义国家的综合国力，是否有利于提高人民的生活水平。"并批评说："有的人认为，多一分外资，就多一分资本主义，'三资'企业多了，就是资本主义的东西多了，就是发展了资本主义。这些人连基本常识都没有。"① 从而第一次提出了"三个有利于"的标准，并产生了重大影响。根据邓小平的谈话精神，同年 3 月中央政治局全体会议强调要把"三个有利于"作为判断姓"资"姓"社"的主要标准。党的十四大进一步把"三个有利于"作为判断各方面工作是非得失的标准，并将其概括为中国特色社会主义现代化理论的内容之一。

四　市场经济是实现社会主义现代化的重要途径和方法

自党的十一届三中全会以来，我们对计划和市场问题的认识大致经历了两个阶段。第一个阶段解决的核心问题是社会主义经济不是商品经济，这个问题在 1984 年 10 月十二届三中全会通过的《关于经济体制改革的决定》中已经解决。决定在理论上的重大贡献是突破了把计划经济和市场经济对立起来的传统观念，确认我国社会主义经济是公有制基础上的有计划的商品经济。

但是，当时我们在计划经济是社会主义，市场经济是资本主义这一点上还没有突破，所以第二阶段所解决的问题是计划经济与市场经济不是社会主义与资本主义的本质区别。事实上，邓小平很早就对这个问题有了深刻的认识。1979 年 11 月，在会见美国客人时就明确表示："社会主义也可以搞市场经济。"② 1985 年 10 月，又明确地用生产力标准来观察、评价计划和市场问题，提出了计划和市场结合的重要观点，他说："把计划经济和市场经济结合起来，就更能解放生产力，加速经济发展。"③ 1987 年 2 月，在同中央负责同志谈话时尖锐地指出："为什么一谈市场就说是资本主义，只有计划才是社会主义呢？计划和市场都是方法嘛。只要对发展生产力有好处，就可以利用。它为社会主义服务，就是社会主义的；为资本主义服务，就是资本主义的。好像一谈计划就是社会主义，这也是不对的；日本就有一个企划厅嘛，美国也有计划嘛。我们以前是学苏联的，搞计划经济。后来又讲计划经济为主，现在不要再讲这个了。"④ 在这里，邓小平已明确地把计划和市场都看成是"方法"与"手段"，实际上已经突破了把计划和市场看做社会基本制度范畴的传统观念。这样，根据他的

---

① 《邓小平文选》第 3 卷，人民出版社 1993 年版，第 372、373 页。
② 《邓小平文选》第 2 卷，人民出版社 1994 年版，第 236 页。
③ 《邓小平文选》第 3 卷，人民出版社 1993 年版，第 148—149 页。
④ 同上书，第 203 页。

意见，党的十三大报告再没有使用"计划经济为主"这个提法。这使人们的认识又向前迈进了一步。但是，对于计划和市场究竟是不是社会主义与资本主义的本质区别这个问题，全党并没有达成一致的意见。

党的十三大以后，面对国内外发生的一系列重大事件，邓小平在冷静总结经验和深刻思考未来的基础上，为使全党在这个问题上早日形成共识，从1990年年底开始的一年多里，他多次重申了计划和市场的问题。1990年12月24日，在同中央几位负责同志谈话时针对性地指出："我们必须从理论上搞懂，资本主义与社会主义的区分不在于计划还是市场这样的问题。社会主义也有市场经济，资本主义也有计划控制……不要以为搞点市场经济就是资本主义道路，没那么回事。计划和市场都得要。不搞市场，连世界上的信息都不知道，是自甘落后。"① 这一论述，进一步丰富了社会主义市场经济理论的内涵。1991年年初，在视察上海时又一次强调："不要以为，一说计划经济就是社会主义，一说市场就是资本主义，不是那么回事，两者都是手段，市场也可以为社会主义服务。"② 一年后，邓小平在视察南方时把计划和市场的问题用科学准确的语言进行了完整系统的表述，他说："计划多一点还是市场多一点，不是社会主义与资本主义的本质区别。计划经济不等于社会主义，资本主义也有计划；市场经济不等于资本主义，社会主义也有市场。计划和市场都是经济手段。"③ 这个谈话，对于统一全党的思想认识产生了重大影响，为党的十四大正式把建立社会主义市场经济体制确立为经济体制改革的目标提供了理论和思想上的准备。正是在此基础上，十四大高度评价了邓小平上述谈话内容，指出："这个精辟论断，从根本上解除了把计划经济和市场经济看作属于社会基本制度范畴的思想束缚，使我们在计划和市场关系问题上的认识有了新的重大突破。"并据此提出了我国经济体制改革的目标是建立社会主义市场经济体制的理论。

小结：邓小平现代化理论作为中国特色社会主义现代化理论的内在组成部分、重要形成阶段，在中国特色社会主义现代化理论史中，起着开创与奠基的作用。

---

① 《邓小平文选》第3卷，人民出版社1993年版，第364页。
② 同上书，第367页。
③ 同上书，第373页。

"开创"是指邓小平现代化理论开创了以 1978 年召开的党的十一届三中全会为标志的改革开放和社会主义现代化建设的新时期。十七大通过的党章总纲中说："十一届三中全会以来，以邓小平同志为主要代表的中国共产党人，总结新中国成立以来正反两方面的经验，解放思想，实事求是，实现全党工作中心向经济建设的转移，实现改革开放，开辟了中国特色社会主义事业发展的新时期。"① 江泽民《在纪念党的十一届三中全会召开 20 周年大会上的讲话》中指出："党在思想、政治、组织等领域的全面拨乱反正，是从这次全会开始的。伟大的社会主义改革开放，是由这次全会揭开序幕的。建设有中国特色社会主义的新道路，是以这次全会为起点开辟的。当代中国马克思主义——邓小平理论，是在这次全会前后逐步形成和发展的。十一届三中全会是一个光辉的标志，它表明中国从此进入了社会主义事业发展的一个新时期。"② 胡锦涛《在纪念党的十一届三中全会召开 30 周年大会上的讲话》中进一步指出：党的十一届三中全会隆重召开，"实现了新中国成立以来我们党历史上具有深远意义的伟大转折，开启了我国改革开放历史新时期。从此，党和国家领导各族人民在新的历史条件下开始了新的伟大革命"。"党的十一届三中全会标志着我们党重新确立了马克思主义的思想路线、政治路线、组织路线，标志着中国共产党人在新的历史条件下的伟大觉醒，显示了我们党顺应时代潮流和人民愿望，勇敢开辟建设社会主义新路的坚强决心。在党的十一届三中全会春风吹拂下，神州大地万物复苏、生机勃发，拨乱反正全面展开，解决历史问题有步骤地进行，社会主义民主法制建设走上正轨，党和国家领导制度和领导体制得到健全，国家各项事业蓬勃发展。我们伟大的祖国迎来了思想的解放、经济的发展、政治的昌明、教育的勃兴、文艺的繁荣、科学的春天。党和国家又充满希望、充满活力地踏上了实现社会主义现代化的伟大征程。"③

"奠基"是指邓小平现代化理论为中国特色社会主义现代化理论提供了良好的思想理论基础和实践基础。这个奠基来之不易，经过了从 1978

① 《中国共产党第十七次全国代表大会文件汇编》，人民出版社 2007 年版，第 58 页。
② 江泽民：《在纪念党的十一届三中全会召开 20 周年大会上的讲话》，人民出版社 1999 年版，第 2 页。
③ 胡锦涛：《在纪念党的十一届三中全会召开 30 周年大会上的讲话》，《人民日报》2008 年 12 月 19 日。

年到 1992 年 14 年的实践探索，摸着石头过河，才以 1992 年邓小平南方谈话和党的十四大为界碑，构建起邓小平现代化理论，即中国特色社会主义现代化理论的初步基础和主要架构。正如党的十五大报告指出的："总起来说，邓小平理论形成了新的建设有中国特色社会主义理论的科学体系。它是在和平与发展成为时代主题的历史条件下，在我国改革开放和现代化建设实践中，在总结我国社会主义胜利和挫折的历史经验并借鉴其他社会主义国家兴衰成败历史经验的基础上，逐步形成和发展起来的。它第一次比较系统地初步回答了中国特色社会主义发展道路、发展阶段、根本任务、发展动力、外部条件、政治保证、战略步骤、党的领导和依靠力量以及祖国统一等一系列基本问题，指导我们党制定了在社会主义初级阶段的基本路线。它贯通哲学、政治经济学、科学社会主义等领域，涵盖经济、政治、科技、教育、文化、民族、外交、统一战线、党的建设等方面比较完备的科学体系，又是需要从各个方面进一步丰富发展的科学体系。"[①] 自邓小平在十二大提出"建设有中国特色的社会主义"后，直到十六大前，邓小平理论同中国特色社会主义理论是等值的，二者的内涵和外延相同。十六大将"三个代表"重要思想列入党的指导思想，同毛泽东思想和邓小平理论并列称为"三大理论成果"，但同时明确指出，"三个代表"重要思想是邓小平理论的继承和发展。十七大报告又指出，科学发展观等重大战略思想是邓小平理论和"三个代表"重要思想的继承与发展，是一脉相承又与时俱进的科学理论。说明了"三个代表"重要思想和科学发展观等是邓小平理论的展开、派生和发展，也说明了邓小平理论对"三个代表"重要思想和科学发展观的奠基作用。当然也就说明了邓小平现代化理论对"三个代表"重要思想中的现代化理论以及科学发展观中的现代化理论的奠基作用。

---

① 《中国共产党第十五次全国代表大会文件汇编》，人民出版社 1997 年版，第 12 页。

第三章　江泽民对中国特色社会主义现代化理论的继承与发展

　　党的十三届四中全会以来，为了适应世情、国情和党情的新变化及其对丰富和发展中国特色社会主义现代化理论的新要求，以江泽民为核心的党中央在"坚持邓小平理论，在实践中继续丰富和创造性地发展这个理论，这是党中央领导集体和全党同志的庄严历史责任"① 的科学认知下，继续坚持与时俱进的马克思主义理论品质，一如既往地在探索中推进中国特色社会主义现代化理论创新，在继承和发展邓小平现代化理论的基础上逐步形成了"三个代表"重要思想中的现代化理论，这是新时期我们党把马克思主义普遍原理和中国社会主义现代化建设实际相结合取得的又一重大理论成果，进一步丰富和发展了中国特色社会主义现代化理论。

第一节　对中国特色社会主义现代化目标与战略的继承和发展

　　在中国共产党的领导下，中国人民经过 20 余年的艰苦努力，终于比较顺利地完成了第一步和第二步战略目标，人民的生活初步达到小康水平，中国进入小康社会，如何正确认识自己的小康生活？怎样进一步实现第三步战略目标？围绕这些问题，以江泽民为核心的第三代中央领导集体进行了创造性的思考。

一　现代化目标：从"小康"到"全面小康"

　　20 世纪 90 年代，中国现代化建设的构想与步骤，是按照邓小平所设

_____

　　① 《十五大以来重要文献选编》（上），人民出版社 2000 年版，第 51 页。

想的"三步走"发展战略来进行的。90 年代中期后，面对走向新世纪的中国现代化建设之需要，以及在完成第二步战略步骤后中国现代化的战略选择之要求，以江泽民为核心的第三代中央领导集体与时俱进，探究和思考中国现代化发展规划和新方略，绘制了跨世纪的发展蓝图，确定了"新三步"的战略构想，提出了"全面建设小康社会"的战略目标。

　　依据国家统计局等单位制定的 16 项小康水平的指标，我国在 2000 年已经总体实现 96%，除三项指标没有完全达标外，人民生活总体上达到小康水平。这就意味着，中国在 20 世纪末进入了小康社会。正如江泽民在党的十六大报告中所指出的："经过全党和全国各族人民的共同努力，我们胜利实现了现代化建设'三步走'战略的第一步、第二步目标，人民生活总体上达到小康水平。"[1]

　　那么，我们已经达到的小康到底是一种什么样的小康呢？江泽民指出："必须看到，我们正处于并将长期处于社会主义初级阶段，现在达到的小康还是低水平的、不全面的、发展很不平衡的小康。"[2] 这个判断是非常客观、冷静的。首先，我们已经达到的小康是"低水平的"。应当看到，我们经济总量虽然已经达到一定规模，但人均水平还比较低，我们现在达到的小康是低水平的小康。改革开放以来，我国经济发展迅速，经济总量不断提高，经济增长速度高于世界平均水平。但是，就像邓小平所预料的那样，他说：到 20 世纪末，中国的现代化即使达到了某种目标，我国的国民生产总值人均水平也还是很低的。我们的小康，还只是刚刚跨过小康的门槛。其次，我们达到的小康是"不全面的"。这就是说，小康社会所要达到的社会生活各项指标还没有完全实现，已经实现的，主要偏重于满足物质消费、生存性消费，而精神消费和享受消费，特别是发展性消费还没有得到有效满足，社会保障还不健全，环境质量还有待提高。我们所达到的小康是不全面的小康。可见，我们的生存环境有待进一步改善，小康实现程度还有待进一步提高。最后，我们已经达到的小康是"很不平衡的"。必须看到，我们现在所达到的小康，在地区之间、城乡之间发展水平差距不小，是一种很不平衡的小康。由于自然、人文等各方面条件的差异，经济发展水平存在差别。不同省市之间、地区之间、城乡之间的

---

① 《中国共产党第十六次全国代表大会文件汇编》，人民出版社 2002 年版，第 17 页。
② 同上书，第 17—18 页。

非协调发展，使得不同省市、东中西部和城乡之间的小康实现程度存在着极大的不协调性。

在概括了总体小康的这些特点之后，江泽民又具体分析了我国政治、经济、文化、社会、生态以及面临的国际竞争压力等各方面的现状。最后他得出一个重要认识："巩固和提高目前达到的小康水平，还需要进行长期的艰苦奋斗。"① 在科学认识总体小康的基础上，江泽民提出了"全面建设小康"的目标。相对于已经达到的"总体小康"而言，人们一般把这一新的目标称为"全面小康"。很显然，全面小康是总体小康的进一步丰富、发展和提高。

对于进入小康社会以后的更高层次的目标，江泽民在党的十五大报告中曾经做过初步描述。他说，在全国人民过上小康生活后，要"迈步向更高的水平前进。努力增加城乡居民实际收入，拓展消费领域，引导合理消费。在改善物质生活的同时，充实精神生活，美化生活环境，提高服务质量。特别要改善居住、卫生、交通和通信条件，扩大服务性消费。逐步增加公共设施和社会福利设施。提高教育和医疗保健水平。实行保障城镇困难居民基本生活的政策。国家从多方面采取措施，加大扶贫攻坚力度，到 20 世纪末基本解决农村贫困人口的温饱问题②"。2000 年 10 月，江泽民在党的十五届五中全会上的讲话中明确提出了"全面建设小康社会"的概念。他说，"十五"计划，"要按照全面建设小康社会的要求，把提高人民收入水平和生活质量摆到重要位置。"③ 这表明，江泽民在小康目标实现以后，怎么实现第三步战略目标上的思路，已经越来越清晰。

在党的十六大上，全面建设小康社会被确定为我国在 21 世纪头二十年的奋斗目标。对于这一目标的内涵。江泽民在十六大报告中说："我们要在本世纪头二十年，集中力量，全面建设惠及十几亿人口的更高水平的小康社会，使经济更加发展、民主更加健全、科教更加进步、文化更加繁荣、社会更加和谐、人民生活更加殷实。"④ 这里，江泽民用六个"更加"来界定"高水平"的小康社会，即全面小康。

----

① 《中国共产党第十六次全国代表大会文件汇编》，人民出版社 2002 年版，第 18 页。

② 《江泽民论有中国特色社会主义（专题摘编）》，中央文献出版社 2002 年版，第 110—111 页。

③ 同上书，第 113 页。

④ 《中国共产党第十六次全国代表大会文件汇编》，人民出版社 2002 年版，第 18 页。

　　对于全面建设小康社会的奋斗目标，江泽民在党的十六大报告中作了具体阐述。第一，在经济建设与改革方面，在优化结构和提高效益的基础上，国内生产总值到 2020 年力争比 2000 年翻两番，使我国的综合实力和国际竞争力明显增强。在民主政治建设方面，使社会主义民主更加健全，社会主义法制更加完备，依法治国的基本方略得到全面落实，人民的政治、经济和文化权益得到切实保障。第二，在文化建设方面，使全民族的思想道德素质、科学文化素质和健康素质明显提高，形成比较完善的现代国民教育体系、科技体系、文化体系、全民健身和医疗卫生体系。在可持续发展方面，使我国的可持续发展能力不断增强，生态环境得到改善，资源利用效率显著提高，促进人与自然和谐发展，推动社会走上生产发展、生活富裕、生态良好的文明发展道路。

　　总而言之，全面建设小康社会，是整个社会、经济、政治、文化的协调发展，是物质文明、政治文明和精神文明的共同发展，是人口、资源、环境的协调发展，是不同地区、城市、农村、群体的全面发展。是中国特色社会主义经济、政治、文化全面发展的目标，也是与加快推进社会主义现代化相统一的目标。实现了上述目标之后，中国的小康社会将达到更高水平。那时的小康水平将更高、更全面、更平衡，中国特色社会主义现代化必将进一步得到发展。

　　全面建设小康社会的目标，强调了中国特色社会主义经济发展、政治发展、文化发展、可持续能力增强四个方面的要求。这个目标是全面发展的目标，是与加快推进现代化相统一的目标，符合我国国情和现代化建设的实际。在党的十六大报告对小康社会的定位中，已经由 20 世纪强调的"总体小康"向"全面小康"新的发展阶段迈进。同时，我们对小康社会应具有的基本特征的认识理解，也显得更为深刻而宽泛。尤其值得注意的是，在小康目标的设定中，江泽民在邓小平"两手抓，两手都要硬"的基础上引入了"政治文明"概念，使我们党对现代化建设的总体布局确定为经济、政治、文化建设"三位一体"的格局。同时在此基础上，江泽民还提出了"可持续发展能力不断增强、生活环境得到改善、资源利用率显著提高，促进人与自然的和谐"的新要求。

二　现代化战略：从"三步走"到新"三步走"

　　在 20 世纪 80 年代，邓小平提出了著名的"三步走"战略。进入新世纪后，江泽民在党的十六大报告中又提出了新"三步走"。

在党的十五大报告中，江泽民就初步提出了新"三步走"的设想："展望下世纪，我们的目标是，第一个十年实现国民生产总值比2000年翻一番，使人民的小康生活更加宽裕，形成比较完善的社会主义市场经济体制；再经过十年的努力，到建党一百周年时，使国民经济更加发展，各项制度更加完善；到新世纪中叶建国一百年时，基本实现现代化，建成富强民主文明的社会主义国家。"① 按照这个战略，我们从20世纪末进入小康社会之后，将分2010年、2020年、2050年三个阶段，逐步达到现代化的目标。

在党的十六大报告中，江泽民对新"三步走"战略作了进一步阐述："二十一世纪头二十年，对我国来说，是一个必须紧紧抓住并且可以大有作为的重要战略机遇期。根据十五大提出的到二〇一〇年、建党一百年和新中国成立一百年的发展目标，我们在本世纪的头二十年，集中力量，全面建设惠及十几亿人口的更高水平的小康社会……经过这个阶段的建设，再继续奋斗几十年，到本世纪中叶基本实现现代化，把我国建设成富强民主文明的社会主义国家。"② 在这里，江泽民把前20年划分为两个阶段，加上到21世纪中叶建国一百周年的时候实现现代化的设想，就构成了新"三步走"。

第一步，是新世纪的第一个十年，是未来50年的第一步。由于进入小康社会时，广大农村和一部分城市居民还不能达到全面的小康生活水平，广大居民在奔小康的进程中还面临一系列遗留问题，而且，这时的小康水平还是比较低的，所以，到2010年，是小康社会的初期阶段。这一时期我国经济社会发展的总体目标是，继续保持国民经济持续、健康发展，实现国民生产总值比2000年翻一番，使全国人民的小康生活更加宽裕；尤其是在农村，小康社会建设将取得更加明显的成效。广大农村全面进入小康社会，这是整个中国全面进入小康社会的重要标志。

第二步，是新世纪的第二个十年，这是小康社会的中期阶段，也是未来50年的第二步。党的十五大报告提出的总体发展目标是，到建党一百年时，使国民经济更加发展，各项制度更加完善。根据这一思想，这一时

---

① 《十五大以来重要文献选编》（上），人民出版社2000年版，第4页。
② 《中国共产党第十六次全国代表大会文件汇编》，人民出版社2002年版，第18页。

期国民经济和社会发展的总体战略目标是，随着农村工业化和城市化的发展，农村居民生活在整体上全面进入宽裕阶段，城镇居民进一步走向比较富裕。这时，中国将完全建成宽裕型小康社会。

第三步，是未来五十年的第三步，时间大体从 2020 年到 2050 年，这是小康社会的后期阶段。党的十五大、十六大提出的总体设想，到 21 世纪中叶建国一百年时，基本实现现代化，建成具有中等发达水平的富强、民主、文明的社会主义现代化国家。

新的"三步走"发展战略，是对邓小平"三步走"战略的进一步展开，是原第三步发展战略的具体化。这是以江泽民为核心的党中央对邓小平现代化战略思想的新发展。

三 全面建设小康社会的重要意义

全面建设小康社会是新的历史条件下对邓小平小康思想的继承与发展，丰富和拓展了马克思列宁主义、毛泽东思想、邓小平理论关于社会主义现代化建设的基本理论。在经济文化落后的国家进行社会主义现代化建设，没有固定模式可循，中国共产党几经艰难探索，终于找到了一条中国特色社会主义现代化道路。时代在前进，新问题、新情况、新形势风起云涌，这就要求我们始终保持与时俱进的精神状态，不断开拓马克思主义发展理论的新境界。"实践没有止境，创新也没能止境"。江泽民继承了邓小平理论的"三步走"战略和小康社会思想，创造性地提出新的"三步走"战略和全面建设小康社会的理论，为中国特色社会主义现代化目标谱写了新的理论篇章。

全面建设小康社会为新世纪新阶段全党全国人民提供了努力奋斗的方向和旗帜。"实践基础上的理论创新是社会发展和变革的先导"。全面建设小康社会理论在新的历史起点上全面谋划党和国家未来 50 年的发展蓝图，确立了近 20 年的奋斗目标和必须完成的主要任务，进一步明确了中国特色社会主义现代化建设发展的正确前进方向。

全面建设小康社会理论对中国特色社会主义现代化实践具有重大的指导作用。首先是有利于全面贯彻落实"三个代表"重要思想，凝聚全国人民的力量，振奋精神，向富强、民主、文明的社会主义现代化国家目标迈进，实现中华民族的伟大复兴。其次是有利于发展社会主义生产力，提高人民的物质文化生活水平，使全国人民过上全面的小康生活，体现社会主义的本质。再次是有利于发展社会主义民主政治，发展社会主义先进文化，整体增强和提升我国的综合国力和国际竞争力。最后是有利于应对经济全球化的严峻挑战，在不断变化的各种情况下，坚持以经济建设为中心，全面建设小康社会，巩固我们的社会主义制度，稳步推动中国特色社会主义现代化事业向前发展。

第二节 对中国特色社会主义经济现代化建设思想的继承与发展

邓小平提出：要把经济建设当做中心，经济工作是当前最大的政治，经济问题是压倒一切的政治问题。在此基础上，江泽民进一步提出"尤其要把集中力量发展社会生产力摆在首要地位"，"坚持党的基本路线不动摇，关键是坚持以经济建设为中心不动摇"①，"经济是基础，解决中国的所有问题，归根到底要靠经济的发展"② 等重要思想。在经济制度问题上，邓小平提出"公有制经济始终还是占主体"，其他多种经济成分"都是对社会主义经济的补充"，在此基础上，江泽民进一步提出"公有制为主体、多种所有制经济共同发展"③，"非公有制经济是我国社会主义市场经济的重要组成部分"，以及"公有制实现形式可以而且应当多样化"④ 等重要思想；关于分配制度问题，江泽民在邓小平提出"以按劳分配为主体、其他分配方式为补充"的基础上，进一步提出"按劳分配为主体、多种分配方式并存的制度。把按劳分配和按生产要素分配结合起来，坚持效率优先、兼顾公平"⑤ 以及"初次分配注重效率""再分配注重公平"⑥ 等重要思想。关于市场经济体制问题，邓小平提出：计划和市场都是经济手段，社会主义也可以搞市场经济。在此基础上，江泽民明确使用了"社会主义市场经济"的科学概念，并进一步提出"经济体制改革的目标是建立社会主义市场经济体制"⑦，"要使市场在国家宏观调控下对资源配

---

① 《江泽民文选》第 1 卷，人民出版社 2006 年版，第 222 页。
② 同上书，第 514 页。
③ 同上书，第 227 页。
④ 《江泽民文选》第 2 卷，人民出版社 2006 年版，第 20 页。
⑤ 同上书，第 22 页。
⑥ 《江泽民文选》第 3 卷，人民出版社 2006 年版，第 550 页。
⑦ 《江泽民文选》第 1 卷，人民出版社 2006 年版，第 226 页。

置起基础作用"① 等重要思想。

一 坚持把"引进来"与"走出去"相结合，继承与发展了对外开放理论

实行对外开放，是邓小平为我们制定的一项必须长期坚持的基本国策。回顾新时期我国改革开放的历程和特点，可以看到从 1978 年到 1998 年的 20 年，主要是"引进来"为主。在这 20 年间，我们通过大量利用外资和开展经济技术合作，有效地弥补了国家建设资金不足的矛盾，推动我国经济的持续快速增长，使我国的经济实力与参与国际竞争的能力大大提高。

随着现代化建设的发展，我国的经济形势发生了一些新的变化：经济规模的总量已达到相当水平，面临着全面提高经济素质和对经济结构进行战略性调整的重大任务；我国社会主义市场经济体制的初步形成，在国内企业之间、行业之间、部门之间、地区之间的开放面临着新的情况；经济与科技全球化趋势迅猛发展，各国对外开放的扩大，使世界市场、资源和国际资本竞争更加激烈。国内外经济形势的变化，对我国的对外开放提出了更高的要求，过去那种偏重数量、忽视质量和效益、以数量扩张为主的粗放型对外开放已不适应变化的环境。新的形势要求我们在总结经验的基础上，采取新的战略，把我国的对外开放推向新的水平和新的阶段。

正是在这种情况下，1997 年党的十五大报告提出了"努力提高对外开放水平"的问题，要求我们"要以积极的姿态走向世界"。同年 12 月 24 日，江泽民在接见全国外资工作会议代表时，第一次明确提出了把"引进来"与"走出去"相结合的对外开放战略。他强调指出："我们不仅要积极吸引外国企业到中国来投资办厂，也要积极引导和组织国内有实力的企业走出去，到国外去投资办厂，利用当地的市场和资源……在努力扩大商品出口的同时，必须下大力气研究和部署如何走出去搞经济技术合作的问题。'引进来'和'走出去'，是我们对外开放方针两个紧密联系、相互促进的方面，缺一不可。这个指导思想一定要明确。"② 1998 年 12

---

① 《江泽民文选》第 1 卷，人民出版社 2006 年版，第 226 页。

② 《江泽民论有中国特色社会主义（专题摘编）》，中央文献出版社 2002 年版，第 190—191 页。

月，在纪念党的十一届三中全会召开二十周年大会的讲话中，江泽民又说："在世界多极化和经济全球化趋势日益加强的今天，我们要进一步完善有关政策，继续坚定不移地扩大对外开放，不断丰富对外开放的形式和内容，不断提高对外开放的质量和水平。"① 2000 年 2 月，江泽民在广东考察工作时，进一步从战略的高度论述了"走出去"的问题。他说："改革开放二十多年来，我们在'引进来'方面成绩很大。随着我国经济水平的提高和现代化建设的推进，我们必须加快实施'走出去'的战略。这同西部大开发一样，也是关系我国经济和整个现代化建设发展全局的大战略……这个战略实施好了，对增强我国经济发展的动力和后劲，促进我国的长远发展，具有极为重大的意义。"②

根据"走出去"的现代化战略，2001 年 3 月，九届全国人大四次会议通过的我国国民经济和社会发展第十五个五年计划纲要对实施"走出去"战略进行了部署。提出鼓励能够发挥比较优势的对外投资，扩大国际经济技术合作的领域、途径和方式；继续发展对外承包工程和劳务合作，鼓励有竞争优势的企业开展境外加工贸易，带动产品、服务和技术出口；支持到境外合作开发国内短缺资源，促进国内产业结构调整和资源置换；鼓励企业利用国外智力资源，在境外设立研究开发机构和设计中心；支持有实力的企业跨国经营，实现国际化发展，健全对境外投资的服务体系，在金融、保险、外汇财税、人才、法律、信息服务、出入境管理等方面，为实施"走出去"战略创造条件。根据这一部署，我国的对外开放开始实施"引进来"和"走出去"相结合的战略，并迅速取得明显的成效。

经过长期努力 2001 年 12 月 11 日，我国终于成为世界贸易组织的正式成员。这是我国改革开放进程中具有历史意义的一件大事，标志着我国对外开放进入了一个新的阶段，意味着我国将在更大范围和更深程度上参与国际竞争与合作。为了使全党从思想上做好准备，积极应对加入世界贸易组织的各种挑战，2002 年 2 月江泽民在同省部级主要领导干部"国际形势与世界贸易"专题研究班学员座谈时指出："在新的历史条件下扩大

---

① 《十五大以来重要文献选编》（上），人民出版社 2000 年版，第 684—685 页。
② 《江泽民论有中国特色社会主义（专题摘编）》，中央文献出版社 2002 年版，第 193—194 页。

对外开放，必须更好地实施'引进来'和'走出去'同时并举、相互促进的开放战略，努力在'走出去'方面取得明显进展。实施'走出去'战略，是把对外开放推向新阶段的重大举措，是更好地利用国内外两个市场、两种资源的必然选择，是逐步形成我们自己的大型企业和跨国公司的重要途径。"① 党的十六大报告进一步指出："坚持'引进来'和'走出去'相结合，全面提高对外开放水平。""鼓励和支持有比较优势的各种所有制企业对外投资、带动商品和劳务出口，形成一批有实力的跨国企业和著名品牌。"② 实践也充分证明，"引进来""走出去"是一条成功经验，是必须长期坚持的重大战略决策。

把"引进来"和"走出去"相结合，实施"走出去"战略，是我国对外开放新阶段的重大举措，是邓小平对外开放思想在新时期的重要发展，对增强我国经济发展的动力和后劲，促进我国的长远发展，具有重大的现实意义。

二　坚持走可持续发展战略，继承和发展了关于持续与协调发展理论

在推进现代化建设的过程中，如何处理好人口、资源与环境的关系，保持经济的健康协调发展，是一个关系全局的重大战略问题。进入改革开放和现代化建设新时期以后，邓小平就提出了持续发展的问题。1985 年 7 月，邓小平在听取经济情况汇报时就明确提出了坚持改革与实现持续发展的关系问题，指出："改革的意义，是为下一个十年和下世纪的前五十年奠定良好持续发展的基础。没有改革就没有今后的持续发展。所以，改革不只是看三年五年，而是要看二十年，要看下世纪的前五十年。这件事必须坚决干下去。"③ 在这里，邓小平不仅使用了"持续发展"这一科学概念，而且深刻回答了改革的目的就是要奠定持续发展的基础。1986 年 3 月，邓小平在会见外国客人时不仅讲了经济持续发展的问题，而且还讲了世界和平的持续发展问题。他说："如果改革成功，会为中国今后几十年的持续稳定发展奠定基础。还有一个是国际条件，就是持久的和平环境。"④ 与此同时，在我国经济快速发展的情况下，邓小平一再提醒要注

①　《江泽民论有中国特色社会主义（专题摘编）》，中央文献出版社 2002 年版，第 197 页。
②　《中国共产党第十六次全国代表大会文件汇编》，人民出版社 2002 年版，第 28、29 页。
③　《邓小平文选》第 3 卷，人民出版社 1993 年版，第 131 页。
④　同上书，第 156 页。

意按客观规律办事，注意经济社会的持续、稳定、协调发展，注意做好计划生育、植树造林和环境保护工作，等等。可见，邓小平的现代化理论是全面的现代化理论，它为我们实施持续发展战略奠定了基础。

改革开放以来，在我国经济较快发展的同时，破坏资源和污染环境的现象也严重地摆在了我们的面前。以江泽民为代表的党中央从一开始就非常重视人口、资源与环境的持续发展问题。1989 年 9 月，在庆祝建国四十周年大会上，江泽民就指出："严格控制人口增长，提高人口素质，合理利用资源，注意保护生态环境。这些都是至关重要的。"① 1992 年 6 月，联合国在巴西里约热内卢专门召开环境与发展会议，第一次提出了全球可持续发展战略问题。在这次会议上，李鹏代表中国政府庄严承诺：中国作为最大的发展中国家，将保持经济与环境协调发展，认真履行会议通过的文件。会后不久，国务院即组织有关部门编制了《中国 21 世纪议程——中国 21 世纪人口、环境与发展白皮书》，初步形成了人口、经济、社会、资源、环境等多方面可持续发展的政策。

1995 年 9 月，江泽民在党的十四届五中全会上的讲话中指出："在现代化建设中，必须把实现可持续发展作为一个重大战略。要把控制人口、节约资源、保护环境放到重要位置，使人口增长与社会生产力的发展相适应，使经济建设与资源、环境相协调，实现良性循环。"② 所谓可持续发展，就是既要考虑当前发展的需要，又要考虑未来发展的需要，不以牺牲后代人的利益为代价来满足当代人的利益。可持续发展的思想最早源于环境保护，现在已成为世界许多国家指导经济和社会发展的总体战略。我国是世界上人口最多的发展中国家，可持续发展的问题显得尤为紧迫和重要。为此，江泽民在 1996 年 7 月进一步指出："在社会主义现代化建设中，必须把贯彻实施可持续发展战略始终作为一件大事来抓……经济的发展，必须与人口、环境、资源统筹考虑，不仅要安排好当前的发展，还要为子孙后代着想，为未来的发展创造更好的条件，决不能走浪费资源和先污染后治理的路子，更不能吃祖宗饭、断子孙路。"③

党的十五大报告再次强调了实施可持续发展战略，并把这一战略和科

---

① 《十三大以来重要文献选编》（中），人民出版社 1991 年版，第 619 页。
② 《十四大以来重要文献选编》（中），人民出版社 1997 年版，第 1463—1464 页。
③ 《江泽民论有中国特色社会主义（专题摘编）》，中央文献出版社 2002 年版，第 279—280 页。

教兴国战略作为我国经济社会发展的两个决定性方针。强调在现代化建设的过程中，我们必须坚持计划生育和环境保护政策，正确处理好经济发展同人口、资源、环境的关系；必须坚持资源开发与节约并举，把节约放在首位，提高资源利用率，实施资源有偿使用制度；必须对国土资源开发和整治进行统筹规划，严格执行土地、水、森林、矿产、海洋等资源管理和保护的法律；必须加强对环境污染的治理，植树种草，搞好水土保持，防治荒漠化，改善生态环境；必须控制人口增长，提高人口素质，重视人口老龄化问题。党的十五大报告的这些论述，把可持续发展战略的要求进一步系统化和具体化，对于全面贯彻落实这一战略具有极为重要的意义。

在党和政府的积极推动下，可持续发展战略的实施在一些重要领域取得了重大进展。党的十五大以后，国务院先后制定了《全国生态环境建设规划》和《全国自然保护区发展规划》等文件，加大了生态环境保护工作的力度，全国环境污染加剧的趋势总体上得到控制，大部分城市和地区的环境质量有所改善，计划生育工作取得明显成绩。

在此基础上，党的十六大报告又提出我们必须"走出一条科技含量高、经济效益好、资源消耗低、环境污染少、人力资源优势得到充分发挥的新型工业化路子"[1]。新型工业化道路内涵十分丰富。所谓科技含量高，就是要加快科技进步以及先进科技成果的推广应用，把经济发展建立在科技进步的基础上，提高科学技术在经济增长中的贡献率，特别是要大力推进国民经济和社会信息化，并通过信息技术的广泛应用，带动工业化在高起点上迅速发展；所谓经济效益好，就是要注重产品质量和适应市场变化，提高资金投入产出率，优化资源配置，降低生产成本；所谓资源消耗低，就是要大力提高能源、原材料利用率，减少资源的占用与消耗；所谓环境污染少，就是要广泛推行清洁生产、文明生产方式，发展绿色产业、环保产业，加强环境和生态保护，使经济建设与生态环境建设相协调；所谓人力资源优势得到充分发挥，就是要提高劳动者素质和利用我国劳动力成本低的条件，提高经济竞争力，并妥善处理好工业化过程中提高生产率与扩大就业的关系，不断增加就业。可见，走新型工业化道路的一个根本性要求，就是大力实施可持续发展战略。

这就要求我们在走新型工业化道路的过程中，"必须把可持续发展放

---

[1]　《中国共产党第十六次全国代表大会文件汇编》，人民出版社 2002 年版，第 21 页。

在十分突出的地位，坚持计划生育、保护环境和保护资源的基本国策。稳定低生育水平。合理开发和节约使用各种自然资源。抓紧解决部分地区水资源短缺问题，兴建南水北调工程，实施海洋开发，搞好国土资源综合整治。树立全民环保意识，搞好生态保护和建设。"① 只要我们坚定不移地走新型工业化道路，就一定能够把可持续发展战略落到实处。

三　实施西部大开发战略，继承和发展了关于现代化建设"两个大局"的理论

我国幅员辽阔，各地区资源状况、地理位置、人口素质等存在着较大差异。如何促进区域经济合理布局和协调发展，是我国经济发展中的一个十分重大的问题。新中国成立后，我们从维护国家独立和国防建设的需要出发，曾实行了以促进西部地区经济发展和各民族共同繁荣进步为目的的东西部均衡发展战略。但实践证明，这种过分强调东西部均衡发展的战略存在着严重的弊端，既削弱了东部地区的发展活力，又不能使广大西部地区真正摆脱贫困。

从改革开放一开始，邓小平首先提出并反复强调的一个大的政策，就是允许一部分地区、一部分人先富起来，以先富带后富的办法最终实现共同富裕。这标志着我们在现代化战略问题上，由过去强调平均的均衡现代化战略，转向了由东向西梯次推进的非均衡发展战略。这一战略的实施对推动我国经济的快速发展产生了巨大的作用，东部沿海地区凭借较好的经济基础、有利的自然条件和国家的优惠政策，率先实现了经济的起飞。同时，也在一定程度上带动了中西部地区的开发和建设，从而促进了整个国民经济的发展和综合国力的增强。但是，在发展的过程中也出现了东部地区和中西部差距迅速扩大的趋势。如果任凭这种趋势发展下去，不仅不利于资源的优化配置和生产力的合理布局，而且也不利于社会的长期稳定和国家的全面振兴。1988 年，当改革开放和现代化建设全面展开后，邓小平及时提出了"两个大局"的重要思想。他说："沿海地区要加快对外开放，使这个拥有两亿人口的广大地带较快地先发展起来，从而带动内地更好地发展，这是一个事关大局的问题。内地要顾全这个大局。反过来，发展到一定的时候，又要求沿海拿出更多力量来帮助内地发展，这也是个大

---

① 《中国共产党第十六次全国代表大会文件汇编》，人民出版社 2002 年版，第 22 页。

局。那时沿海也要服从这个大局。"①

邓小平关于现代化建设"两个大局"的思想，是同"三步走"的发展战略紧密地联系在一起的，是这一战略的重要组成部分。所以，邓小平在1992年的南方谈话中又明确指出："共同富裕的构想是这样提出的：一部分地区有条件先发展起来，一部分地区发展慢点，先发展起来的地区带动后发展的地区，最终达到共同富裕。如果富的愈来愈富，穷的愈来愈穷，两极分化就会产生，而社会主义制度就应该避免两极分化。解决的办法之一，就是先富起来的地区多交点利税，支持贫困地区的发展。当然，太早这样也不行……什么时候突出和解决这个问题，在什么基础上提出和解决这个问题，要研究。可以设想，在本世纪末达到小康水平的时候，就要突出地提出和解决这个问题。"② 这就是说，在实施"三步走"战略时，有一个地域步骤的布局：第一步，在20世纪末进入小康社会前，我国经济和社会发展的大局，是较快地发展沿海地区，同时带动内地发展；第二步，从21世纪初进入小康社会开始，我们的大局就是在继续发展沿海地区的同时，突出地提出和解决内地发展的问题，从而缩小地区差距，促进区域经济的协调发展。

在进入世纪之交的关键时期，随着我国综合国力的显著增强，国家支持西部地区加快发展的条件基本具备，时机已经成熟。江泽民在1999年6月明确指出："现在，加快中西部地区发展步伐的条件已经具备，时机已经成熟。如果我们看不到这些条件，不抓住这个时机，不把该做的事情努力做好，就会犯历史性的错误。在继续加快东部沿海地区发展的同时，必须不失时机地加快中西部地区的发展。从现在起，这要作为党和国家一项重大的战略任务，摆到更加突出的位置。""实施西部大开发，是一个振兴中华民族的宏伟战略任务。实现了这个宏图大略，其经济的、文化的、政治的、军事的和社会的深远意义，是难以估量的。全党同志和全国上下必须统一和提高认识。没有西部地区的稳定就没有全国的稳定，没有西部地区的小康，没有西部地区的现代化就不能说实现了全国的现代化。"③ 同年9月，党的十五届四中全会明确提出：国家要实施西部大开

---

① 《邓小平文选》第3卷，人民出版社1993年版，第277—278页。
② 同上书，第373—374页。
③ 《江泽民论有中国特色社会主义（专题摘编）》，中央文献出版社2002年版，第176—177页。

发战略，要通过优先安排基础设施建设、增加财政转移支付等措施，支持中西部地区和少数民族地区加快发展。

实施西部大开发战略是中央审时度势，在世纪之交作出的重大战略决策。它既是对邓小平"两个大局"思想的具体贯彻和落实，也是对"两个大局"思想的创造性应用和发展，对促进区域经济的合理布局和协调发展具有深远的历史意义。

第三节　对中国特色社会主义政治现代化建设思想的继承与发展

邓小平提出：没有民主就没有社会主义，就没有社会主义现代化，为了保障人民民主，必须加强法制，必须使民主制度化、法律化。在此基础上，江泽民进一步提出把"依法治国""建设社会主义法治国家"和"建设社会主义政治文明"作为全面建设小康社会的重要目标，提出了建设社会主义政治文明最根本的就是把坚持党的领导、人民当家作主和依法治国有机统一起来，从而使人民群众不断获得切实的政治利益的政治文明思想。

一　发展社会主义民主政治，建设社会主义政治文明

坚持和完善以工人阶级领导的、以工农联盟为基础的人民民主专政，坚持和完善人民代表大会制度，坚持和完善共产党领导的多党合作和政治协商制度，坚持和完善民族区域自治制度，坚持把党的领导、人民当家作主和依法治国有机统一起来，继续推进政治体制改革，扩大社会主义民主，健全社会主义法制，建设社会主义法治国家，实现社会主义民主政治的制度化、规范化和程序化，巩固和发展民主团结、生动活泼、安定和谐的政治局面。这是党领导人民治理国家的政治纲领和基本方略，也是实现社会主义现代化的根本任务和奋斗目标。党的十三届四中全会以来，我们党从国情出发，坚持和不断完善人民民主专政的国体和人民代表大会的政体，坚持和不断推进政治体制改革，从而更好地体现了人民当家作主的民主权利，更好地体现了社会主义政治制度的优越性，有力地促进了社会主义民主政治建设。

为了推动中国社会主义政治建设的不断发展，中央明确提出了建设社

会主义政治文明的任务。早在 2001 年 1 月 10 日召开的全国宣传部长会议上，江泽民就指出："法治属于政治建设、属于政治文明，德治属于思想建设、属于精神文明。"① 2002 年 5 月 31 日在中央党校省级干部进修班毕业典礼上的讲话中，江泽民明确提出："发展社会主义民主政治，是社会主义现代化建设的重要目标。"同年 7 月 16 日，在考察中国社会科学院的讲话中，江泽民又明确指出："建设有中国特色社会主义，应是我国经济、政治、文化全面发展的进程。"在此基础上，党的十六大报告提出："发展社会主义民主政治，建设社会主义政治文明，是全面建设小康社会的重要目标。"十六大党章也作出了建设社会主义政治文明的规定。这是在党的代表大会的文件中，第一次明确地对建设社会主义政治文明作出部署，并将它同社会主义物质文明和精神文明一起确立为我国社会主义现代化全面发展的三大基本目标，从而使中国特色社会主义现代化理论和实践更加走向丰富和完善。

二 坚持党的领导、人民当家作主和依法治国的有机统一

党的十六大报告指出："发展社会主义民主政治，最根本的就是要把坚持党的领导、人民当家作主和依法治国有机统一起来。"② 这是我们党对中国特色社会主义政治文明基本特征的明确概括，表明我们党在长期实践探索的基础上，找到了具有中国特色和时代特点的社会主义政治制度的基本结构框架。党的领导、人民当家作主和依法治国的统一性，是社会主义民主政治的重要优势，是我们推进政治文明建设必须遵循的基本方针，也是我国社会主义政治文明区别于资本主义政治文明的本质特征。这是我们党对社会主义民主政治建设的规律性认识，是以江泽民为核心的第三代中央领导集体对马克思主义民主政治建设学说的重大创新。这一认识来之不易，它来自于我们党对国际共产主义运动经验教训的深刻总结，来自于对我国社会主义民主政治建设经验教训的深刻反思，把坚持党的领导、人民当家作主和依法治国有机统一起来，是我们党的一个伟大创举，是我们推进社会主义政治文明建设的唯一正确道路。

党的领导是人民当家作主和依法治国的根本保证。我们党是中国特色

---

① 江泽民：《论"三个代表"》，中央文献出版社 2001 年版，第 135 页。
② 《中国共产党第十六次全国代表大会文件汇编》，人民出版社 2002 年版，第 31 页。

社会主义现代化建设事业的领导核心。中国共产党的领导，使中国社会主义政治文明具有决定意义的特点。坚持党的领导是实现人民当家作主的可靠政治保障。党的性质和宗旨决定了党的领导与人民当家作主的统一性。党的领导也是依法治国的根本保证。依法治国的依据是宪法和法律。而宪法和法律是由党领导人民制定的，它体现了党的领导和人民意志的统一。党的政策和主张代表了人民的根本要求，规定了社会主义法律的政治方向和基本精神，从内容上保证了依法治国的社会主义方向。人民当家作主是社会主义民主政治的本质要求。这种本质，是人民群众的历史地位和人民占有生产资料的经济地位在国家政治制度上的根本体现。人民当家作主体现着国家的性质和方向。发展社会主义民主政治，建设社会主义政治文明，要始终把人民当家作主作为出发点和归宿，立足于一切为了人民，一切依靠人民，进一步促进民主政治的制度化、规范化和程序化，拓展人民群众依法管理国家和社会事务、经济和文化事业的渠道，更广泛地组织和吸引人民群众参与民主实践，保障人民群众各项民主权利的实现。依法治国是党领导人民治理国家的基本方略。坚持依法治国的基本方略，是我国社会主义政治文明的显著特点。依法治国的过程，实际上就是在党的领导下，实现人民当家作主的过程。在我国，依法治国与坚持党的领导和人民当家作主在本质上是一致的。

党的领导、人民当家作主、依法治国三者之间的有机结合和辩证统一，体现在现代政治意识文明、政治制度文明和政治行为文明的各个方面。在社会主义国家，党的领导观念、人民民主观念、法治观念的确立和统一，是现代政治意识文明的根本追求。政党政治是现代民主政治的重要组成部分，充分发挥党在我国政治中的领导作用，以人民当家作主为目标和在国家民主制度的基础上，按照依法治国的要求改革和完善党的领导方式和执政方式，是现代政治文明的根本体现。自觉维护人民的民主权利，严格依法办事，任何组织和个人都不允许有超越宪法和法律的特权，意味着宪法和法律具有至高无上的权威，意味着党和其他政治主体的行为要受到法律的制约，体现着政治主体行为文明的状态。总之，坚持党的领导、人民当家作主和依法治国的有机统一，是我国社会主义民主政治建设的本质内涵所在、根本特色所在、巨大优势所在。在政治建设实践中把握了这一点，就能充分发挥社会主义民主政治的独特优势，把社会主义政治文明建设事业不断推向前进。

三　依法治国，建设社会主义法治国家

可以说，市场经济就是法制经济。社会主义市场经济体制的建立和完善，必须有完备的法律规范和保障，必须用法律手段来管理经济，做到改革开放与法制建设的统一。因此，在建立社会主义市场经济体制的过程中，党中央对民主和法制建设极为重视，提出和实施了依法治国方略，极大地丰富和发展了邓小平关于民主与法制建设的思想。

首先，通过加强立法工作，初步形成了以宪法为核心和基础的社会主义法律体系。党的十四届三中全会通过的《关于建立社会主义市场经济体制若干问题的决定》，专门提出了法制建设方面的目标，即遵循宪法规定的原则，加快经济立法，进一步完善民商法律、刑事法律、有关国有机构和行政管理方面的法律，到 20 世纪末初步建立适应社会主义市场经济的法律体系；改善和完善司法制度和行政执法机制，提高司法和行政执法水平；建立健全执法监督机制和法律服务机构，深入开展法制教育。这些目标的提出，反映了发展市场经济的需要，体现了依法治国的思路。

其次，从建设社会主义法制国家的要求出发，提出了依法治国的方略。1996 年 2 月 8 日，在中央举办第三次法制讲座时，江泽民亲自为这次讲座拟定了"关于依法治国，建设社会主义法制国家的理论和实践问题"的题目，并在讲座结束时说："加强社会主义法制建设，依法治国，是邓小平同志建设有中国特色社会主义理论的重要组成部分，是我们党和政府管理国家和社会事务的重要方针……实行和坚持依法治国，对于推动经济持续快速健康发展和社会全面进步，保障国家的长治久安，具有十分重要的意义。"① 同年 3 月，八届全国人大四次会议肯定了"依法治国"的提法，并将其作为我国政治体制改革的目标和方向，写进了国民经济和社会发展"九五"计划和 2010 年远景目标纲要之中。

1997 年 9 月，党的十五大报告从建设中国特色社会主义现代化政治，继续推进政治体制改革的高度，第一次把依法治国、建设社会主义法制国家作为党领导人民治理国家的基本方略郑重地提了出来。明确指出："依法治国，就是广大人民群众在党的领导下，依照宪法和法律规定，通过各种途径和形式管理国家事务，管理经济文化事业，管理社会事务，保证国

---

① 《江泽民论有中国特色社会主义（专题摘编）》，中央文献出版社 2002 年版，第 326 页。

家各项工作都依法进行，逐步实现社会主义民主的制度化、法律化，使这种制度和法律不因领导人的改变而改变，不因领导人看法和注意力的改变而改变。"① 依法治国方略的提出，是我国治国方略的重大进步，对推进我国社会主义民主法制建设具有极为重要的意义。在此基础上，党的十六大报告进一步指出："发展社会主义民主政治，最根本的是要把坚持党的领导、人民当家作主和依法治国有机统一起来。党的领导是人民当家作主和依法治国的根本保证，人民当家作主是社会主义民主政治的本质要求，依法治国是党领导人民治理国家的基本方略。"② 这就使我们对具有中国特色社会主义政治制度的本质特征和基本框架结构有了更加清晰的认识，也是我们在坚持四项基本原则的基础上，继续积极稳妥地推进政治体制改革，为加强社会主义政治文明建设指明了基本途径。

四　推进政治体制改革，发展民主政治

我国原有的政治体制是适应计划经济的要求建立起来的，其最显著的特征是高度集权。随着社会主义市场经济体制的建立和发展，人民民主政治意识的增强，这种高度集权的政治体制越来越不适应我国民主政治发展的要求，政治体制改革势在必行。改革开放以来，我们适应经济体制改革和社会发展的要求，着眼社会主义民主政治发展的现实需要，积极稳妥地推进政治体制改革，取得了重大进展。进入 20 世纪 90 年代中期尤其是进入新世纪以后，随着我国市场经济体制改革的深入，社会转型的加速和社会多元结构的逐步形成，当前的政治改革在继续为经济改革和社会发展提供政治保障的同时，也要致力于解决民主政治本身所面临的一系列新问题，尤其是一些涉及权力结构和权力运行等深层次的问题。深化政治体制改革是解决这些深层次问题的不二法门。必须在坚持四项基本原则的前提下，确立适当的目标和任务，积极稳妥地进行。

关于政治体制改革的原则，早在 1980 年 8 月，邓小平就在《党和国家领导制度的改革》这篇文献中提出，党和国家的各种制度好不好，完善不完善，必须用三条标准来检验，即是否有利于实现在经济上赶上发达的资本主义国家，在政治上创造比资本主义国家的民主更高更切实的民

---

① 《十五大以来重要文献选编》（上），人民出版社 2000 年版，第 30—31 页。
② 《中国共产党第十六次全国代表大会文件汇编》，人民出版社 2002 年版，第 31 页。

主，并且造就比这些国家更多更优秀的人才。1987 年 3 月，他进一步指出："我们评价一个国家的政治体制、政治结构和政策是否正确，关键看三条：第一是看国家的政局是否稳定；第二是看能否增进人民的团结，改善人民的生活；第三是看生产力能否得到持续发展。"① 江泽民对这个问题进行了进一步论述。1997 年 9 月，他在党的十五大报告中提出了继续推进政治体制改革必须坚持"五个有利于"的原则要求，即"必须有利于增强党和国家的活力，保持和发挥社会主义制度的特点和优势，维护国家统一、民族团结和社会稳定，充分发挥人民群众的积极性，促进生产力发展和社会进步。"② 在党的十六大报告中，江泽民重申了党的十五大提出的"五个有利于"的标准。并提出了政治体制改革的目标为：扩大社会主义民主、健全社会主义法制、建设社会主义法治国家，巩固和发展民主团结、生动活泼、安定和谐的政治局面。

党的十六大报告指出，改革和完善党的领导方式，"这对于推进社会主义民主政治建设，具有全局性作用"。③ 中国共产党作为执政党，是中国政治的领导核心，其领导方式和执政方式，具有政治体制的核心层次。党的领导方式和执政方式的改革和完善，对其他改革具有牵一发而动全身的作用，直接决定和影响着民主政治建设和政治体制改革的全局。党的领导方式，是指政党引导和组织人民群众、社会组织、国家政权实现党的目标、途径、方法、手段的总称。党的执政方式，是指执政党执掌和控制国家政权以实现党的目标的途径、方法、手段的总称。将两者结合起来，党的领导方式和执政方式，是指党对国家和社会实行领导和控制的体制、机制、途径、手段和方法的总称。改革和完善党的领导方式和执政方式的实质，是坚持党的领导、人民当家作主和依法治国的有机统一。坚持党的领导、人民当家作主和依法治国的有机统一，有赖于党的领导方式和执政方式的改革和完善。改革和完善党的领导方式和执政方式的目标，是实现党科学执政、民主执政、依法执政。改革和完善党的领导方式和执政方式的原则，是党要总揽全局、协调各方。改革和完善党的领导方式和执政方式的重点，是改革和完善党的领导体制和工作机制。

① 《邓小平文选》第 3 卷，人民出版社 1993 年版，第 213 页。

② 《十五大以来重要文献选编》（上），人民出版社 2000 年版，第 31 页。

③ 《中国共产党第十六次全国代表大会文件汇编》，人民出版社 2002 年版，第 33 页。

第四节　对中国特色社会主义文化现代化
建设思想的继承与发展

关于社会主义文化建设，在邓小平提出建设社会主义精神文明重要思想的基础上，江泽民进一步提出：先进文化就是中国特色社会主义文化，其本质特征就是"面向现代化、面向世界、面向未来的，民族的科学的大众的社会主义文化"①。江泽民还在邓小平提出的有理想、有道德、有文化、有纪律的"四有"新人的基础上，进一步提出：把"人才资源"作为"第一资源"、把培育"四有"公民当做中国先进文化建设的出发点和立足点，把"在发展社会主义物质文明和精神文明的基础上，不断推进人的全面发展"② 作为中国特色社会主义文化建设的目标任务等观点。

一　建设面向现代化的社会主义先进文化

江泽民指出："只有深深根植于中国大地和依靠人民的力量，面向现代化、面向世界、面向未来，才能创造出无愧于伟大时代的社会主义文化。"③ "三个面向"内含着社会主义文化现代化建设的历史维度、方向、源泉和任务。在"三个面向"中，核心是面向现代化。只有面向现代化，文化建设才能面向世界，博采众长，为我所用；才能面向未来，发挥文化的前瞻性、预测性和指导作用。文化建设面向现代化要立足现实，为现代化建设服务，这是在新的历史条件下，解决文化的民族化、科学化、大众化的前提。适应全球化时代潮流，推进社会主义现代化建设蓬勃发展的先进文化，是在牢牢把握面向社会主义现代化的规定中创造出来的。

面向现代化，认识建设社会主义先进文化要走自己的路。建设为社会主义现代化服务的先进文化首先要解决从什么实际出发的问题。中国现代化作为社会主义现代化，要在文化现代化中处理同社会主义

---

① 《江泽民文选》第 2 卷，人民出版社 2006 年版，第 18 页。
② 《江泽民文选》第 3 卷，人民出版社 2006 年版，第 294 页。
③ 《江泽民文选》第 1 卷，人民出版社 2006 年版，第 160 页。

理论的关系；中国的现代化作为后发现代化，要在文化现代化中处理
同西方的关系；中国的现代化作为在中国这块土地上发生的现代化，
在文化上要处理同传统文化的关系。面向现代化，要求中国向现代社
会转变的现实出发进行文化建设，要求从实现中国现代化的需要出发
进行文化建设。

二　坚持不懈地实施科教兴国战略

　　马克思主义者历来十分重视科学技术在经济和社会发展中的巨大作
用。邓小平的伟大贡献是明确提出了"科学技术是第一生产力"的科学
判断，强调我国要赶上世界先进水平，必须从科学和教育入手。邓小平这
些思想，为我国科教兴国战略的制定和实施奠定了坚实的理论基础。为了
动员全党和全国人民，全面落实科学技术是第一生产力的思想，把经济发
展真正转移到依靠科技进步和不断提高劳动者素质的轨道上来，以江泽民
为代表的党中央提出了科教兴国的战略。

　　面对世界范围内综合国力竞争日趋激烈的时代背景，根据我国经济和
社会发展的要求，1991 年 5 月 23 日，江泽民从战略的高度提出了把经济
建设真正转移到依靠科技进步和提高劳动者素质轨道上来的号召，指出：
"党的十一届三中全会决定全党工作重点转移到社会主义现代化建设上
来，这是一次具有战略意义的转变。把经济建设真正转移到依靠科技进步
和提高劳动者素质的轨道上来，是十一届三中全会决定的工作重点转移的
进一步深化，是把这个转移推到一个更高的阶段，同样具有战略意义。"①
1995 年 5 月，党中央、国务院颁布了《关于加速科学技术进步的决定》，
这个决定第一次明确提出要坚定不移地实施科教兴国战略。《决定》指
出：科教兴国，是指全面落实科学技术是第一生产力的思想，要坚持教育
为本，把科技和教育摆在经济社会发展的重要地位，增强国家的科技实力
及向现实生产力转化的能力，提高全民族的科学文化素质，把经济建设转
移到依靠科技进步和提高劳动者素质的轨道上来，加速实现国家的繁荣
昌盛。

　　为了推动科教兴国战略的实施，中共中央、国务院在《决定》颁布
后，于同月在北京召开了全国科学技术大会。江泽民在会上就如何实施科

①　江泽民：《论科学技术》，中央文献出版社 2001 年版，第 21 页。

教兴国战略作了重要讲话。指出，实施科教兴国战略，第一要促进科技和
经济的紧密结合，坚持经济建设必须依靠科学技术，科学技术工作必须面
向经济建设的根本方针。第二是要根据世界经济、科技发展的趋势和我国
的国情，立足当前，着眼未来，坚持近期目标和长远目标相结合。第三是
要努力创新，创新是一个民族进步的灵魂，是国家兴旺发达不懈的动力。
必须在学习、引进国外先进技术的同时，坚持不懈地着力提高国家的自主
研究和开发能力。第四是正确运用市场机制和宏观管理两种手段，并使之
有机结合。第五是要加强自然科学和社会科学的结合，深刻认识并掌握当
今经济和社会发展的内在规律，运用科学的理论和方法去指导实践。这次
大会是继 1956 年发出"向科学进军"的号召并制定全国科学技术发展规
划和 1978 年召开的全国科学大会后，我国召开的又一次具有十分重要意
义的会议。

在中央颁布《关于加速科学技术进步的决定》和召开全国科学技术
大会后，全国迅速形成科教兴国战略的热潮。1996 年 3 月，国务院在
编制"九五"计划时，确定了我国中长期科技进步和教育发展的目标
和总体思路，科教兴国战略成为我国的一项基本国策。1997 年 9 月，
党的十五大报告指出："要充分估量未来科学技术特别是高技术发展对
综合国力、社会经济结构和人民生活的巨大影响，把加速科技进步放在
经济社会发展的关键地位，使经济建设真正转移到依靠科技进步和提高
劳动者素质的轨道上。"① 1998 年 3 月，朱镕基总理刚一上任，就宣布：
科教兴国是本届政府的最大任务。同年 6 月，中共中央、国务院作出决
定，成立国家科技领导小组，以加强对科技教育工作的领导。党的十六
大报告不仅把实施科教兴国战略列为促进中国经济与社会发展的重要经
验之一，并且再次号召全党坚持实施科教兴国战略，促进科技创新与产
业化发展。

经过努力，科教兴国战略在贯彻实施中取得了重大进展；逐年加大了
对科学事业的投入，扭转了长期以来科教投入严重不足的局面；应用型科
研机构管理体制改革取得重要进展，从体制上解决了科研机构长期存在的
科技与经济"两张皮"的问题，等等。总之，科教兴国战略的实施，极
大地推动了我国科学和教育事业的飞速发展，丰富和发展了邓小平关于发

---

① 《十五大以来重要文献选编》（上），人民出版社 2000 年版，第 27 页。

展科学和教育的思想。

三 坚持把思想道德建设作为精神文明建设的重要内容和中心环节，提出了以德治国的方略

社会主义精神文明建设包括思想道德建设和科学文化建设两个方面，社会主义思想道德集中体现了精神文明建设的性质和方向。对社会经济政治的发展具有巨大的能动作用。加强精神文明建设的一项重要任务，就是积极建设同社会主义初级阶段和社会主义市场经济发展相适应的思想道德体系。

1996 年 10 月召开的党的十四届六中全会，在总结多年来思想道德建设经验的基础上，指出新形势下思想道德建设的基本任务是：坚持爱国主义、集体主义、社会主义教育、加强社会公德、职业道德、家庭美德建设，引导人们树立建设中国特色社会主义的共同理想和正确的世界观、人生观、价值观。会议通过的《关于社会主义精神文明建设指导方针的决议》，不仅系统阐述了思想道德建设的理论基础、主要内容、重点对象和主要途径，而且把先进性要求同广泛性要求结合起来，提出了"四个一切"的要求，即鼓励和支持一切有利于解放和发展社会主义生产力的思想道德；一切有利于国家统一、民族团结、社会进步的思想道德；一切有利于追求真善美、抵制假恶丑、弘扬正义的思想道德；一切有利于履行公民权利与义务、用诚实劳动争取美好生活的思想道德，团结和引导亿万人民积极向上，不断提高全民族的思想道德水平。党的十四届六中全会后，以提高公民素质和发展社会主义新型人际关系为目标的社会公德、职业道德和家庭美德在全国广泛开展起来。

进入新世纪后，中央把思想道德建设提到了更加重要的地位。2001年 1 月，在全国宣传部长工作会议上，江泽民第一次明确提出了"以德治国"的重要思想。他说："我们在建设有中国特色社会主义，发展社会主义市场经济的过程中，要坚持不懈地加强社会主义法制建设，依法治国，同时也要坚持不懈地加强社会主义道德建设，以德治国。对一个国家的治理来说，法治和德治，从来都是相辅相成、相互促进的。二者缺一不可，也不可偏废。法治属于政治建设，属于政治文明，德治属于思想建设，属于精神文明。二者范畴不同，但其地位和功能都是非常重要的。我们要把法制建设与道德建设紧密结合起来，把依法治国与以德治国紧密结

合起来。"① 这个重要论述蕴含着十分深刻的内涵，是对中国特色社会主义现代化建设规律认识的升华，是对我们党领导人民治国安邦方略的精辟概括，是对我国思想道德建设理论与实践的科学总结。"以德治国"方略的提出，是在新的历史条件下对社会主义道德建设作出的战略定位，对全面推进社会主义精神文明建设和中国特色社会主义文化的发展，具有重大而深远的意义。

　　加强思想道德建设，实施以德治国方略，对于中国特色社会主义现代化建设具有十分重要的意义。正如江泽民所说："加强社会主义思想道德建设，是发展先进文化的重要内容和中心环节……要把依法治国同以德治国结合起来，为社会保持良好的秩序和风尚营造高尚的思想道德基础"②。思想道德建设，就是要引导人们在遵守基本行为准则的基础上，追求更高的思想道德目标，从而为中华民族的振兴提供强大的思想基础和精神动力。

第五节　对实现中国特色社会主义现代化宗旨思想的继承与发展

　　我国进行的现代化建设，是由代表绝大多数人根本利益的中国共产党领导下的社会主义现代化建设。它不同于资本主义现代化建设，它不是完全重走已经实现了现代化的西方资本主义经济发展的老路。中国进行社会主义现代化建设与西方资本主义国家的现代化建设的根本不同点在于，它虽然致力于发展经济，但发展经济不是自己的最终目的，而是当作使人得以更好发展的手段和条件。一切工作都要积极促进和推动人的全面发展这个最终目标的实现。经济发展能够促进社会发展中一些问题的解决，能够为这些问题解决创造物质条件，但不能代替这些问题的解决。现代化发展归根到底是人的发展。也就是人的现代化既是社会现代化的出发点也是社会现代化的落脚点。人是社会实践的主体，也是社会实践最积极、最活跃的因素，人的现代化的水平制约社会现代化的发展；社会现代化发展的根本要旨在于实现人的发展。

---

① 《十五大以来重要文献选编》（中），人民出版社 2001 年版，第 1587 页。
② 江泽民：《论党的建设》，中央文献出版社 2001 年版，第 503—504 页。

一　促进人的全面发展是建设社会主义现代化的本质要求

江泽民多次谈到人的全面发展，他在庆祝中国共产党成立 80 周年大会上的讲话中明确提出："我们要在发展社会主义物质文明和精神文明的基础上，不断推进人的全面发展。"① 他还指出："我们建设有中国特色社会主义的各项事业，我们进行一切工作，既要着眼于人民现实的物质文化生活需要，同时又要着眼于促进人的素质的全面提高，也要促进人的全面发展。这就是马克思主义关于建设社会主义新社会的本质要求。②" 他又说，"推进人的全面发展，同推进经济、文化的发展和改善人民物质文化生活，是互为前提和基础的。人越全面发展，社会的物质文化财富就会创造的更多，人民的生活就能得到改善，而物质文化条件越充分，就越能促进人的全面发展。社会生产力和经济文化的发展水平是逐步提高、永无止境的历史过程。这两个历史过程应相互结合、相互促进地向前发展。"③

江泽民不仅明确指出人的全面发展是建设社会主义新社会的本质要求，而且从社会主义初级阶段的实际出发，创造性地确立了促进人的全面发展的总体思路，那就是要以文明建设为取向，通过全面展开物质文明、精神文明、政治文明和生态文明建设，为人的全面发展提供条件。第一，要抓好物质文明建设，为人的全面发展提供经济条件；第二，抓好政治文明建设，为人的全面发展提供相应的政治条件；第三，抓好精神文明建设，为人的全面发展提供相应的精神生活条件；第四，抓好生态文明建设，实施可持续发展战略，为人的全面发展提供良好的环境条件。

总之，江泽民关于人的全面发展的光辉思想，立意深远，内涵丰富，充满了理论创新，对我国新时期全面建设小康社会，努力促进人的全面发展具有重要的理论指导意义。

二　实现最广大人民的根本利益是现代化建设的根本目的

江泽民反复强调，要在"经济发展的基础上，促进社会全面进步，不断提高人民的生活水平，保证人民共享发展成果"。④ 他指出，在整个

---

① 《江泽民文选》第 3 卷，人民出版社 2006 年版，第 294 页。
② 同上。
③ 同上书，第 295 页。
④ 同上书，第 534 页。

现代化建设的过程中，都必须使广大工人、农民、知识分子和其他群众共享经济社会发展的成果，认识到实行改革开放和实现社会主义现代化建设是祖国的富强之路，也是自己发展的富裕之路，从而更加自觉地为之共同奋斗。

第一，深刻论述了提高广大人民生活水平，使广大群众共享经济社会发展成果的战略地位和战略意义。首先，这是改革开放和发展经济的根本目的。江泽民说："我们党领导人民进行改革开放和现代化建设的根本目的，就是要通过发展生产力，努力满足人民群众日益增长的物质文化生活的需要"，"在整个现代化建设的过程中，都必须使广大工人、农民、知识分子和其他群众共享经济社会发展的成果，使他们不断得到看得见的物质文化利益。"① 江泽民这一思想不仅非常明确，而且始终一贯。如他在党的十四大、十五大和十六大所做的报告中，都明确表述了这一思想。在党的十四大报告中，他说："加快改革开放和经济发展，目的都是为了满足人民日益增长的物质文化需要。"② 在党的十五大报告中，他又说："提高人民生活水平，是改革开放和发展经济的根本目的。"③ 在党的十六大报告中，他再次说："发展经济的根本目的是提高全国人民的生活水平和质量。"④ 其次，这是我们党一切工作的根本出发点和归宿。党的一切工作和方针政策，都是以是否符合最广大人民群众的利益为最高衡量标准的。为此，江泽民郑重指出："在整个社会生产和建设发展的基础上，不断使全体人民得到日益增加看得见的利益，始终是我们中国共产党人的神圣职责。全党同志心中始终装着人民群众，关心人民群众，千方百计地为他们谋利益，带领他们艰苦奋斗，创造幸福生活。"⑤ 不断改善和提高人民生活水平，也是我们党的工作和各项事业获得成功的重要法宝。他说："毛泽东、邓小平同志和我们党历来十分重视群众生活问题，这是我们的事业所以能够不断取得胜利的一个重要保证。一个要使群众得到应该得到的、看得见的物质利益，而且随着经济的发展，要使群众得到的、看得见的物质利益不断有所增加，这样才能保证群众安居乐业，始终真心诚意地

---

① 《江泽民论有中国特色社会主义（专题摘编）》，中央文献出版社 2002 年版，第 111 页。
② 《江泽民文选》第 3 卷，人民出版社 2006 年版，第 239 页。
③ 《江泽民文选》第 2 卷，人民出版社 2006 年版，第 27 页。
④ 《江泽民文选》第 3 卷，人民出版社 2006 年版，第 552 页。
⑤ 同上书，第 122 页。

拥护改革开放和现代化建设。"① 另外，在处理吃饭和建设的关系上，始终把人民生活放在优先位置。江泽民说："能否处理好'吃饭'与'建设'的关系，要作为衡量领导干部是否坚持实事求是、坚持走群众路线的一条重要标准。""各级党委和政府始终坚持'一要吃饭，二要建设'的原则。"② 再次，这是我们全心全意为人民服务宗旨和"三个代表"重要思想的最终体现。最后，这是中华民族实现伟大复兴、屹立于民族之林的需要。

第二，全面提高人民的生活水平，使广大群众共享经济社会发展成果的途径和方法。首先，以经济建设为中心，用发展的办法解决人民生活的问题。江泽民遵循了邓小平提出的"发展是硬道理"的思想，反复告诫全党，中国解决所有问题的关键是要靠自己的发展。发展必须坚持以经济建设为中心，集中精力把国民经济搞上去，用发展的办法解决前进的问题，保持较快的、有质量的发展速度。增强综合国力，提高人民生活水平，使广大人民群众共享经济社会发展成果，关键是靠发展。其次，坚持科教兴国战略，通过科技进步、科技创新和提高劳动者素质，为提高人民生活水平，使广大人民群众共享经济社会发展成果提供强大的推动力量。因此，为不断提高人民生活水平，使广大群众共享经济社会发展成果，要大力实施科教兴国战略，要不断从科技创新上提供强大的推进力量。再次，坚持党的富民政策，允许一部分人、一部分地区先富起来，"放手让一切劳动、知识、技术、管理和资本的活力竞相迸发，让一切创造社会财富的源泉充分涌流，以造福于人民。"③ 最后，千方百计扩大就业、增加人民收入，加强社会保障，使广大人民群众共享社会发展成果。就业是民生之本，改善人民生活，提高人民生活水平，一个最直接的途径和办法，就是扩大就业和增加收入。坚持物质文明、政治文明、精神文明的协调发展，使人民真正过上幸福文明的生活。

小结："三个代表"重要思想中的现代化理论是继邓小平现代化理论之后，我们党在现代化理论上的又一创新成果。它是在科学判断党的历史方位的基础上提出来的，是时代的产物。以江泽民为代表的第三代中央领

---

① 《江泽民论有中国特色社会主义（专题摘编）》，中央文献出版社 2002 年版，第 112 页。

② 同上书，第 115 页。

③ 《江泽民文选》第 3 卷，人民出版社 2006 年版，第 540 页。

导集体，在进一步解决什么是中国特色社会主义现代化、如何实现中国特色社会主义现代化这一历史课题中创造性地解决了如何通过加强和改善党的领导来推进现代化建设的问题，形成了"三个代表"重要思想中的现代化理论。这个思想回答了中国特色社会主义现代化建设中一系列重大问题。

"三个代表"重要思想中的现代化理论是党领导现代化全部经验特别是党的十三届四中全会以来基本经验的理论升华。以江泽民为核心的党的中央领导集体产生以后，坚持和发展邓小平现代化理论，在推进中国特色社会主义现代化建设的伟大实践中积累了丰富经验。江泽民把这些经验联系党成立以来的历史经验，归结为"三个代表"。"三个代表"表述简明扼要，高度概括，虽然不可能包括第三代领导集体的全部理论成果，但却是党的十三届四中全会以来，党的基本理论、基本路线、基本纲领和基本经验的最关键、最本质、最核心的内容。"三个代表"内涵十分丰富，其中代表中国先进生产力的发展要求，体现着生产力在社会发展中的决定作用、中国现代化的根本任务和对生产关系、上层建筑的规定，反映着它是发展先进文化的前提，是实现中国最广大人民根本利益的物质基础；代表着中国先进文化前进方向，体现着发展先进文化在发展先进生产力和实现中国最广大人民的根本利益中的灵魂和方向作用，它为发展先进生产力塑造具有思想道德素质和科学文化素质的人才，满足广大人民精神文化生活的需要，是中国现代化的重要任务；代表中国最广大人民的根本利益，体现了广大人民群众在先进生产力和先进文化发展中的主体地位，体现了发展先进生产力和先进文化的根本目的，反映了中国现代化的社会主义性质和价值取向。不难看出"三个代表"及其相互关系是生产力与生产关系、经济基础与上层建筑的统一，是现代化建设中物质文明、政治文明和精神文明的统一，是人民群众作为历史创造者和社会主义现代化建设成果享有者的统一。"三个代表"之间的关系是社会主义现代化建设中的普遍关系，它渗透和贯穿于现代化建设的全过程。掌握了"三个代表"之间的内在关系，也就把握了中国特色社会主义现代化理论在新阶段具体表现的精神实质，践行"三个代表"，也就找到了为实现社会主义现代化而奋斗的基本形式。

第四章　胡锦涛对中国特色社会主义现代化理论的深化与拓展

　　从中国特色社会主义现代化理论的发展来看，"三个代表"重要思想中的现代化理论贡献在于从党的建设伟大工程和我国现代化建设伟大事业相统一的高度，进一步回答了实现什么样的现代化目标以及实现现代化目标的条件问题，是对中国特色社会主义现代化理论的继承和发展。不仅如此，在党的十六大报告中江泽民进一步强调："'三个代表'重要思想是发展的、前进的。全党必须在思想上不断有新解放，理论上不断有新发展，实践上不断有新创造，把'三个代表'重要思想贯彻到社会主义现代化建设的各个领域……"指出"实践没有止境，创新也没有止境。我们要突破前人，后人也必然会突破我们。这是社会前进的必然规律"。而且勉励我们，"要坚持马克思主义基本原理，又要谱写新的理论篇章，要发扬革命传统，又要创造新鲜经验。善于在解放思想中统一思想，用发展着的马克思主义指导新的实践。"[1] 党的十六大以来，以胡锦涛为总书记的党中央正是这样做的。一方面，坚持马克思列宁主义、毛泽东思想、邓小平理论和"三个代表"重要思想不动摇，一以贯之地按照党的基本理论、基本路线、基本纲领、基本经验指导新的实践；另一方面，又在带领广大人民全面建设小康社会、开创中国特色社会主义现代化事业新局面的伟大实践中，紧密结合新世纪新阶段我国现代化建设所面对的国际国内形势的新变化，研究新问题、总结新经验，提出了以人为本、实现科学发展、构建社会主义和谐社会、建设社会主义新农村、建设创新型国家、树立社会主义荣辱观、推动建设和谐世界、加强党的先进性建设等一系列重

---

　　① 《十六大以来重要文献选编》（上），中央文献出版社 2005 年版，第 13、10 页

大战略思想。这些具有针对性的战略思想进一步丰富和发展了中国特色社会主义现代化理论，为把改革开放和现代化建设事业继续推向前进，为探索和总结我国社会主义现代化建设规律作出了极其重要的理论贡献。

第一节　实施科学发展，全面建设小康社会

人类社会跨入 21 世纪之际，中国进入全面建设小康社会、加快推进社会主义现代化建设的新阶段。新世纪新阶段，以胡锦涛为总书记的党中央提出了以人为本、全面协调可持续发展的科学发展观。科学发展观进一步回答了新的历史条件下我国为何发展、发展什么、如何发展等重大问题，对于中国在 21 世纪的发展将产生全局性、长期性的根本影响。对于科学发展观的提出，胡锦涛等领导同志多次指出，我国社会主义建设的实践历程，也是我们对发展规律的探索过程，新中国成立以来特别是改革开放以来的现代化建设，为科学发展观的形成提供了重要经验。科学发展观是我们党对社会主义现代化建设规律的进一步深化。

一　始终坚持把发展作为全面建设小康社会的第一要义

发展是人类社会的永恒主题，也是社会主义现代化的价值所在，更是中国社会主义初级阶段现代化建设的历史任务。社会主义现代化有着丰富的内涵，但第一要义是发展，首要的着眼点在于发展。没有发展就无所谓现代化，离开发展便谈不上现代化。中国共产党作为执政党，始终致力于中国的发展，这表现在她对中国现代化的孜孜追求上。

1840 年的鸦片战争，使中国开始沦为半殖民地半封建社会，暴露出中国与西方列强在发展上的巨大差距。从此，无数仁人志士为了中国的发展进行了顽强的努力。然而，这些努力都没有成功。适应中国发展和民族振兴需要而诞生的中国共产党，认真分析了中国的历史和现状，在俄国十月革命的影响下，认为争取社会主义前途是实现中华民族伟大复兴的唯一正确选择，现阶段的当务之急是进行反帝反封建的民族民主革命。在反帝反封建民主革命纲领的指引下，经过艰难曲折的斗争，中国共产党领导中国人民终于赢得了新民主主义革命的胜利，建立了中华人民共和国。中国共产党成为执政党，使中华民族振兴获得了最根本的政治条件。从此，中国共产党带领中国人民在现代化道路上不懈探索着科学发展的历史课题。

围绕着如何把中国由贫穷落后的农业国变为强大的现代化国家的问题，中国共产党人先后提出了"工业化"、"四个现代化"和"富强、民主、文明、和谐的社会主义现代化"这样三个奋斗目标，形成了三套既相互联系又相互区别的发展战略。

社会主义中国的发展目标，从单一的工业化，到四个现代化，再到富强、民主、文明、和谐的社会主义现代化，表明我们党对于推进中国现代化的不懈探索和执着追求，表明我们党对中国现代化的基本要求和战略目标的认识越来越具体、越来越深入、越来越全面、越来越符合中国实际。尽管在实现现代化目标的过程中出现过失误，但并不影响中国共产党锐意进取的伟大品格。善于总结经验教训、勇于在挫折中奋起，更加反映出中国共产党致力于中国现代化的马克思主义形象。

二　始终坚持把以人为本作为全面建设小康社会的核心理念

相信谁、依靠谁、为了谁，是现代化建设的根本问题。在领导中国社会主义现代化发展的半个多世纪中，党中央领导集体几经交替，但发展依靠人民、发展为了人民的现代化思想始终没有变。胡锦涛指出："我们党坚持马克思主义的群众观点，坚持全心全意为人民服务的宗旨，始终把实现和维护最广大人民的根本利益作为我们党的理论和路线方针政策以及全部工作的根本依据，始终深深扎根于人民之中，为中国人民和中华民族的根本利益不懈奋斗。进行新民主主义革命，进行社会主义革命和建设，进行改革开放，都是为了顺应人民意愿、实现人民利益。现在，我们提出坚持以人为本、实现科学发展、构建社会主义和谐社会、建设社会主义新农村、建设创新型国家等重大任务，同样是为了顺应人民的意愿、实现人民利益。中国人民正是在长期的历史比较中，选择我们党作为自己根本利益的代表、作为国家和民族复兴的领导力量。历史表明，只有深刻认识人民创造历史的伟力，真诚代表最广大人民的根本利益，一切为了人民，一切依靠人民，我们党才能得到人民的充分信赖和拥护，才能无往不胜。"①坚持一切为了人民、一切依靠人民的现代化思想，是坚持人民创造历史的唯物史观的必然要求。社会主义现代化建设的主体是人民群众，领导社会主义现代化建设的中国共产党人，必须相信群众，依靠群众，发挥群众的

_____

①　《人民日报》2006 年 7 月 1 日。

聪明才智，尊重群众的首创精神，这是马克思主义关于社会主义现代化建设的必然要求。

相信群众、依靠群众、全心全意为人民服务，是贯穿毛泽东现代化思想的一条主线。这个思想阐明，人民是创造历史的真正动力，群众是取之不竭的力量源泉，解决中国的现代化问题，必须坚定地相信人民群众和依靠人民群众；中国共产党是中国工人阶级和劳动人民的忠实代表，必须坚持全心全意为人民服务的宗旨，着眼于解决人民群众的具体问题。

党的十一届三中全会以后，在中国社会主义改革开放和现代化建设"总设计师"邓小平的指导下，中国经历了历史性的巨变。邓小平始终认为，人民群众是我们党的力量源泉，必须充分调动人民群众和各行各业以及基层的积极性，千方百计地发挥其主动创造精神。"三个代表"重要思想的本质是立党为公、执政为民。坚持以人为本，是以胡锦涛为总书记的新一届中央领导集体提出的科学发展观的核心和本质。以人为本有着丰富的内涵：坚持人民在科学发展中的主体地位，发展依靠人民，发展为了人民，发展成果由人民共享，充分发挥人民群众的积极性、主动性和创造性。促进人的全面发展，既是发展的重要内容，又是发展的根本目的。当代中国，讲发展也好，讲现代化也好，出发点和归宿点都是要实现好、维护好、发展好最大多数人的根本利益。当然，由于我们今天处在社会主义初级阶段，十几亿人的利益不可能很快得到满足，要引导群众处理好眼前和长远、局部和整体、具体和根本利益等各种关系。总之，既要树立全心全意、诚心诚意为人民谋利益的理念；又要在实践中实事求是地解决问题，努力形成全体人民各尽其能、各得其所而又和谐相处的局面。

三　始终坚持把全面、协调、可持续作为全面建设小康社会的基本要求

社会主义现代化建设基本要求是全面、协调、可持续。我们现代化所强调的全面发展，就是要以经济建设为中心，全面推进经济建设、政治建设、文化建设和社会建设，实现经济发展和社会全面进步。我们必须把经济建设始终放在中心位置，在任何时候，任何情况下都要紧紧扭住经济建设这个中心不放松，大力解放和发展社会生产力，聚精会神搞建设，一心一意谋发展。根据科学发展观的要求，全面发展应当包括这样几层意思：一是全面发展必须以经济发展为基础，没有物质财富的快速增长，其他各

方面协调发展的社会目标就难以实现；二是全面发展的内容包括经济发展和社会全面进步两个基本方面，就经济发展和社会发展的关系来说，经济发展是社会发展的基础，社会发展是经济发展的目的，经济和社会应当协调发展；三是全面发展的途径是物质文明、政治文明、精神文明和社会文明协调发展，四个文明相互联系、相辅相成，每一部分的发展变化都会带动其他部分的发展变化，每一部分的发展变化又以其他部分的变化为条件；四是全面发展的目的是全体人民共享发展成果。科学发展观强调的协调发展，就是要统筹城乡发展、统筹区域发展、统筹经济社会发展、统筹人与自然和谐发展、统筹国内发展和对外开放，推进生产力和生产关系、经济基础和上层建筑相协调，推进经济、政治、文化、社会建设的各个环节、各个方面相协调。改革开放以来，我国经济社会发展取得了巨大成就，但也存在着经济发展与社会发展、城市发展与农村发展、地区之间的发展以及人与自然发展不协调的突出矛盾。只有协调发展，才能从根本上解决"三农"问题和城乡差距问题；只有协调发展，才能解决好东、中、西部的关系问题和地区差距问题；只有协调发展，才能处理好经济增长的数量与质量、速度与效益的关系问题以及经济发展同政治发展、文化发展、社会事业发展的关系问题；只有协调发展，才能解决好我国经济发展中的生态代价问题及减少自然资源浪费的问题，实现人与自然和谐相处；只有协调发展，才能更好地利用国内外两种资源、两个市场，进一步提高我国经济的整体竞争力。科学发展所强调的可持续发展，就是要促进人与自然的和谐，实现经济发展和人口、资源、环境相协调，坚持走生产发展、生活富裕、生态良好的文明发展之路，保证一代又一代的永续发展。要实现可持续发展，就必须把当前利益与长远利益结合起来，既要考虑当前发展的需要，又要考虑未来发展的需要；既要遵循经济规律，又要遵循自然规律；既要讲究经济社会效益，又要讲究生态环境效益，切实为人民群众创造源源不断的、日益改善的生产生活条件，以利于中华民族和人类社会的长远发展。我们应当清醒地看到，我国可持续发展还面临着巨大压力和挑战：一是人口数量庞大、素质较低；二是资源短缺，人均资源明显不足；三是生态环境恶化的趋势尚未根本扭转。只有坚持走可持续发展的道路，高度重视人口、资源、环境工作，坚持把控制人口、节约资源、保护环境放在十分重要的战略地位，才能使当代中国有一个比较好的生存和发展环境，才能使我们的子孙后代有一个比较好的生存和发展环境。

总之，全面发展、协调发展、可持续发展是社会主义现代化建设在全面建设小康社会阶段的基本要求。其中全面发展，主要是科学处理经济发展与社会整体发展的关系；协调发展，主要是科学处理重点发展与平衡发展的关系；可持续发展，主要是处理当前发展与长远发展的关系。全面发展、协调发展、可持续发展，三者相互联系，构成了整体的现代化发展要求。

四　始终坚持把统筹兼顾作为全面建设小康社会的根本方法

社会主义现代化的基本要求是全面、协调、可持续。落实全面、协调、可持续的要求，根本方法是统筹兼顾。统筹兼顾，是在正确的世界观指导下的推动中国社会主义现代化建设的科学方法论，历来为我们党所重视，只不过在不同时期有不同的实践内容，不同时期的实践也提高着我们党统筹兼顾的能力。

中国是一个正在现代化的社会主义大国，地域之广、民族之多、人口之众、国情之复杂都是世界上少有的。要想在中国实现现代化，须有统筹兼顾的能力。在全面建设社会主义时期开始之际，毛泽东就指出，延安时期我们就采取统筹兼顾、各得其所的方针，现在我们管事了，仍然必须采取这个方针。"这里所说的统筹兼顾，是指对于六亿人口的统筹兼顾。我们作计划、办事、想问题，都要从我国六亿人口这一点出发，千万不要忘记这一点"；"我们的方针是统筹兼顾、适当安排。无论粮食问题、灾荒问题、就业问题、教育问题、知识分子问题，各种爱国力量的统一战线问题、少数民族问题，以及其他各项问题，都要从对全体人民的统筹兼顾这个观点出发，就当时当地的实际可能条件，同各方面协商，作出各种适当的安排。"[1] 毛泽东还提出了"唯物辩证法的发展观"的概念，认为自然界的变化主要是由自然界内部矛盾的发展而引起的，社会的变化主要是由于社会内部矛盾的发展引起的，统筹兼顾就是用唯物辩证法处理好有关矛盾。就我们国家来讲，重工业和轻工业、农业的关系，沿海工业和内地工业的关系，经济建设和国防建设的关系，国家、生产单位和生产者个人的关系，中央和地方的关系，汉族和少数民族的关系，党和非党的关系，革命和反革命的关系，是非关系，中国和外国的关系，"这十种关系，都是矛盾"，"我们的任务，是要正确处理这些矛盾"，"努力把党内党外、国

① 《毛泽东文集》第7卷，人民出版社1999年版，第227—228页。

内国外的一切积极因素，直接的、间接的积极因素，全部调动起来，把我国建设成为一个强大的社会主义国家。"①《论十大关系》，是毛泽东深刻阐述统筹兼顾思想和善于运用统筹兼顾方法的集中体现。

改革开放新时期，邓小平也多次强调，搞现代化一定要有两手，要坚持两手抓、两手都要硬，不能搞单打一，各方面要综合平衡，防止顾此失彼，等等。他明确指出："在社会主义制度之下，归根结底个人利益要服从集体利益，局部利益要服从整体利益，暂时利益要服从长远利益，或者叫做小局服从大局，小道理服从大道理。我们提倡和实行这些原则，决不是说可以不注意个人利益，不注意局部利益，不注意暂时利益，而是因为在社会主义制度下，归根结底，个人利益和集体利益是统一的，局部利益和整体利益是统一的，暂时利益和长远利益是统一的。我们必须按照统筹兼顾的原则来调节各种利益的相互关系。"②

江泽民也强调并善于运用统筹兼顾的方针指导社会主义改革开放和现代化建设。他在党的十四届五中全会闭幕时的讲话中，辩证地分析了新形势下涉及社会主义现代化建设全局的 12 个重大关系，深刻阐明了协调发展、全面进步的思想。进入新世纪新阶段之后，我国社会阶层结构继续经历着深刻变化，彰显了新的利益关系和内部矛盾，如收入分配差距扩大、城乡发展差距凸显、区域发展差距拉大、农民增收缓慢、就业压力增大、城乡困难群众比较多，等等。这些新的情况，突出了统筹兼顾的现实价值和战略意义。胡锦涛强调，我们所有的政策措施和工作，都应正确反映并有利于妥善处理各种利益关系，都应认真考虑和兼顾不同社会阶层、不同方面群众的利益。党的十六届三中全会提出的"五个统筹"，在新的历史条件下拓展了统筹兼顾方针的适用对象和范围。统筹就是兼顾，就是整合，就是协调。一句话，统筹就是正确反映和兼顾不同方面的关系和利益，使社会足以朝着全面的方向健康发展，使全体人民朝着共同富裕的方向不断前进。坚持"五个统筹"是实现全面、协调、可持续发展的必然要求。切实做到"五个统筹"，最大限度地兼顾各个方面，其结果必然是全面、协调和可持续发展，必然能够形成全体人民各尽其能、各得其所而又和谐相处的局面。科学发展观的提出，特别是"五个统筹"的提出，

---

① 《毛泽东文集》第 7 卷，人民出版社 1999 年版，第 44 页。
② 《邓小平文选》第 2 卷，人民出版社 1994 年版，第 175 页。

继承和发展了我们党的统筹兼顾思想。

通过以上的论述可以看出，统筹兼顾作为我们党指导社会主义现代化建设的方针，既是一脉相承的，又是与时俱进的。以统筹兼顾为根本方法的科学发展观，是以胡锦涛为总书记的党中央坚持我们党领导中国现代化建设的理论与实践的基本成果，是新世纪新阶段我们从全局出发提出的推动当代中国又好又快发展的根本指针。我们党的统筹兼顾思想，对于我国现代化建设实践发挥了重要的指导作用。

五　科学发展观是全面建设小康社会的根本指针

在全面建设小康社会的过程中，树立和落实科学发展观是解决我国经济和社会发展面临的突出难题，妥善应对我国经济和社会发展可能遇到的各种风险和挑战，进一步提高党的执政能力和执政水平的必然选择。因此，牢固树立和全面落实科学发展观，对于全面建设小康社会进而实现现代化的宏伟目标，具有重大而深远的指导意义。

首先，树立和落实科学发展观是解决当前我国经济、社会发展中存在的突出问题和矛盾的迫切需要。改革开放以来，我国经济发展取得了举世瞩目的巨大成就，但不可否认，也存在一系列突出的矛盾和问题，主要是城乡差距、地区差距、居民收入差距持续扩大，就业和社会保障压力增加，教育、卫生、文化等社会事业发展滞后，经济整体素质不高和竞争力不强等。这都说明，我国的现代化不够全面、不够协调、持续发展能力较弱的问题还是比较突出的。这些矛盾和问题，有些是在中国发展的现阶段难以避免的，有些则是由于发展观的偏差所导致的或者加剧的，针对发展中实际存在的问题，提出树立和落实以人为本、全面协调可持续的发展观，具有很强的现实性和针对性。

其次，树立和落实科学发展观是实现党的十六大提出的全面建设小康社会目标的客观要求。改革开放以来，我国的经济和社会发展取得了历史性的伟大成就，胜利实现了现代化建设"三步走"的第一步、第二步目标，人民生活总体上达到小康水平。但是，现在达到的小康还是低水平的、不全面的、发展很不平衡的小康。党的十六大提出，要在21世纪头二十年，集中力量，全面建设惠及十几亿人口的更高水平的小康社会，使经济更加发展、民主更加健全、科教更加进步、文化更加繁荣、社会更加和谐、人民更加殷实，并且明确提出了经济、政治、文化社会发展等方面的目标和任务，全面建设小康社会的要求不光是追求物质文明，还包括社会发展、环境改善、文化生活和道德水平的提高，推动物质文明、政治文明、精神文明与和谐社会建设全面发展，所以要实现全面建设小康社会进而基本实现现代化的奋斗目标，必须以科学发展观为指导。

另外，树立和落实科学发展观是我们总结了过去各种经验教训后作出的一项重大战略决策，也是我国经济社会发展进入新阶段开辟新的发展思路、开拓新的发展空间的必然要求。总之，科学发展观既符合时代发展潮流，又符合当代中国国情，它的确立和实施，必将对全面建设小康社会的进程产生巨大而深远的影响。

第二节　对中国特色社会主义经济现代化建设理论的深化与拓展

建设中国特色社会主义现代化面临的任务很多，但经济建设是我们的中心任务。党的十六大以来，面对新形势和新任务，以胡锦涛为总书记的党中央按照科学发展观的要求，牢牢扭住经济建设这个中心，聚精会神搞建设，一心一意谋发展，在把握发展规律、创新发展理念、转变发展方式、破解发展难题和提高发展质量方面取得显著成就，使改革开放和全面建设小康社会取得重大进展，使我国的综合国力大幅度提升和广大人民群众享受到了更多的实惠，开创了中国特色社会主义经济建设全面协调发展的新局面。

一　推动国民经济"又好又快"发展

改革开放以来，我国经济持续快速增长，综合国力明显增强，人民生活水平大大提高，社会主义现代化建设取得举世瞩目的伟大成就。但是，也应该清醒地看到，我国的经济增长方式比较粗放，实现经济快速增长付出的代价过大。其主要特征可以概括为"三高"与"三低"，即高速度、高投入、高消耗；低质量、低产出、低效益。出现这一问题的原因，固然与我国生产力发展水平有关，但更重要的是由传统的以外延扩张为主的粗放型经济增长方式导致的。

对于粗放型经济增长方式的弊端，我们党是早有认识的。1987年，党的十三大就明确提出要从以粗放经营为主逐步转到以集约经营为主的轨道。1995 年，党的十四届五中全会明确提出了两个具有全局意义的根本转变，即经济体制从传统计划经济体制向社会主义市场经济体制转变；经济增长方式从粗放型向集约型转变，力求从根本上改变我国国民经济发展高投入、低产出和高增长、低效益的状况。1997 年，党的十五大又明确提出了"转变经济增长方式，改变高投入、低产出、高消耗、低效益的状况"的任务。由此，我国国民经济的增长方式逐步开始了由粗放型到集约型的历史性转变。然而，在我国国民经济快速增长的过程中，粗放型增长方式还远未实现根本性的转变。

党的十六大以来，以胡锦涛为总书记的党中央从新世纪新阶段我国经济发展的实际出发，提出了科学发展观这一重大战略思想，并根据科学发展观的要求，进一步提出要在经济发展方式方面取得重大突破。落实科学发展观，一个根本的问题就是要处理好"好"与"快"的关系。2006 年10 月，胡锦涛在党的十六届六中全会上把过去我们强调的"又快又好"改为"又好又快"。"好"与"快"这两字前后顺序的调动，反映的是现代化思路的战略调整。同年 12 月，胡锦涛在中央经济工作会议上进一步强调，必须深刻认识又好又快发展是全面落实科学发展观的本质要求。特别是随着科教兴国战略的推进、创新型国家建设步伐的加快，社会主义新农村建设的深入、"两型社会"建设的起步和区域协调发展战略的实施，我国的经济发展方式正经历着前所未有的历史性变革。

在党的十七大报告中，用"转变经济发展方式"取代了"转变经济增长方式"的提法。虽然只有两字的改变，但却有着极为深刻的内涵。经济增长方式是指通过不同要素投入和技术组合获得经济增长的方法和模式，强调的主要是提高经济增长效益，而经济发展方式除了涵盖前者的含义外，还对经济发展的理念、战略和途径等提出了更高的要求，强调的不仅是提高经济增长效益，还包括经济结构优化、经济增长与资源环境相协调等。

提高转变经济发展方式，实质上就是要求我们采取综合措施，加快形成与贯彻落实科学发展观、实现经济社会全面协调可持续发展相一致的发展方式，促进国民经济又好又快发展。当前和今后一个时期，转变经济发展方式，主要是要做到"两个坚持"和"三个转变"，即坚持走中国特色社会主义新型工业化道路，坚持扩大国内需求特别是消费需求的方针。促进经济增长由主要依靠投资、出口拉动向依靠消费、投资、出口协调拉动转变，由主要依靠第二产业带动向依靠第一、第二、第三产业协调带动转变，由主要依靠增加物质资源消耗向主要依靠科技进步、劳动者素质提高、管理创新转变。

二　推进新农村建设，走中国特色社会主义农业现代化道路

农业强则基础强，农民富则国家富，农村稳则天下稳。农业、农村、农民问题，是决定全面建设小康社会进程的关键，是关系党和国家工作全局的根本性问题。改革开放以来，我国农业、农村和农民的状态发生了巨大的变化，取得了历史性的成就。但是，由于人口众多，人均农业自然资源相对稀缺，农业生产条件和生产手段总体上还比较落后。总的说来，农业仍然是国民经济的薄弱环节，农村仍然是我国现代化进程中比较落后的地区，城乡关系不协调，工农业发展不平衡的问题仍然十分突出，长期以来形成的城乡二元结构阻碍着农村的发展。为了继续解决好"三农"问题，党的十六大明确提出了统筹城乡经济社会发展的问题，强调建设现代农业、发展农村经济、增加农民收入，是全面建设小康社会的重大任务。十六大以来，党和政府根据全面建设小康社会、加快推进社会主义现代化进程的客观要求，始终把解决"三农"问题放在各项工作的重中之重，采取了一系列更直接、更有力、更有效的支农惠农政策，扶持农业和农村发展，促进农民增收，使农业得到加强，农村得到发展，农民得到实惠，社会主义新农村建设顺利推进。

党的十六大以来是"三农"问题取得巨大成效的时期。在 2003 年年初召开的中央工作会议上，胡锦涛指出："在全面分析当前国际政治经济环境和我国改革发展稳定形势的基础上，中央认为，为了实现十六大提出的全面建设小康社会的宏伟目标，必须统筹城乡经济社会发展，更多地关注农村、关心农民、支持农业，把解决好农业、农村和农民问题作为全党工作的重中之重，放在更加突出的位置，努力开创农业和农村工作的新局面。"[1] 2003 年 10 月，党的十六届三中全会指出的"五个统筹"中的第一个就是"统筹城乡发展"，而统筹城乡发展的实质是解决"三农"问题，建立有利于逐步改变城乡二元经济结构的体制。2003 年年底，中共中央国务院发布了《关于促进农民增加收入若干政策的意见》，在这个文

---

① 《十六大以来重要文献选编》（上），中央文献出版社 2005 年版，第 112 页。

件里，复杂的"三农"问题开始被聚焦到农民增收这个核心和关键上来。《意见》强调：各级党委和政府要"牢固树立科学发展观，按照统筹城乡经济社会发展的要求，坚持'多予、少取、放活'的方针，调整产业结构，扩大农民就业，加快科技进步，深化农村改革，增加农业投入，强化对农业支持保护，力争实现农民收入较快增长，尽快扭转城乡居民收入差距不断扩大的趋势。"① 提高农民收入的各项惠农政策，不仅使农民收入得以提高，农业结构进一步调整，而且使农业在宏观调控中发挥了十分重要的积极作用，农业和农村经济在国民经济中的地位进一步得到强化。

2004 年 9 月，胡锦涛在党的十六届四中全会上的讲话中提出了"两个趋势"的重要论断，他说："农业是安天下、稳民心的战略产业，必须始终紧紧抓好。纵观一些工业化国家发展的历程，在工业化初始阶段，农业支持工业、为工业提供积累是带有普遍性的趋势；但在工业化达到相当程度以后，工业反哺农业、城市支持农村，实现工业与农业、城乡与农村协调发展，也是带有普遍性的趋向。""要在国家总体实力不断增强的基础上，在深入挖掘农业和农村发展潜力的同时，不断加大对农业发展的支持力度，发挥城市对农村的辐射和带动作用，发挥工业对农业的支持和反哺作用，走城乡互动、工农互促的协调发展道路。"② "两个趋向"的判断，不仅是对世界经济发展经验的精辟概括，更是对我国经济发展阶段的科学判断，其目的就在于要求我们不失时机地转变发展战略，及时地推进由农业为工业提供积累向工业反哺农业转换，努力形成工业与农业相互促进、城市与农村共同繁荣的新局面。

为了切实统筹城乡发展，发挥城市对农村的辐射和带动作用，以及工业对农业的支持和反哺作用。2005 年 10 月召开的党的十六届五中全会明确提出了"建设社会主义新农村"的时代任务。会议通过的《关于制定国民经济和社会发展第十一个五年规划建议的说明》指出："建设社会主义新农村是我国现代化建设进程中的重大任务。要按照生产发展、生活富裕、乡风文明、村容整洁、管理民主的要求，坚持从各地实际出发，尊重农民意愿，扎实稳步推进新农村建设。"③ 2006 年 1 月，胡锦涛在中央政

---

① 《十六大以来重要文献选编》（上），中央文献出版社 2005 年版，第 672 页。
② 同上书，第 311 页。
③ 《十六大以来重要文献选编》（中），中央文献出版社 2006 年版，第 1066 页。

治局集体学习时强调："要从建设中国特色社会主义事业全局出发，深刻认识建设社会主义新农村的重要性和紧迫性、切实增强做好建设社会主义新农村各项工作的自觉性和坚定性，积极、全面、扎实地把建设社会主义新农村的重大历史任务落到实处，使建设社会主义新农村成为惠及广大农民群众的民心工程。"① 紧接着，中共中央、国务院颁发了《关于推进社会主义新农村建设的若干意见》，进一步明确了今后五年的奋斗目标和行动纲领。2007 年 10 月，党的十七大报告进一步强调："要加强农业基础地位，走中国特色农业现代化道路，建立以工促农、以城带乡长效机制，形成城乡经济社会发展一体化格局。"②

　　中央明确提出建设社会主义新农村的重大历史任务，主要是基于两个方面的考虑：一方面，实现全面建设小康目标的难点和关键在农村，建设社会主义新农村，体现了农村全面发展的要求，也是巩固和加强农业基础地位、全面建设小康社会的重大举措。另一方面，我国农村发展和改革已经进入新的阶段，必须按照统筹城乡发展的要求，贯彻工业反哺农业、城市支持农村的方针，加大各方面对农村发展的支持力度，这样才能改变农村的落后面貌。

三　构建"两型"社会，建设生态文明

　　我国人口众多，人均资源占有量很低且分布不平衡，人与资源、环境的矛盾非常突出。这是我国经济社会发展长期面临的主要制约因素。很长时期以来，我国粗放型的增长方式更加剧了人与资源、环境的矛盾。应当清醒地看到，改革开放以来我国 GDP 的高增长在相当程度上是建立在过度消耗资源和破坏环境的基础上的，形成了高投入、高消耗、高排放、低效率的粗放型增长方式。由于增长方式的粗放，我国自然资源的消耗增长迅猛，浪费大、污染重，单位 GDP 能源、原材料和水资源消耗大大高于世界平均水平。如果不改变这种粗放型的发展模式，就必然形成资源难以为继、环境难以承载的情况，全面建设小康社会和实现现代化的目标就会成为泡影。

　　面对严峻的资源、环境形势，为了实现可持续发展，党的十六大报告

---

① 《当前政治理论教育读本》，人民出版社 2006 年版，第 440 页。
② 《中国共产党第十七次全国代表大会文件汇编》，人民出版社 2007 年版，第 22—23 页。

在继续强调调整产业结构、转变经济增长方式的同时，明确提出要走新型工业化道路，即"走出一条科技含量高、经济效益好、资源消耗低、环境污染少、人力资源优势得到充分发挥"的工业化路子。为了更有效地落实节约资源和保护环境的基本国策，2005 年 3 月，胡锦涛在中央人口环境工作座谈会上提出了建设"两型"社会的战略目标，他说："严峻的环境形势迫切要求转变经济增长方式，这是解决环境与发展矛盾的治本之策"，要"大力宣传循环经济理念，加快制定循环经济促进法，加强循环经济试点工作，全方位、多层次推广适应建立资源节约型、环境友好型社会要求的生产生活方式。"① 同年 6 月 27 日，国务院下发了《关于做好建设节约型社会近期重点工作的通知》，7 月 2 日又颁布了《国务院关于加快发展循环经济的若干意见》，提出要在重点领域、产业园区和城市组织开展循环经济试点工作，"通过试点，提出发展循环经济的重大技术和项目领域，进一步完善促进再生资源循环利用、降低污染排放强度的政策措施，提出按循环经济模式规划、建设、改造工业园区以及建设资源节约型、环境友好型城市的思路，树立一批先进典型，为加快发展循环经济提供示范"②。

在综合分析各方面因素的基础上，2005 年 10 月党的十六届五中全会通过的《关于制定国民经济和社会发展第十一个五年规划的建议》，首次把建设资源节约型、环境友好型社会确定为国民经济和社会发展中长期规划的一项战略任务。《建议》指出："要把节约资源作为基本国策，发展循环经济，保护生态环境，加快建设资源节约型，环境友好型社会，促进经济发展与人口、资源、环境相协调。"③ 《建议》并就发展循环经济、保护修复自然生态，加大环境保护力度，强化资源管理，合理利用海洋和气候资源以实现人与自然的和谐相处以及人对资源环境的永续利用提出了相应的措施和要求。我国经济社会发展面临的资源、环境、生态的问题，标志着我们党在现代化理念和现代化实践上的深刻转变和战略转型。

党的十七大报告在讲到深入贯彻落实科学发展观时强调，必须坚持全面协调可持续发展，"坚持生产发展、生活富裕、生态良好的文明发展道

---

① 《十六大以来重要文献选编》（中），中央文献出版社 2006 年版，第 823 页。

② 同上书，第 967 页。

③ 同上书，第 1064 页。

路，建设资源节约型、环境友好型社会，实现速度和结构质量效益相统一，经济发展与人口资源相协调，使人民在良好生态环境中生产生活，实现经济社会永续发展"①，"两型"社会建设战略实施，不仅是以胡锦涛为总书记的党中央对国民经济发展面临挑战的积极回应，也是解决制约中国长期发展面临的资源、环境问题的治本之策。加快推进"两型"社会建设，事关经济社会发展的战略全局和现代化建设的历史进程。事关人民群众的幸福安康和根本利益，事关中华民族的生存环境和长远发展，意义重大，影响深远。

四　加强自主创新，建设创新型国家

加强自主创新，建设创新型国家是新中国成立以来尤其是改革开放以来党和国家一贯重视并不断推动科技发展的必然结果。新中国成立，为中国共产党科技现代化战略构想的实施提供了难得的历史机遇。在基本完成国民经济恢复工作后，中国共产党就自觉地担负起了追求科技现代化的历史重任：从毛泽东提出的"向科学进军"到邓小平提出的"科学技术是第一生产力"，再到江泽民提出的"科教兴国战略"，直至胡锦涛提出的"提高自主创新能力，建设创新型国家"；从《1956—1967年全国科学技术发展远景规划》到《1978—1985年全国科学技术发展规划纲要》，再到《1986—2000年科技发展规划》，直至《国家中长期科学和技术发展规划纲要（2006—2020）》。这些都表明，中国共产党在社会主义现代化建设的实践中不断从理论创新与实践探索中推进中国科技现代化战略的实施。

加强自主创新，建设创新型国家是以胡锦涛为总书记的党中央既立足于中国现代化发展，又面向世界现代化趋势作出的战略决策。目前，我们正处于全面建设小康社会、加快推进社会主义现代化的关键时期，现代化建设的主要方向是推动工业化、信息化、城镇化、市场化、国际化，这对发挥科技的支撑和引领作用提出了新的要求。世界发达国家的经验表明，持续地推进这"五化"，必须依靠科技的支撑和引领。在工业化方面，关键是用现代科学技术来改造和提升传统产业。工业化与科技革命密不可分，每一次科技革命都使得工业化进程发生质的变化，我们不能再走工业化初期那种高消耗、低技术水平和以仿制为主的路子，需要研发和推广先

___
① 《中国共产党第十七次全国代表大会文件汇编》，人民出版社2007年版，第15—16页。

进科技成果，大幅度提高我国的工业装备和技术水平。在信息化方面，我国信息化是在工业化尚未完成的情况下迎来的，这也是我们一个后发优势，给我们提升工业化水平带来了新的历史机遇。但目前，我国很多信息关键核心技术还受制于人。这就要求我们在信息化方面加大科技研发力度，确保在安全、自主条件下推进信息化进程。在城镇化方面，我国城镇化的规模和速度世所罕见。城镇化对科技的需求是全方位的，既要有支撑硬环境建设的工程、建筑等技术，也要有支撑软环境建设的信息、交通、环保、医疗、公共安全等技术服务，还要有保持城镇可持续发展需要的新兴技术。在市场化方面，一个运行良好的市场环境，必须有现代科技手段作支撑。随着我国市场化进程的加快，这方面的科技需求必将越来越多。在国际化方面，对外开放既要重"量"，又要重"质"。没有先进的科学技术，我们就不能平等参与国际经济合作与竞争，就不能拓展对外开放的广度和深度。因此，必须提高我们自主创新能力，在更高的层次上参与国际竞争，从而顺利地推进我国现代化建设。

加强自主创新，建设创新型国家的基本内涵。从科技发展层面来看，加强自主创新，就是要加强原始性创新，努力获得更多的科学发现和技术发明；加强集成创新，形成具有市场竞争力的产品和产业；加强引进技术的消化吸收和再创新，形成自己的技术创新能力。从国家整体战略层面来看，必须把自主创新摆在国家发展战略的核心位置，把科技进步和经济社会发展牢牢建立在自主创新的基点上，不断提高自主创新能力，始终把握发展的主动权，创造发展的新优势。从精神层面来看，自主创新是民族精神和时代精神的重要标志。要在全社会大力发展创新文化，让一切创新的源泉充分涌流，使全社会的创新智慧竞相迸发。建设创新型国家，就是把增强自主创新能力作为调整产业结构、转变增长方式的中心环节，建设资源节约型、环境友好型社会，推动国民经济又好又快发展；把增强自主创新能力作为国家战略，贯彻到现代化建设各个方面，激发全民族的创新精神，培养高水平创新人才，形成有利于自主创新的体制机制，大力推进理论创新、制度创新、科技创新，不断巩固和发展中国特色社会主义现代化事业。

党的十七大报告中，胡锦涛把"自主创新能力显著提高、科技进步对经济增长的贡献率大幅上升，进入创新型国家行列"作为实现全面建设小康社会奋斗目标的要求，并把它作为国家战略的核心和提高综合国力的关键，建设创新型国家是党的科技创新思想的继承和发展，是新世纪推进现代化战略发展的重大理论创新。努力建设创新型国家的战略构想，既是历史的传承和延伸，又是时代的发展和突破。

总之，加强自主创新、建设创新型国家，是一项长期、艰巨的伟大事业，也是一项复杂、庞大的社会系统工程。我们必须把科学发展观作为我国经济社会和科技发展的指导方针，特别是把握好经济与科技、政府与市场、自主创新与引进技术、基础研究与应用开发、统筹兼顾与保证重点等关系，以高度的责任感和紧迫感，解放思想、开拓创新，坚持从中国实际出发，紧跟时代步伐，坚持中国特色自主创新道路，不断提高我国的自主创新能力，为早日建成创新型国家而奋斗。

第三节　对中国特色社会主义政治现代化建设理论的深化与拓展

人民民主是社会主义的生命，没有民主就没有中国特色社会主义，就没有中国的现代化。发展社会主义民主政治，是中国特色社会主义现代化的重要内容，是我们党始终不渝的奋斗目标。党的十六大以来，以胡锦涛为总书记的党中央从我国民主政治建设的实际出发，积极稳妥地推进政治体制改革，使我国的社会主义民主政治的发展出现了更加旺盛的生命力。

一　在探索"中国特色社会主义政治发展道路"中对社会主义民主政治的新认识

党的十七大强调"要坚持中国特色社会主义政治发展道路"，提出中国特色社会主义政治发展道路在党的文献中尚属首次。这条道路既是对以往社会主义政治建设经验的科学总结，也指明了今后我国政治建设的正确方向。

中国特色社会主义政治发展道路是党领导人民从中国国情出发探索社会主义政治建设的实践结晶，具有丰富的内容和鲜明的特点。

中国特色社会主义政治发展道路的形成过程。在经济文化比较落后的社会主义国家如何推进政治发展，是一个长期没有解决好的问题。新中国成立以后，党和毛泽东是想立足于中国实际走出一条具有中国特点的社会主义政治建设道路的。可惜，在探索的实践中经历了曲折和失误，甚至发生了像"文化大革命"那样全局性的违背民主和法制的严重错误。苏联和东欧一些社会主义国家先是长期不注重发展民主和健全法制；后是完全照抄照搬西方的政治模式，结果使社会主义事业付之东流。正是在深刻总结社会主义运动历史教训的基础上，十一届三中全会以来，党领导全国人民坚持把马克思主义基本原理同中国具体实际和时代特征相结合，既坚持以毛泽东为代表的老一代中国共产党人开创的社会主义政治制度，又在开拓进取的实践中不断创新和发展，在探索中逐渐地形成中国特色社会主义政治发展道路。

党的十一届三中全会以来，我们党鉴于"文化大革命"及其之前的教训，正确地提出了要随着全党工作中心向经济建设的转移，在推进经济体制改革的同时进行政治体制改革，发展民主，健全法制。但是，由于受历史条件和认识水平的限制，当时还不能回答整个社会主义建设的发展目标和道路模式问题。正因如此，尽管党的十二大上邓小平代表我们党正确地提出走自己的路，建设有中国特色的社会主义。但是在政治发展问题上，当时提出要建设高度的社会主义民主，表明了我们党在政治发展上有明确的目标，但应该说那时对国情中的政治现状还缺乏全面而深入的认识。党的十三大指出我们正处在并且长期处于社会主义初级阶段，对于中国国情有了一个科学、准确的把握。十三大以后，我们从社会主义初级阶段实际出发，逐步提出建设中国特色社会主义民主，但是就整个政治建设而言，中国特色社会主义民主还是不能包含政治建设的全部内容。党的十四大以后，党和人民坚定不移地走上了建设和发展社会主义市场经济的道路。围绕于此，对于社会主义政治建设的道路不断进行探索。到了党的十五大，党提出依法治国、建设社会主义法治国家的目标，为社会主义政治建设的理论和实践增添了新的内容。十五大以后，在总结社会主义政治建设历史经验，把握社会主义政治文明发展规律的基础上，党逐步提出坚持党的领导、人民当家作主和依法治国的有机统一，是社会主义民主政治建设的基本原则，此后党的十六大加以确认。正是在这一系列探索的基础上，党的十七大提出中国特色社会主义政治发展道路的范畴，为中国的社会主义政治建设提供了根本指针。中国特色社会主义政治发展道路的提出，表明中国共产党人对社会主义政治建设客观规律的认识上升到了一个新的水平。

坚持党的领导、人民当家作主、依法治国有机统一，是中国特色社会主义政治发展道路的基本原则和核心要求。党的领导是人民当家作主和依法治国的根本保证。无论是发展民主还是建设法治国家，都不能离开党的政治领导、思想领导和组织领导。人民当家作主是社会主义民主政治的本质和核心。人民按照法律规定，通过各种形式和途径，管理国家事务和社会事务，管理经济和文化事业，才能真正成为国家、社会和自己命运的主人。依法治国是党领导人民治理国家的基本方略。只有实现社会主义民主的制度化、规范化和程序化，人民当家作主才能有坚实的保证。实现三者有机统一，是体现社会主义政治建设优越性的根本途径。过去一个相当长的时期内，我们对发展民主和健全法制重视不够，甚至将党的领导与民主法制对立起来，从而影响了民主法制的发展。提出党的领导、人民民主和依法治国的有机统一，把党的领导融入法制建设之中，这就解决了社会主义政治发展的根本问题。"三个统一"是中国特色社会主义政治发展道路的核心，坚持和完善人民代表大会制度、中国共产党领导的多党合作和政治协商制度、民族区域自治制度以及基层自治制度，都是坚持党的领导、人民民主和依法治国有机统一的具体体现。

二　在坚持正确政治方向和以调动人民积极性为目标的前提下不断深化政治体制改革

发展社会主义民主政治，建设社会主义政治文明，要在坚持四项基本原则的基础上，积极稳妥地推进政治体制改革。推进政治体制改革，发展社会主义民主政治，必须遵循有利于增强党和国家的活力。有利于调动人民群众的积极性、主动性、创造性，有利于维护国家统一、民族团结和社会稳定，有利于促进经济发展和社会全面进步的原则。要改革和完善决策机制，推进决策的科学化、民主化。加强对权力运行的制约和监督，进一步完善适合中国国情的权力制约和监督机制，拓展和健全监督渠道，充分发挥各监督主体的作用，提高监督的整体效能，把加强对权力的约束的制度建设与对干部的有效监督结合起来。要围绕提高行政效率、降低行政成本、整合行政资源、加快行政管理体制改革，形成行为规范、运作协调、公正透明、廉洁高效的行政管理体制。

在全面推进经济体制改革的同时，积极稳妥地推进政治体制改革，不仅是坚持和完善社会主义制度的根本要求和重要任务，而且是建立社会主义市场经济体制、发展社会主义民主政治和建设社会主义法治国家的内在要求。

党的十七大指出，深化政治体制改革，必须坚持正确的政治方向，以保证人民当家作主的根本，以增强党和国家活力、调动人民积极性为目标，扩大社会主义民主，建设社会主义法治国家，发展社会主义政治文明，要落实上述要求，必须做好以下"四个坚持"。

坚持党总揽全局、协调各方的领导核心作用，提高党科学执政、民主执政、依法执政水平，保证党领导人民有效治理国家。党的领导方式、执政方式的改革和完善，对于完善整个政治体制具有全局性影响。要把坚持和改善党的领导建立在人民当家作主的政治和法律制度基础上，使社会主义民主制度的完善同党的执政方式的完善同步推进，保证党领导人民有效治理国家。要正确认识和处理党和人大、政府、政协、群众团体的关系，支持各方依法履行各自的职责，总揽不包揽，协调不代替。要善于把党的主张上升为法律，主要依靠法律治理国家、管理社会，使国家各项工作在法治轨道上运行。

坚持国家一切权力属于人民，从各个层次、各个领域扩大公民有序政治参与，最广泛地动员和组织人民依法管理国家事务和社会事务、管理经济和文化事业。人民是当家作主的主人，是国家政治生活的主体，不仅可以通过国家立法机关把自己的意志上升为国家法律，使国家意志和人民意志在本质上达到内在统一，而且可以通过广泛的政治参与，依法管理国家事务和社会事务，促进社会主义各项事业的发展。要适应经济发展、社会进步和人民群众政治参与积极性不断提高的要求，通过体制创新，健全民主法制，丰富民主形式，拓宽民主渠道，从各个层次、各个领域扩大公民有序政治参与，保障人民的知情权、参与权、表达权、监督权，不断扩大和保障广大人民的民主权利，不断增强党和国家的活力。

坚持依法治国基本方略，树立社会主义法治理念，实现国家各项工作法治化，保障公民合法权益。按照有法可依、有法必依、执法必严、违法必究的方针，不断推进完善科学立法、严格执法、公正司法、全民守法进程，保证依法治国基本方略的全面贯彻落实。进一步完善中国特色社会主义法律体系。加强宪法和法律实施，维护社会主义法制的统一、尊严、权威、善于依法行政和依法办事，按照宪法、法律和法规管理国家事务和社会事务，保障公民合法权益。支持和保证国家机关依法行使职权，保证审判机关、检察机关依法独立公正地行使审判权、检察权，坚决纠正有法不依、执法不严的现象，一切政党和社会组织，所有公民和社会团体，所有国家机关和武装力量，都必须以宪法和法律为活动准则，任何个人和组织都不允许有超越法律之上的特权，形成全民守法的行为习惯。

坚持社会主义政治制度的特点和优势，推进社会主义民主政治制度化、程序化，为党和国家长治久安提供政治和法律制度保障。政治体制改革要坚持社会主义方向，推进社会主义政治制度自我完善和发展，而不是要改变社会主义的根本制度。因此，决不能照搬西方议会民主、三权分立、多党制那一套。要抓住制度建设这个重要环节，努力使政治建设适应经济建设、文化建设、社会建设，反映时代要求，在制度创新方面取得新进展，创造人民依法管理国家事务和社会事务、管理经济和文化事业的新途径新形式，推进社会主义民主和法制协调发展，从制度上保证满足人民群众不断增强的政治参与要求。

总之，发展社会主义民主政治是我们党始终不渝的奋斗目标。改革开放以来，我们一直随着整个改革发展的进程积极稳妥地推进政治体制改革，社会主义民主政治建设取得了重大成果。深入贯彻落实科学发展观，必须随着经济社会发展不断推进，适应我国人民政治参与积极性的不断提高，加强社会主义民主政治建设，扩大社会主义民主、健全社会主义法制，积极稳妥地推进政治体制改革，切实保障人民的各项权利，巩固和发展民主团结、生动活泼、安定和谐的政治局面。

第四节 对中国特色社会主义文化现代化
建设理论的深化与拓展

胡锦涛总书记指出：进入新世纪新阶段，面对改革、发展、稳定的繁重任务，面对世界各种思想文化的相互激荡，我们要更好地把全国各族人民的意志和力量凝聚起来，万众一心地为实现全面建设小康社会的宏伟目标而奋斗，就必须大力加强中国特色社会主义文化建设，不断为改革开放和现代化建设提供有力的思想保证、精神动力和智力支持。社会主义文化建设是中国特色社会主义现代化事业的重要组成部分。发展社会主义先进文化，建设社会主义精神文明，既是促进经济社会全面协调发展、为经济社会发展提供精神动力和智力支持的需要，也是不断满足人民群众日益增长的文化生活需要、不断提高人民群众思想道德素质和科学文化素质、促进人的全面发展的要求。在全面建设小康社会、加快推进现代化、实现中华民族伟大复兴的历史进程中，繁荣和发展社会主义先进文化，具有全局性和战略性的意义。要牢牢把握先进文化的前进方向，坚持为人民服务、为社会主义服务的方向和百花齐放、百家争鸣的方针，繁荣社会主义文化、不断满足人民群众日益增长的精神文化需求。

一　建设社会主义核心价值体系，增强社会主义意识形态的吸引力和凝聚力

任何国家、民族和社会都有自己的核心价值体系，以此来引领人们的思想和行为，形成强有力的精神支柱和价值认同。如果一个社会缺乏广泛认同的共同价值标准，社会发展就会失去根基，人们就会失去主心骨。在新的历史条件下，如何增强民族的凝聚力和向心力，是必须解决好社会主义核心价值体系的问题。

社会主义核心价值体系是指在社会生活中居于统治、引导地位的价值体系，它是一个价值体系中最基础、最核心的部分，是一个国家、民族、集团、个人长期秉承的一整套根本原则。它广泛地作用于经济、政治、文化和社会生活的各个方面，并且从深层次稳定而恒久地影响着个体和群体的思想观念和价值取向。那么，什么是社会主义核心价值体系？简单地说，社会主义核心价值体系是社会主义社会的主导价值观，是增强中华民族凝聚力和向心力的关键，是必须解决的一个重大战略性课题。2006 年10 月，党的十六届六中全会通过的《关于构建社会主义和谐社会若干重大问题的决定》，第一次提出了建设社会主义核心价值体系，形成全民族奋发向上的精神力量和团结和睦的精神纽带的问题。《决定》明确指出："马克思主义指导思想，中国特色社会主义共同理想，以爱国主义为核心的民族精神和以改革创新为核心的时代精神，社会主义荣辱观，构成社会主义核心价值体系的基本内容。"①

建设社会主义核心价值体系，就是要坚持把社会主义核心价值体系融入国民教育和精神文明建设全过程，贯穿现代化建设各个方面；就是要坚持用马克思主义中国化的最新理论成果武装全党、教育人民，用民族精神和时代精神凝聚力量、激发活力，倡导爱国主义、集体主义、社会主义思

---

① 《十六大以来重要文献选编》（下），中央文献出版社 2008 年版，第 661 页。

想，加强理想信念教育，加强国情和形势政策教育，不断增强对中国共产党领导、社会主义制度、改革开放事业、全面建设小康社会目标的信念和信心。加强马克思主义理论研究和建设，增强党的思想理论工作的创造力、说服力、感召力；就是要坚持以社会主义核心价值体系引领社会思潮，尊重差异，包容多样，最大限度地形成思想共识。

建设社会主义核心价值体系是建设中国特色社会主义文化的根本要求，是构建社会主义和谐社会的基本价值导向和重要思想基础，胡锦涛在2006年10月22日纪念长征胜利七十周年大会上的讲话中指出，要在全体人民中牢固树立社会主义核心价值体系，用中国特色社会主义共同理想激励广大党员和人民群众，不断巩固全党全国各族人民团结奋斗的共同思想基础。要大力弘扬以爱国主义为核心的民族精神和以改革创新为核心的时代精神，不断增强全民族的自尊心、自信心、自豪感，不断增强全社会的进取精神、开拓勇气、创新能力，激励全国各族人民为实现中华民族的伟大复兴而团结奋斗。

党的十七大报告在讲到推动社会主义文化大发展大繁荣时，认为第一位的任务就是"建设社会主义核心价值体系，增强社会主义意识形态的吸引力和凝聚力"，努力在全社会形成统一的指导思想，共同的理想信念，强大的精神支柱和基本的道德规范。建设社会主义核心价值体系，是一个复杂的系统工程，应当遵循和适应意识形态领域的工作特点和规律，坚持不懈地用马克思主义中国化的最新成果武装全党和教育人民，既坚持一元主导也要坚持包容多样，努力掌握纵向继承和横向借鉴的发展规律，不断增强社会主义意识形态的吸引力和凝聚力；应当树立主旋律意识和阵地意识、不断增强对社会主义主流舆论的引导力和掌控力，要做好对社会主义核心价值体系的研究和宣传工作，营造浓厚的舆论氛围，不断扩大主流舆论的覆盖面和影响力；应当用社会主义核心价值体系引领社会思潮，要高度重视、密切关注社会思潮的运动进程，把握趋势，正面引导，重在建设，唱响主旋律、打好主动仗；应当贴近实际、贴近生活、贴近群众，不断提高理论研究的针对性和实效性，要大力开展中国特色社会主义理论体系的宣传普及活动、推动当代中国马克思主义的大众化。

二 通过深化文化体制改革来促进文化事业与文化产业的发展

改革开放以来，我国文化建设呈现出了蓬勃发展的态势，文化基础设施不断完善，文化市场日趋繁荣，群众文化生活越来越丰富多彩。特别是文化产业作为一种新兴产业，在国民经济中的地位日趋重要。但是，也要清醒地看到，随着市场经济的发展和对外开放的扩大，文化赖以生存和发展的经济基础、体制环境和社会条件发生了深刻的变化，我国文化建设的发展还远不能适应时代发展的要求，影响和制约文化发展的深层体制性因素也日益显现。要加快推进中国特色社会主义文化建设，就必须继续深化文化体制改革。党的十六大以来，以胡锦涛为总书记的党中央审时度势，在科学判断国内外形势和全面把握当今世界文化发展的基础上，有力地促进了文化体制的改革和创新。

　　2003 年 8 月 12 日，胡锦涛在中央政治局举办的"世界文化产业发展状况和我国文化产业发展战略"集体学习会上的讲话中指出："发展文化事业和文化产业，是社会主义文化建设的重要组成部分。发展各类文化事业和文化产业，都要坚持正确导向，把社会效益放在首位，做到社会效益和经济效益的统一，努力宣传科学真理、传播先进文化、塑造美好心灵、弘扬社会正气、倡导科学精神。要坚持解放思想、实事求是、与时俱进，根据新形势下社会主义文化建设的特点和规律，按照文化事业和文化产业的发展要求，不断推进文化体制和机制创新，支持和保障文化公益事业，增强文化产业的整体实力和竞争力。"① 同年 10 月，党的十六届三中全会通过的《关于完善社会主义市场经济体制若干问题的决定》在讲到深化文化体制改革时要求，逐步建立党委领导、政府管理、行业自律。企事业单位依法运营的文化管理体制，"转变文化行政管理部门的职能，促进文化事业和文化产业协调发展。坚持把社会效益放在首位，努力实现社会效益和经济效益的统一。公益性文化事业单位要深化劳动人事、收入分配和社会保障制度改革，加大国家投入，增强活力，改善服务。经营性文化产业单位要创新体制、转换机制，面向市场，壮大实力。健全文化市场体系，建设富有活力的文化产品生产经营体制。完善文化产业政策，鼓励多渠道资金投入，促进各类文化产业共同发展，形成一批大型文化企业集团，增强文化产业的整体实力和国际竞争力。"② 这个《决定》，为进一

---

　　① 《高层讲坛：十六大以来中央政治局集体学习重大课题》，红旗出版社 2007 年版，第127 页。
　　② 《十六大以来重要文献选编》（上），中央文献出版社 2005 年版，第 478 页。

步深化文化体制改革指明了方向，明确了文化体制改革的方向、内容、要求等，具有重要的指导意义。2004年9月，党的十六届四中全会决定深刻阐明了"深化文化体制改革，解放和发展生产力"的问题。强调要进一步革除制约文化发展的体制性障碍，把文化发展的着力点放在满足人民群众精神文化需求和促进人的全面发展上，文化体制改革要以体制机制创新为重点，增强微观活力，健全文化市场体系，促进文化事业全面繁荣和文化产业快速发展，增强我国文化总体实力，推动中华文化更好地走向世界，提高国际影响力。

在中央的正确领导下，文化体制改革试点工作取得了明显成效，解放和发展了文化生产力。在改革过程中坚持"两手抓"，一手抓公共性文化事业，促进公共文化服务体系建设。按照面向基层、服务群众的要求，增强了各类公益性文化事业单位的活力，提供了越来越多的健康向上的文化产品和文化服务。一手抓经营性国有文化事业单位向企业的转型，组建了一批国有或国有控股的大型文化企业和企业集团，使之成为文化市场的主导力量和文化产业的战略投资者。党的十七大报告进一步强调："在时代的高起点上推动文化内容形式、体制机制、传播手段创新，解放和发展文化生产力，是繁荣文化的必由之路……深化文化体制改革、完善扶持公益性文化事业、发展文化产业、鼓励文化产业、鼓励文化创新政策，营造有利于出精品、出人才、出效益的环境。"[1] 兴起社会主义文化建设新高潮，是党的十七大总结历史、立足现实、着眼未来而作出的重大战略部署。经济社会的发展进步必然要求文化的兴盛繁荣、中华民族的伟大复兴、中国特色社会主义事业的全面推进，必然催生社会主义文化建设的新高潮。我们一定要抓住机遇、乘势而上，切实承担起继承文化、繁荣文化的历史责任，努力开创中国特色社会主义文化发展的新局面。

三　推动社会主义文化大发展大繁荣，提升国家文化软实力

经济发展是文化繁荣发展的基础，社会进步是文化兴盛的条件，经济社会的快速发展也必然伴随着文化的大发展大繁荣。改革开放30年来，我国经济社会保持持续、快速、健康发展，经济实力和综合国力迈上新台阶，人民生活总体达到小康水平，这不仅在客观上要求文化领域出现一个

---

① 《中国共产党第十七次全国代表大会文件汇编》，人民出版社2007年版，第35页。

大的发展和繁荣，也必然要求执政的当代中国共产党人必须承担起相应的历史责任。早在新世纪之初，江泽民在党的十六大报告中就指出："中华文明博大精深、源远流长，为人类文明进步作出了巨大贡献。在当代中国人民的伟大奋斗中，必将迎来社会主义文化建设的新高潮，创造出更加灿烂的先进文化。"① 胡锦涛在 2006 年召开的中国文联第八次全国代表大会和中国作协第七次全国代表大会上提出了"提升国家文化软实力"这一重大战略命题，又强调"面对当今世界各种思想文化相互激荡的大潮，面对国家发展和人民生活改善对文化发展的要求，面对社会文化生活多样活跃的态势，如何找准我国文化发展的方位，创造民族文化的新辉煌，增强我国文化的国际竞争力，提升国家软实力，是摆在我们面前的一个重大现实课题。"② 对此，2007 年党的十七大报告站在实现中华民族伟大复兴的历史高度，将文化作为国家的一项软实力来认识，提出了推动社会主义文化大发展大繁荣、让人民共享文化发展成果的号召，并对"弘扬中华文化、建设中华民族共有精神家园""推进文化创新、增强文化发展活力"③ 等方面作出了具体部署。

那么，什么是我们所说的"国家文化软实力"呢？所谓"软实力"，是与经济、科技、军事实力等所体现出来的"硬实力"相对应的，包括由文化和价值观念、精神状态、意志品格、生活方式、意识形态和内在凝聚力等要素所体现出来的"软实力"。一个国家的综合国力，既包括"硬实力"，也包括"软实力"。文化软实力是综合国力和国际竞争力的重要组成部分。当今时代，不仅经济社会发展越来越依赖于文化的支撑，而且文化领域已成为国际政治斗争和意识形态较量的主战场。要在激烈的国际竞争中赢得主动，就必须在壮大经济实力、科技实力和军事实力的同时，提升国家文化软实力，提高文化竞争力。

进入新世纪，文化软实力在综合国力竞争中的地位和作用越来越突出，成为国家核心竞争力的重要因素。我国作为一个发展中的社会主义大国，要在激烈的国际竞争中赢得主动，有效抵御西方思想文化的渗透，就必须采取更加切实有效的措施，不断增强我国文化的总体实力和国际竞争

① 《江泽民文选》第 3 卷，人民出版社 2006 年版，第 562 页。
② 《十六大以来重要文献选编》（下），中央文献出版社 2008 年版，第 752—753 页。
③ 《中国共产党第十七次全国代表大会文件汇编》，人民出版社 2007 年版，第 33—35 页。

力，切实提高国家文化软实力。也即是说实现中华民族的伟大复兴，提升文化软实力非常关键。但中国文化软实力的提升是一个复杂的系统工程，不能仅靠各方面分散作业，而应该集中各部门、各部分的资源和力量，有规划、有秩序的进行。同时，这也不是政府部门单方面的任务，而是囊括整个国家、全部社会力量在内的一项浩繁的事业。总之，提升国家文化软实力，既刻不容缓，又不能操之过急，只有在宏大的战略、各方面的智慧等因素的共同作用下，实现中国文化的现代化和世界化，中国文化软实力才能真正得到提升。

四　实施人才强国战略，为实现现代化提供智力支持

人才问题是关系党和国家事业发展的关键问题，人才工作在党和国家工作全局中具有十分重要的地位。早在党的十一届三中全会以后，邓小平就从实现现代化关键在人的角度论述过人才的重要性，邓小平说："政治路线确立了，要由人来具体的贯彻执行。由什么样的人来执行，是由赞成党的政治路线的人，还是由不赞成的人，或者是由持中间态度的人来执行，结果不一样。"[①]"现在我们国家面临的一个严重问题，不是四个现代化的路线、方针对不对，而是缺少一大批实现这个路线、方针的人才。道理很简单，任何事情都是人干的，没有大批的人才，我们的事业就不能成功。所以，现在我们搞四个现代化，急需培养、选拔一大批合格的人才。这是一个新课题，也是对老同志和高级干部提出的一个责任，就是要认真选好接班人。"[②]"现在我们面临的问题，是缺少一批年富力强、有专业知识的干部。而没有这样一批干部，四个现代化搞不起来。""搞四个现代化就会变成一句空话。"[③]不仅如此，邓小平还就尊重知识、尊重人才，正确看待知识分子、选贤任能、促进人才结构合理化，破格选拔优秀人才、加强人才交流、实现人才管理制度化等方面作出了论述。在邓小平人才思想指引下，我国人才选拔、招考、任免、培训、奖励、考核、晋升、监督等方面都初步形成了一整套制度，朝着人才管理制度化、法制化、现代化方向迈出了可喜的一步。以江泽民为核心的第三代领导集体继承和发

---

① 《邓小平文选》第2卷，人民出版社1994年版，第191页。
② 同上书，第220—221页。
③ 同上书，第221页。

展了邓小平的人才思想，始终强调科技是第一生产力，明确提出了科教兴国战略，并使这一战略得到了进一步的实施。在科教兴国战略的指引下，我们的科教事业不断发展。科教兴国已经成为全国人民的广泛共识和自觉行动。

中共十六大以后，以胡锦涛为总书记的党中央继续把教育、科技和人才的培养摆在现代化建设优先发展的战略地位，提出了人才强国战略。2003 年 12 月，召开了新中国成立以来第一次全国人才工作会议，并作出《中共中央、国务院关于进一步加强人才工作的决定》，提出了"要大力实施人才强国战略，培养高素质人才"的要求。《决定》指出："适应国内外形势的发展变化，完善社会主义市场经济体制，牢牢掌握发展的主动权，关键在人才；要使中国由人口大国转化为人口强国，为全面建设小康社会提供强大的人才保证和智力支持，就必须加强人才资源能力建设，创新人才工作机制，大力培养各类人才，优化人才资源配置，促进人才合理布局，充分开发国内国际两种人才资源，努力把各类优秀人才聚集到党和国家的各项事业中来。"① 在中共十六届五中全会上，人才强国战略作为专章，列入了《中共中央关于制定国民经济和社会发展第十一个五年规划的建议》。胡锦涛指出，要"全面把握当今世界发展变化带来的机遇和挑战，既坚持独立自主，又勇敢参与经济全球化。在我们这样一个人口众多的发展中社会主义大国，任何时候都必须把独立自主、自力更生作为自己发展的根本基点"。在此基础上，"形成经济全球化条件下参与国际经济合作和竞争新优势"②。

第五节　创造性地提出了中国特色社会主义社会建设思想

2007 年 6 月 25 日，胡锦涛总书记在中央党校省部级干部进修班发表的重要讲话中指出，"社会建设与广大人民群众的切身利益紧密相连，必须摆在更加突出的位置。加强社会建设，要以解决人民最关心、最直接、最现实的利益问题为重点，使经济发展成果更多体现到改善民生上，尤其

---

① 刘国光主编：《中国十个五年计划报告》，人民出版社 2006 年版，第 674 页。
② 胡锦涛：《在纪念党的十一届三中全会召开 30 周年大会上的讲话》，《人民日报》2008年 12 月 19 日。

要注重优先发展教育、实施扩大就业的发展战略，深化收入分配制度改革，基本建立覆盖城乡居民的社会保障体系，建立基本医疗卫生制度，提高全面健康水平，完善社会管理，维护社会安定团结。"① 社会建设是中国特色社会主义现代化事业总体布局的重要方面，社会文明是社会主义文明的重要组成部分。加强推进社会建设，大力发展各项社会事业，对于构建社会主义和谐社会，全面建设小康社会，加快推进社会主义现代化具有重要意义。

一 构建社会主义和谐社会

实现社会和谐，建设美好社会，始终是人类孜孜以求的社会理想，也是中国共产党不懈追求的一个社会理想。中国革命的胜利和社会主义制度的建立，为构建社会主义和谐社会创造了根本的政治前提。毛泽东关于"统筹兼顾，各得其所"和"百花齐放，百家争鸣"的方针以及正确处理社会主义建设"十大关系"和"正确处理人民内部矛盾"的主张，其目的就是要把党内外、国内外的一切积极因素全部调动起来，并努力化消极因素为积极因素，从而形成一个又有集中又有民主，又有纪律又有自由，又有统一意志又有个人心情舒畅、生动活泼那样一种政治局面，从而实现社会和谐。这些设想虽然在很长一段时间里并没有得到全面贯彻，但对我们构建社会主义和谐社会仍具有重要指导意义。党的十一届三中全会后，我们在总结经验教训的基础上，自觉地超越了不合时宜的社会治理模式，始终高度重视并正确处理改革发展稳定的关系，把改革的力度、发展的速度同社会可承受的程度有机地统一起来，从而在促进社会和谐的进程中开辟了中国特色社会主义现代化事业发展的新境界。

2002 年 11 月，党的十六大报告在阐述全面建设小康社会目标和政治体制改革的任务时，强调我们的目标就是"使经济更加发展、民主更加健全、科教更加进步、文化更加繁荣、社会更加和谐、人民生活更加殷实"，"努力形成全体人民各尽其能、各得其所而又和谐相处的局面"，"巩固和发展民主团结、生动活泼、安定和谐的政治局面"②。这是党的历

---

① 《人民日报》2007 年 6 月 26 日第 1 版。

② 《中国共产党第十六次全国代表大会文件汇编》，人民出版社 2002 年版，第 18、15、30 页。

史上第一次把"实现和谐"明确地作为我们的目标写进了党的代表大会报告之中。2004 年 9 月，党的十六届四中全会通过的《关于加强党的执政能力建设的决定》，把"坚持最广泛最充分地调动一切积极因素，不断提高构建社会主义和谐社会的能力"确定为加强党的执政能力建设的基本内容之一，指出："形成全体人民各尽其能、各得其所而又和谐相处的社会，是巩固党执政的社会基础、实现党执政的历史任务的必要要求。要适应我国社会的深刻变化，把和谐社会建设摆在重要位置，注重激发社会活力，促进社会公平和正义……维护社会安定团结。"① 这是党的历史上第一次明确提出"构建社会主义和谐社会"这一重大命题。体现了党中央统揽现代化建设全局的战略思考和驾驭能力。

为了提高对构建社会主义和谐社会重大意义的认识，自觉地承担起和谐社会建设的任务，扎实做好构建和谐社会的各项工作。2005 年 2 月，中央举办了省部级主要领导干部提高构建社会主义和谐社会能力专题研讨班，胡锦涛在这次专题研讨班上的讲话中，首次提出构建社会主义和谐社会属于"社会建设"范畴的命题，"这表明，随着我国经济社会的不断发展，中国特色社会主义事业的总体布局，更加明确地由社会主义现代化经济建设、政治建设、文化建设三位一体发展为社会主义经济建设、政治建设、文化建设、社会建设四位一体"。他还说："根据马克思主义基本原理和我国社会主义建设的实践经验，根据新世纪新阶段我国经济社会发展的新要求和我国社会出现的新趋势新特点，我们所要建设的社会主义和谐社会，应该是民主法治、公平正义、诚信友爱、充满活力、安定有序、人与自然和谐相处的社会。"② 明确提出"四位一体"的中国特色社会主义现代化事业总体布局以及构建社会主义和谐的总目标、总要求，是对共产党执政规律、社会主义建设规律和人类社会发展规律认识的深化。在胡锦涛发表上述讲话两天后，中共中央政治局进行了第二十二次集体学习，这次学习的内容就是努力构建社会主义和谐社会，要求我们必须提高管理社会事务的本领、协调利益关系的本领、处理人民内部矛盾的本领、维护社会稳定的本领。

2006 年 6 月 30 日，胡锦涛在庆祝中国共产党成立八十五周年暨总结

---

① 《十六大以来重要文献选编》（中），中央文献出版社 2006 年版，第 286 页。
② 同上书，第 696、706 页。

保持共产党员先进性教育活动大会上的讲话中，指出要紧密结合构建社会主义和谐社会的实践加强党的先进性建设，要求各级党组织都要把构建社会主义和谐社会放在更加突出的位置，切实做好构建和谐社会的各项工作，以促进社会和谐的成效体现党的先进性。同年 10 月，指出："构建社会主义和谐社会是一个不断化解社会矛盾的持续过程。我们要保持清醒头脑，居安思危，深刻认识我国发展的阶段性特征，科学分析影响社会和谐的矛盾和问题及其产生的原因，更加积极主动地正视矛盾、化解矛盾，最大限度地增加和谐因素，最大限度地减少不和谐因素，不断促进社会和谐。"① 这全面反映了我们党对构建社会主义和谐社会理论与实践的新认识，其最大的意义，就是找到了正确处理社会主义现代化建设和改革开放过程中各种矛盾的新思路新途径，开辟了中国特色社会主义现代化建设的新天地。

提出构建社会主义和谐社会理论，是我们党以中国特色社会主义理论体系为指导，全面贯彻落实科学发展观，从中国特色社会主义事业总体布局和全面建设小康社会全局出发提出的重大战略任务，反映了建设富强、民主、文明、和谐的社会主义现代化强国的内在要求，体现了全党全国各族人民的共同愿望，是我们党在新的历史条件下，把马克思主义关于社会主义社会建设理论同我国社会主义现代化建设实践相结合的产物，开创了马克思主义社会建设理论发展的新境界。

首先，社会主义和谐社会理论是从中国特色社会主义现代化建设的总体战略布局和全面建设小康社会全局出发提出的重要战略思想。

社会和谐是中国特色社会主义的本质属性，是国家富强、民族振兴和人民幸福的重要保障。从国内来看，构建社会主义和谐社会，是我们抓好和利用好重要战略机遇期，实现全面建设小康社会宏伟目标的必然要求。现在，我国的改革和现代化正处在一个关键时期。在当前和今后相当长一段时间内，我国经济社会发展面临的矛盾和问题可能更复杂、更突出。城乡、区域、经济社会发展很不平衡，人口资源环境压力加大，贫富差距悬殊；经济消耗型的增长方式尚未根本改变，生态环境整体恶化仍未得到有效控制；就业、社会保障、收入分配、教育、医疗、住房、安全生产、社会治安等关系群众切身利益的问题比较突出；民主法治还不健全，意识形

---

① 《十六大以来重要文献选编》（下），中央文献出版社 2008 年版，第 650 页。

态领域的斗争还比较复杂，社会风气还不太好，党风政风还存在不少问题，等等。要抓住和利用好重要战略机遇期，实现全面小康社会的目标，就要解决好转型期我国社会主义发展实践中的问题，大力促进社会和谐，全力完成全面建设小康社会的各项重大任务。

从国际来看，构建社会主义和谐社会，是我们把握复杂多变的国际形势，有力应对来自国际环境的各种挑战和风险的必然要求。和平与发展仍是当今时代的主题，但国际形势继续处于深刻复杂的变化之中。当今世界很不安宁，由于世界力量失衡的局面在短期内难以根本改变，由于国际经济旧秩序没有根本改变，由于传统安全威胁和非传统威胁的因素相互交织，使各种矛盾错综复杂，影响和平与发展的不稳定、不确定的因素依然存在。在这种复杂多变的国际形势下，我们要有力应对来自外部的各种挑战和风险，就必须首先把国内的事情办好，始终保持国家统一、民族团结、社会稳定的局面。这是我们集中全党全民族的智慧和力量、全面推进中国特色社会主义现代化事业的重要保障。历史表明，没有政治稳定和社会和谐，就不可能实现国家的长治久安。正是着眼于这样的客观需要，我们提出了构建社会主义和谐社会这一新的重大战略任务。

其次，社会主义和谐社会理论深化了对中国特色社会主义现代化事业总体布局和发展规律的认识，进一步丰富和发展了中国特色社会主义现代化理论。

我们党对中国特色社会主义现代化建设总体布局的探索和认识始于以毛泽东为代表的中央第一代领导集体，《论十大关系》就是从社会主义现代化建设全局与局部、局部与局部等关系上论述我国建设总体布局的。党的十二届六中全会首次用规范的语言论述了我国社会主义现代化建设的总体布局，党在社会主义初级阶段的基本路线中所包含的富强、民主、文明的目标就是对总体布局认识的新成果，要求把物质文明、政治文明、精神文明统一起来，协调发展。

党的十六大提出，要紧紧抓住 21 世纪头二十年的重要战略机遇期，全面建设小康社会。所谓"全面建设小康社会"，不仅是指建设成果要惠及十几亿人口这样的共同建设、共同享有之"全面"，而且包括实现物质文明、政治文明、精神文明、社会文明、生态文明这"五大文明"协调发展之"全面"。也就是说，要努力做到党的十六大所要求的"经济更加发展、民主更加健全、科教更加进步、文化更加繁荣、社会更加和谐、人民生活更加殷实"。可以说，这"五大文明""六个更加"，就是小康社会之"全面"。提出构建社会主义和谐社会的重大任务，就是要在中国特色社会主义现代化的伟大实践中更加自觉地加强和谐社会建设，使物质文明、政治文明、精神文明与和谐社会建设全面发展。

提出建设和谐社会，意味着在中国特色社会主义现代化的历史进程中，社会建设与经济、政治、文化建设有着同等重要的位置。它表明，随着我国经济社会的发展，中国特色社会主义现代化的总体布局，更加明确地由经济建设、政治建设、文化建设的"三位一体"扩展为包括社会建设在内的"四位一体"。这不只是一个量的增加，而是标志着对中国特色社会主义现代化建设规律认识的升华。"四位一体"的布局，反映出我们党对中国特色社会主义现代化发展战略的谋划更加全面、协调和均衡，使中国特色社会主义现代化理论更为完善。从而进一步深化了对"实现什么样的社会主义现代化，怎样实现社会主义现代化"基本问题的认识，丰富和发展了中国特色社会主义现代化理论。

还有，社会主义和谐社会理论深化了马克思主义关于社会主义社会建设规律的认识，深化了对共产党执政规律的认识。正如胡锦涛所说："我们党提出构建社会主义和谐社会，符合马克思主义的基本原理，符合马克思主义关于社会主义社会的科学设想。我们党在社会主义社会建设理论和实践上取得的新进展，既是对党执政经验的总结，也是对国外一些执政党执政经验教训的鉴戒；既是对我国社会主义建设规律认识的深化，也是对共产党执政规律、社会主义建设规律、人类社会发展规律认识的深化；既是对中国特色社会主义理论的丰富和发展，也是对马克思主义关于社会主义社会建设理论的丰富和发展。"①

二 提出了"四位一体"现代化建设总体战略布局

明确提出经济建设、政治建设、文化建设、社会建设"四位一体"的现代化战略总目标，是以胡锦涛为总书记的党中央在制定和实施现代化战略过程中的一个特点。

社会主义现代化不仅仅是经济的现代化，而且是建立在社会全面发展和人的全面发展基础上的全方位的现代化。在生产发展的基础上不断提高

---

① 《十六大以来重要文献选编》（中），中央文献出版社 2006 年版，第 705—706 页。

人民的物质文化生活水平，使全体社会成员共同富裕，从一开始就是党和国家制定和实施现代化战略及相关政策的基本出发点。中共十一届三中全会以来，以邓小平为核心的党中央在领导中国改革开放和现代化建设的过程中，坚持以经济建设为中心，注重经济建设、政治建设和文化建设的协调发展，并逐步认识到社会建设的重要性，把社会发展的地位凸显出来。以江泽民为核心的党中央在推进中国社会主义现代化事业发展的进程中，反复强调要促进"社会全面进步"。这里讲的"全面"，主要是指政治、经济、文化的协调发展，但随着实践的不断发展和认识的更加深入，越来越多地包含着社会发展的内容。应该说，从改革开放初期以来，社会建设的具体内容就一直不同程度地体现在"三位一体"的现代化战略总体目标之中，并随着形势和任务的发展转变及认识的深化而得到不断调整和发展。然而，由于在"三位一体"总体布局中社会建设具体内容的自发性，使其无论在理论上还是实践上都容易被忽视，客观上可能使其处于非重心、不稳定的地位，导致发展的不协调，使社会建设问题长期积累下来，越来越突出和紧迫，因此必然要求突破原有的总体布局框架，使其凸显出来。

2002年中共十六大第一次明确地把"社会和谐"同"经济更加发展、民主更加健全、科教更加进步、文化更加繁荣、人民生活更加殷实"一起，作为"全面建设小康社会的奋斗目标"①，这为"四位一体"总体目标提出作出了基本的理论铺垫。

中共十六大以来，党中央在全面建设小康社会的实践中，进一步认识到了加强社会建设这一问题的重要性和紧迫性。"非典"疫情提出的问题，群众上访增多提出的问题，新农村建设中提出的问题，科学发展观落实过程中提出的问题，等等，都表明社会建设滞后势必影响中国现代化的进程。这一切，促使以胡锦涛为总书记的党中央对社会建设的认识不断深化，更加明确了社会建设在中国现代化事业中的战略地位，提出了构建社会主义和谐的重大战略任务。

2004年中共十六届四中全会通过的《中共中央关于加强党的执政能力建设的决定》，把"不断提高构建社会主义和谐社会的能力"同"驾驭社会主义市场经济的能力"、"发展社会主义民主政治的能力"、"建设社

①　《江泽民文选》第3卷，人民出版社2006年版，第544、543页。

会主义先进文化的能力"、"应对国际局势和处理国际事务的能力"相提并论①，表明党中央对我国社会主义现代化的总体战略目标有了新的思考。2005年2月，胡锦涛总书记在省部级主要领导干部提高构建社会主义和谐社会能力专题研讨班上的讲话中，第一次明确提出了"四位一体"的完整概念。他指出："我们党明确提出构建社会主义和谐社会的重大任务，就是要求全党同志在建设中国特色社会主义的伟大实践中更加自觉地加强社会主义和谐社会建设，使社会主义物质文明、政治文明、精神文明与和谐社会建设全面发展。这表明，随着我国经济社会的不断发展，中国特色社会主义事业的总体布局，更加明确地由社会主义经济建设、政治建设、文化建设三位一体发展为社会主义经济建设、政治建设、文化建设、社会建设四位一体。"② 在此基础上，2006年中共十六届六中全会通过的《中共中央关于构建社会主义和谐社会若干重大问题的决定》中，提出"为把我国建设成为富强民主文明和谐的社会主义现代化国家而奋斗"，在党的会议文件中首次将现代化战略总体目标由"三位一体"发展为"四位一体"。中共十七大报告进一步提出"坚持中国特色社会主义经济建设、政治建设、文化建设、社会建设的基本目标和基本政策构成的基本纲领"，"建设富强民主文明和谐的社会主义现代化国家"。中国共产党第一次按照"四位一体"的总体布局来论述现代化战略目标，并把其规定为基本纲领，同时，按照"四位一体"的总体布局，对经济建设、政治建设、文化建设、社会建设的任务作了全面部署，"四位一体"的总体目标得以完全确定。将社会建设与经济建设、政治建设、文化建设相并列的"四位一体"的总体目标，是中国社会主义现代化建设新的战略目标。它使社会建设的战略地位更加凸显，使现代化总体战略布局更加合理、更加协调。

三　把改善民生作为社会建设的重点

2007年10月，党的十七大报告对加快推进以改善民生为重点的社会建设进行了全面部署，强调："社会建设与人民幸福安康息息相关。必须

　　① 《中共中央关于加强党的执政能力建设的决定》，《人民日报》2004年9月27日。

　　② 胡锦涛：《在省部级主要领导干部提高构建社会主义和谐社会能力专题研讨班上的讲话》，《当前政治理论教育读本》，第248页。

在经济发展的基础上，更加注重社会建设，着力保障和改善民生，推进社会体制改革，扩大公共服务，完善社会管理，促进社会公平正义，努力使全体人民学有所教、劳有所得、病有所医、老有所养、住有所居，推动建设和谐社会。"同时，还强调"和谐社会要靠全社会共同建设。我们要紧紧依靠人民，调动一切积极因素，努力形成社会和谐人人有责、和谐社会人人共享的生动局面。"① 加快以改善民生为重点的社会建设，是我们党着眼于中国特色社会主义现代化，推动科学发展、促进社会和谐、实现全面建设小康社会奋斗目标作出的重大决策和部署，是对中国特色社会主义现代化事业的新认识、新觉醒，在理论上和实践上都有着重大而深远的意义和影响。

民生问题，民心所系，国运所系。随着人民生活由温饱不足到总体小康再向全面小康的过渡，我国的民生问题则主要表现在教育、医疗、社会保障等公共产品和公共服务的短缺上。加快推进以改善民生为重点的社会建设，目的就是要紧紧依靠人民，调动一切积极因素，努力形成社会和谐人人有责、和谐社会人人共享的生动局面。根据党的十七大的部署，推进社会主义和谐社会建设，在当前就是要努力解决好教育、就业、收入分配、社会保障、医疗卫生和社会管理等直接关系人民群众根本利益和现实利益问题。

加快推进以改善民生为重点的社会建设，必须优先发展教育，建设人力资源强国。教育是民族振兴的基石，教育公平是社会公平的基础，发展教育是把我国巨大人口压力转化为人力资源的根本途径。要办好教育，应当把着力点放在以下几个方面：一是全面贯彻教育方针，坚持育人为本，德育优先，培育德智体美劳全面发展的社会主义建设者和接班人。发展教育的根本任务是培养人，提高全体国民的素质，促进人的全面发展。二是优化教育结构，坚持按照教育发展规律和经济社会发展需要，优化教育资源配置，促进义务教育均衡发展，加快普及高中阶段教育，大力发展职业教育，提高高等教育质量，重视学前教育，关心特殊教育，形成各级各类教育全面协调可持续发展的良好格局。三是推进教育改革创新，关键是要更新教育观念，深化教学内容方式，考试招生制度、质量评价制度改革，减轻中小学生课外负担，提高学生综合素质。四是坚持教育的公益性质，

① 《中国共产党第十七次全国代表大会文件汇编》，人民出版社 2007 年版，第 36、40 页。

教育关系社会公共利益，是对全体国民、对国家和民族的现在和未来具有重大影响的公共事业，政府负有义不容辞的责任，必须加大财政对教育的投入，规范教育收费，健全公共财政投入和保障机制，为全体国民提供接受良好教育的机会和条件。

加快推进以改善民生为重点的社会建设必须实施扩大就业的发展战略，促进以创业带动就业。就业是民生之本，是保障人民生活的重要条件。我国劳动力资源丰富，同时就业压力很大。要做好就业工作，一是必须千方百计扩大就业岗位，以发展促进就业，发展有利于扩大就业的新行业、新产业。要尽可能多地增加就业岗位，扩大就业规模，改善就业结构。二是完善与支持自主创业、自谋职业的政策，使更多的劳动力成为创业者。以创业带动就业，是解决就业问题的一个重大方针。创业不仅是创业者自己实现就业，还可以通过发展多元化创业主体和多种创业形式，创造更多的就业岗位，带动更多的人就业。三是努力推进就业体制的改革创新，形成城乡劳动者平等就业的制度。要统筹城市就业和农村劳动力转移就业，建立统一规范的人力资源市场，健全覆盖城乡的就业服务体系。要完善面向所有困难群众的就业援助制度，及时帮助零就业家庭解决就业困难，积极做好高校毕业生就业工作，鼓励和引导大学生面向农村、面向基层就业。四是规范和协调劳动关系，依法维护劳动者权益，发展和谐劳动关系。

加快推进以改善民生为重点的社会建设，必须深化收入分配制度改革，增加城乡居民收入。合理的收入分配制度是社会公平的重要体现。改革开放以来，我国收入分配制度改革不断深化，形成了按劳分配为主体、多种分配方式并存的分配制度，同时也出现了城乡、地区、行业和部分居民之间收入差距拉大的现象。要深化收入分配制度改革，形成有序合理的分配格局，一是坚持和完善按劳分配为主体、多种分配方式并存的分配制度，健全劳动、资本、技术、管理等生产要素按贡献参与分配的制度，初次分配和再分配都要处理好效益和公平的关系，再次分配要更加注重公平。这样做既有利于提高经济效益，又有利于促进社会公平。二是逐步提高居民收入在国民收入分配中的比重，提高劳动报酬在初次分配中的比重。提高这"两个比重"，有利于改变政府和企业所占比重过大而居民收入所占比重偏低和劳动报酬在初次分配中比重偏低的状况，有利于理顺国家、企业、个人三者的分配关系，有利于增加广大劳动者的收入，也有利于合理调整投资与消费的关系，促进经济社会的协调发展。三是加大个人收入分配调节力度，合理调整收入分配格局。总之，要通过改革和发展，扩大转移支付，强化税收调节，打破经营垄断创造机会平等，整顿分配秩序，逐步扭转收入分配差距扩大的趋势，防止两极分化，使全体社会成员逐步实现共同富裕。

加快推进以改善民生为重点的社会建设，必须建立覆盖城乡居民的社会保障体系，保障人民基本生活。健全的社会保障体系，是人民生活的"安全网"、社会运行的"稳定器"和收入分配的"调节器"，是维护社会稳定和国家长治久安的重要保障。在新的形势下加快完善社会保障体系，总的要求是坚持广覆盖、保基本、多层次、可持续的指导方针，以社会保险、社会救助、社会福利为基础，以基本养老、基本医疗、最低生活保障制度为重点，以慈善事业、商业保险为补充，加快建立覆盖城乡居民的社会保障体系。为此，需要着力解决好以下几方面的工作：完善基本养老保险制度、完善基本医疗保险制度、完善最低生活保障制度。此外，社会救助和慈善事业，对促进社会和谐具有不可替代的功能，应当支持加快发展。

此外，加快推进以改善民生为重点的社会建设，必须建立基本医疗制度，提高全民健康水平，以及必须完善社会管理，维护社会安定团结。总之，加快推进以改善民生为重点的社会建设，目的就是要紧紧依靠人民，调动一切积极因素，努力形成社会和谐人人有责、社会和谐人人共享的局面。

小结：科学发展观中的现代化思想是对中国特色社会主义现代化建设理论的深化和拓展。科学发展观在解决中国特色社会主义现代化是什么、怎样实现中国特色社会主义现代化的问题中既有对前人智慧的继承，又体现了时代要求的创新；既坚持了马克思主义关于现代化的理论，又总结了国内外现代化的经验教训，特别是20多年来改革开放的实践经验。科学发展观把以人为本作为现代化的核心，发展了马克思主义人的现代化理论；科学发展观在解决发展矛盾的方法上强调协调和统筹，继承和发展了毛泽东统筹现代化的思想；科学发展的第一要义，是邓小平关于"发展是硬道理"、江泽民提出的"发展是党执政兴国的第一要务"的观点在实践中合乎逻辑的发展，在现代化目的、现代化理念、现代化方式上实现了重大突破。科学发展观的提出，表明中国共产党人在解决现代化问题、实现中国特色社会主义现代化上进入了新境界。

第五章 十八大以来中国特色社会主义现代化理论的新进展

党的十八大以来，以习近平同志为总书记的新一届中央领导集体，围绕着坚持和发展中国特色社会主义，实现中华民族伟大复兴这个主题，切合实际地提出了一个"中国梦"、"两个一百年"奋斗目标、"三个倡导"、"四个全面"、"五个布局"等创新性话语，深刻地回答了新形势下党带领人民实现我国社会主义现代化面临的一系列重大理论和现实问题，进一步深化了我们对中国特色社会主义现代化建设规律的认识。

第一节 中国梦是对实现中国特色社会主义现代化任务的战略性思考

党的十八大以来，习近平总书记通过在不同场合对中国梦的深刻阐述，使我们清醒地意识到"实现中华民族伟大复兴，就是中华民族近代以来最伟大的梦想"①，使我们具体地认识到中华民族伟大复兴的中国梦的实现不仅具有"国家富强、民族振兴、人民幸福"②的具体内容规定性，而且具有坚持中国道路、弘扬中国精神、凝聚中国力量的现实路径规定性，更具有同时造福中国人民与造福世界人民的价值共赢性。中国梦不仅是对近代以来中国人民追求"国家富强、民族振兴、人民幸福"的理论升华，也是中国人对于国家、民族和个人未来的美好憧憬，更是中国人对推动建设公正、民主、和谐的世界秩序从而为人类文明进步作出更大贡

---

① 《习近平总书记系列重要讲话读本》，学习出版社、人民出版社 2014 年版，第 25 页。
② 同上书，第 28 页。

献的现实追求。中国梦的提出，不仅对于深化党的十八大坚持发展中国特色社会主义主题，对于凝练"两个一百年"奋斗目标，对于统一思想、达成共识、凝聚力量具有不可估量的理论意义和现实意义，而且是对实现中国特色社会主义现代化任务的战略性思考。实现中国特色社会主义现代化是贯穿党的十八大的一个主要任务，学习贯彻党的十八大精神就是把党的十八大关于中国特色社会主义现代化的理论创新转化为实践创新。中国梦是在这个转化的过程中基于实践的需要而提出来的重要思想。因此，实现中国特色社会主义现代化不是背诵一些党的十八大中关于中国特色社会主义现代化的词句、照搬其中的一些现成的结论，这似乎是很坚持的，然而实际上，由于这种做法并不打算把中国特色社会主义现代化的创新成果与我们全面建成小康社会的中国实际相结合，脱离了中国实际与人民群众，不是真正的坚持。坚持实现中国特色社会主义现代化，指的是在我们全面建成小康社会的伟大实践中，坚持以中国特色社会主义中蕴含的基本原理和基本方法为指导，去研究新情况、解决新问题、创造性地提出新观点，而中国梦就是在运用中国特色社会主义来对内凝聚人心、对外使人放心这个问题上就中国树立什么样的理想、怎样实现理想，实现什么样的目标、怎样实现目标作出了自己创造性的回答。同时，中国梦是中国特色社会主义现代化理论的发展，这个发展既是中国特色社会主义现代化理论大众化的发展，也是中国特色社会主义现代化理论时代化的发展。发展中国特色社会主义现代化理论就是运用中国特色社会主义现代化的价值观与方法论，对发展着的新的实践活动，对不断涌现出来的新情况、新问题进行艰苦的调查研究、科学的分析探索、作出新的理论概括的过程，得出符合实际的新结论，从而把中国特色社会主义现代化事业推向前进。由此可见，坚持实现中国特色社会主义现代化、发展中国特色社会主义现代化事业不是在口头上，而是真正在改革开放与全面建成小康社会的实践中的坚持与发展，这种坚持本身就包含着发展，这种坚持必然导致对中国特色社会主义现代化理论的丰富与发展。因此中国梦是在以我国改革开放和现代化建设的实际问题、以我们正在做的事情为中心，着眼于中国特色社会主义理论的运用，着眼于对实际问题的中国特色社会主义的思考，是在实践中对中国特色社会主义现代化事业的战略性坚持与发展。因此实现中国梦必须坚持以中国特色社会主义理论体系为行动指南、以中国特色社会主义道路为实现途径、以中国特色社会主义制度为根本保障，三者统一于中国特色社会主义伟大实践，这是党领导人民实现中国梦最鲜明的特色。实现中国梦必须以社会主义初级阶段为总依据，以经济、政治、文化、社会、生态"五位一体"为总布局，以实现社会主义现代化和中华民族伟大复兴为总任务。同时，中国梦又会在实践中丰富发展中国特色社会主义现代化理论。总之实现中国梦就是在中国共产党的领导下，以人民群众为主体，通过坚持改革开放，解放和发展生产力，维护社会公平正义，促进社会和谐，坚持和平发展，走共同富裕道路，从而实现人民幸福、民族振兴、国家富强、世界和平发展的目标。

一　中国梦是着眼现实需要基础上的理论需要

党的十八大是改革开放 30 多年来历史发展的一个重要里程碑。它集过去 30 多年坚持和发展中国特色社会主义认识之大成，通过一系列理论创新对"什么是中国特色社会主义和怎样建设中国特色社会主义"作了阶段性总结。在随后贯彻党的十八大精神的过程中，习近平不仅深刻地指出："坚持发展中国特色社会主义是十八大的主线"① 的科学论断，而且在此基础上不失时机地提出了"实现中华民族伟大复兴，就是中华民族近代以来最伟大的梦想"② 以及"实现中华民族伟大复兴的中国梦，就是要实现国家富强、民族振兴、人民幸福。实现中国梦必须走中国道路、弘扬中国精神、凝聚中国力量。中国梦归根结底是人民的梦"③ 的系列命题。习近平总书记提出的中国梦，不仅反映了人民的强烈心声，也引起了国际社会的高度关注，但由于中国梦提出的时间尚短，要使这个具有极强广泛性和极大包容性核心概念成为对内凝心聚力，对外说明中国的核心理念，还需要我们在夯实中国梦的学理基础上，更好地让中国梦在对外说明中国，消除世界对中国的误读、增进世界对中国的了解和理解中走向世界；更好地让中国梦在对内获得人民正确认识、科学对待与身体力行中走向社会。

需要中国梦向世界说明中国：近年来，随着中国的快速崛起，一些西

① 习近平：《紧紧围绕坚持和发展中国特色社会主义　学习宣传贯彻党的十八大精神——在十八届中共中央政治局第一次集体学习时的讲话》，人民出版社 2012 年版，第 2 页。
② 习近平：《在第十二届全国人民代表大会第一次会议上的讲话》，人民出版社 2013 年版，第 3 页。
③ 同上。

方国家对我国的发展疑虑重重，担心中国的发展会威胁和损害他们的利益，因此，不顾中国和平发展的事实，不顾人类社会联系日益紧密，你中有我、我中有你利益共同体、命运共同体的事实，出现了诸如"中国威胁论"、"中国黄祸论"等说法，要么想唱衰中国，要么想遏制中国。为此，明确回答中国的发展与世界的关系，中国追求与其他各国的理想关系，就成为我们党面临的迫切任务。而这些年来，我们在理论宣传战线上存在两套话语方式，对于国内人民，我们一直讲新中国成立以来，尤其是改革开放以来，我们之所以取得如此重大的成绩，就是因为我们开辟了中国特色社会主义道路，形成了中国特色社会主义理论体系，确立了中国特色社会主义制度。所以，我们要用中国特色社会主义武装全党、教育人民，要高举这个旗帜、坚持这个道路、坚持这个理论体系、完善这个制度，这是我们对国人的宣传体系。对于国外朋友，我们很少谈到经济总量跃居世界第二，人民生活水平显著提高，是因为我们坚持了中国特色社会主义，因为我们害怕他们说我们意识形态有差异，这样就向我们党提出了一个重大而紧迫的时代课题，即"如何在学习借鉴人类文明成果的基础上，用中国的理论研究和话语体系解读中国实践、中国道路，不断概括出理论联系实际的、科学的、开放融通的新概念、新范畴、新表述，打造具有中国特色、中国风格、中国气派的哲学社会科学学术话语体系"。[1] 而中国梦就是用外国人听得懂、听得进的语言，大力介绍和宣传中国在经济社会文化建设方面所取得的巨大变化，特别是中国在民主、法制和人权领域中的成就，同时对自己的不足也要有合理的解释，从而促使他国对中国形成正确客观的评价。从而认同以及支持中国的发展。

需要中国梦向人民说明中国：通过党的十八大报告的学习，我们知道，经过新中国成立60多年特别是改革开放30多年的发展，回顾过去，我们成功地实现了从低收入国家向中等偏上收入国家的跨越。着眼现实，进入中等收入发展阶段后，我国改革发展面临着一系列深层次的矛盾和问题，面向未来，我们要完成党的十八大提出的"高举中国特色社会主义伟大旗帜，以邓小平理论、'三个代表'重要思想、科学发展观为指导，解放思想，改革开放，凝聚力量，攻坚克难，坚定不移沿着中国特色社会

---

[1]　李长春：《在马克思主义理论研究和建设工程工作会议上的讲话》，《人民日报》2012年6月4日。

主义道路前进，为全面建成小康社会而奋斗"①的使命。这个党代会精神不仅需要"使先锋队觉悟，下定决心，不怕牺牲，排除万难，去争取胜利，也要使广大人民群众觉悟，甘心情愿和我们一起奋斗，去争取胜利"②，也就是如何使党代会精神转化为全国各族人民的共同追求和精神力量。这是贯彻落实党的十八大精神必须精心思考和认真对待的重大问题。但是对于大多数普通民众来讲，党代会的理论表述略显抽象和意识形态化。现代传播理论与实践都表明，意识形态的内容不一定非要用意识形态的方式表达，非意识形态的话语更能起到潜移默化、润物细无声的效果。可以说中国梦就是这样的话语体系，一定意义上讲中国梦就是中国特色社会主义的大众版。中国梦是在保持中国特色社会主义精神实质与科学价值的同时从话语体系上对其进行的创造性转化。从而让中国特色社会主义以一个更加具体、更加亲和的形式呈现在世人面前，中国梦通过一种大家认可的形式让中国特色社会主义走向世界、走向社会。因为我们说实现中华民族伟大复兴的中国梦，是我们党着眼于坚持和发展中国特色社会主义提出的重要战略思想。同时，中国梦又是一个典型的具有中国特色的话语体系。中国梦不仅是一个面向世界的话语体系，让世界知道通过中国特色社会主义实现的中国梦不仅造福中国人民，而且造福世界人民，让世界知道中国梦与世界梦尽管不同，但是相通的。而且中国梦也是一个面向社会大众的话语体系，让人民知道，通过中国特色社会主义实现的中国梦说到底就是人民的梦，就是人民期盼好的工作、好的教育、好的医疗、好的住房的民生梦、尊严梦、成功梦。我们不仅需要中国梦，而且我们有能力提出中国梦。正如习近平同志指出："现在，我们比历史上任何时期都更接近中华民族伟大复兴的目标，比历史上任何时期都更有信心、有能力实现这个目标。"③这里的"接近"，就是指改革开放使我国的现代化建设取得的伟大成就，包括民族精神的振奋和人民生活水平的不断提高。这里的"信心"，就是指我们已经走出了一条能够实现中国梦的发展道路。这里的"能力"，就是指我们党在领导现代化建设实践中不断提高的执政能力、始终保持的先进性纯洁性以及对我国现代化建设规律、人民群众愿望

①　胡锦涛：《坚定不移沿着中国特色社会主义道路前进　为全面建成小康社会而奋斗——在中国共产党第十八次全国代表大会上的报告》，《人民日报》2012 年 11 月 18 日。

②　《毛泽东选集》第 3 卷，人民出版社 1991 年版，第 1101 页

③　《习近平总书记系列重要讲话读本》，学习出版社、人民出版社 2014 年版，第 27 页

的深切把握。因此，中国梦的提出，顺应了时代的要求和人民的期盼，必将引领中华民族朝着伟大复兴的方向阔步前进。

需要什么样的中国梦：我们需要的中国梦首先具有价值合理性。这种合理性就具体体现在我们的价值追求上，也就是一个民族和国家的梦想，本质上就是一个民族和国家的价值追求，离开价值追求，我们无法理解一个民族和国家的梦想实质，也无法彰显这一梦想所具有的价值引领作用。我们所积极倡导和培育的社会主义核心价值观，便是"中国梦"的价值蕴含。社会主义核心价值观，清晰回答了"我们所要实现的民族复兴是怎样的复兴"这一重要问题。"中国梦"就是要实现民族复兴。我们要实现的复兴，就是要建成"富强、民主、文明、和谐"的现代化国家，就是要建成"自由、平等、公正、法治"的现代化社会，就是要培养"爱国、敬业、诚信、友善"的现代化公民，就是要主张一个"和平、发展、合作、和谐"的现代世界秩序。只有从这些角度出发，我们才能深刻把握"民族复兴"的中国内涵、时代内涵、价值内涵，才能清楚揭示国家好、民族好、大家好之间的紧密关联，才能说清楚中国的发展不仅不会损害世界其他国家的利益，只会使其他国家从中国发展中受益的道理。我们需要的中国梦具有科学现实性，这个科学现实性就体现在实现中国梦有中国特色社会主义理论体系这个科学指南上，有中国特色社会主义道路这个实现途径上，有中国特色社会主义制度这个根本保障上，有中国共产党这个坚强领导上，有广大人民群众这个坚强依靠力量上，有实事求是这个思想路线上。中国特色社会主义理论体系这个行动指南具有三大能量：能够把握趋势、抓住机遇、化解风险；中国特色社会主义道路这个实现途径具有三大优势：社会主义道路的优势、融入经济全球化的优势、民族特色的优势；中国特色社会主义制度这个根本保障具有三大能力：集中力量办大事、成熟定型成大事、融合发展干大事；中国共产党这个领导力量能处理好三大关系：改革、发展、稳定三者的关系；人民群众这个依靠力量具有敢于圆梦、勇于追梦、勤于圆梦的强大力量；实事求是这个思想路线能够体现规律性、富有创造性、把握时代性的优势。

实现中国梦需要什么：这样的中国梦需要我们正确地认识中国梦、科学地对待中国梦、身体力行地践行中国梦。也就是我们要树立科学的中国梦观。正确地认识中国梦，就是要认识到我们要实现的中国梦说到底就是中华民族伟大复兴，中华民族的伟大复兴，不是像有些人所热衷的"梦回大唐"回忆的"中央帝国"的威仪,再现"万国来朝"的盛象。其实,我们所讲的"复兴",内含着历史的记忆,但绝不是复古之梦,而是立足当下、指向未来的前进之梦、进步之梦,主要是指中华民族对人类文明的贡献更大。我们曾经说过,中华民族应当对于人类文明有较大的贡献,怎么才有贡献呢?经过一段时间的探索,我们说,中国人把自己的事情办好就是对人类的贡献。怎样才算把自己的事情办好呢?我们说,我们用那么少的耕地解决了那么多人的吃饭问题,就是对人类最大的贡献。后来我们不仅解决了人民的吃饭问题,而且解决了人民的小康问题,现在我们不仅要解决人民的小康问题,而且要全面实现人民的小康;不仅要实现人民的全面小康,还要实现富强、民主、文明、和谐的社会主义现代化目标;不仅要实现国家的现代化目标,而且要实现中华民族的伟大复兴。这个中华民族的伟大复兴就是国家富强、民族振兴和人民幸福。国家富强,不仅指物质文明,而且还包括政治文明、社会文明、精神文明和生态文明;这个民族振兴,是和平发展的振兴、是以人为本的振兴、是全面协调可持续的振兴,是统筹兼顾的振兴;这个人民幸福,不是指一部分人的幸福,而是指全国各族人民的共同幸福,就是要实现全国各族人民的民生梦、尊严梦、成功梦。科学地对待中国梦,就是要从科学社会主义基本原理与中国实际和时代特征相结合的角度来对待中国梦,也就是说,中国梦是科学社会主义中国化的产物,属于科学社会主义范畴,是科学社会主义而不是其他主义。说中国梦是科学社会主义,并不意味着中国梦与科学社会主义是相并列的,而是说,中国梦是对科学社会主义的认识、坚持、捍卫和运用,是按照科学社会主义立场、观点、方法,在着眼现实问题的思考中,实现了对科学社会主义的坚持和发展,也就是说,中国梦是对科学社会主义的继承和发展。要科学地对待中国梦,就要说清楚中国梦与中国特色社会主义的关系,党的十八大以来,以习近平为总书记的党中央一直关注两个话题,一个是中国梦,一个是中国特色社会主义。中宣部部长刘奇葆也指出:"哲学社会科学战线要深入学习贯彻党的十八大和习近平总书记系列重要讲话精神,把研究阐释中国特色社会主义和中国梦作为首要任务,集聚优势资源、加强综合攻关,推出一批重大理论成果,为增强道路自信、理论自信、制度自信提供坚实学理支撑。"那么,我们理论战线也一直沿着这两个方面来宣传,以至于现在很多人搞不清楚是宣传前者还是宣传后者,如果两者结合又如何操作呢?习近平总书记在谈到中国梦与中国特色社会主义时说:"实现中华民族的伟大复兴,就是中华民族近代以来最伟大的梦想。中国特色社会主义'凝结着实现中华民族伟大复兴这个近代以来中华民族最根本的梦想'。"① 这两句话说明,实现中国梦与建设中国特色社会主义,都是实现中华民族伟大复兴的不同说法,或者说同一个目标两种表述。也就是说中国梦应该从目标体系上而不是从思想体系上去认识,也就是说中国梦应该从"树立什么理想、如何实现理想,树立什么信念、如何实现信念"这个角度去认识,而非思想体系上去认识。也就是说中国梦属于中国特色社会主义这一目标体系。即中国梦是一个对我们国家的发展战略和奋斗目标的形象表述。不从理论体系角度定位"中国梦",并不是说新的中央领导没有理论创新,也不是说不能构建新的理论,而是说还需要时间沉淀和实践经验,需要一段历史经验的总结。只有到了一定时候,实践经验丰富了、理论认识成熟了,才会水到渠成、实至名归。到那时,想不总结、不概括都不可能了。瓜熟蒂落,自然会进行从实践上升为理论的新飞跃。说不从理论体系上定位中国梦,也不是说不需要加强对"中国梦"的宣传,作为战略思想,作为凝聚民族力量的奋斗目标,当然可以而且应当加大宣传力度,重在从重大战略思想,从坚持和发展中国特色社会主义角度,从贯彻党的十八大精神的角度进行宣传。习近平曾经对中国梦说过两句话,一是不要把中国梦当成一个思想体系;二是对中国梦不能过度解读,而是要适度解读,这才是合情合理大家都能接受的解读方式。所以对待中国梦一是不能无限拔高;二是不能丑化和庸俗化,也就是不能把中国梦当成一个筐,什么都往里面装,尽管中国梦具有极大广泛性和极强的包容性,但它不是无所不包。而是以中国特色社会主义为主导性因素的包容性和广泛性,也就是中国梦的精神实质是中国特色社会主义,我们一定要用中国特色社会主义为中国梦塑造灵魂。也就是说,坚持"中国梦"就是坚持中国特色社会主义,坚持中国特色社会主义就是努力去实现"中国梦"。我们一定要这样来对待中国梦。要身体力行地践行中国梦。践行中国梦就是把中国梦所蕴含的立场方法转化为实践主体的内在素养。那么中国梦所蕴含的价值理念和思想方法是什么呢? 我们说中国梦是科学社会主义,与中国特色社会主义具有一致性,那

---

① 习近平:《紧紧围绕坚持和发展中国特色社会主义　学习宣传贯彻党的十八大精神——在十八届中共中央政治局第一次集体学习时的讲话》,人民出版社 2012 年版,第 7 页。

么它与科学社会主义、中国特色社会主义一脉相承的地方就在于其共同蕴含的实事求是的思想方法和以人为本的价值立场。那么要让实践主体践行中国梦，首先就是把中国梦以人为本的价值立场内化为实践主体的价值理念，把中国梦所蕴含的实事求是的思想方法转化为实践主体的思想理念。在实践主体对中国梦所蕴含价值理念与思想方法内化前提下，再把内化的价值立场和思想方法着眼于中国的实际，从而提炼出实践理念、具体方案，最后才转化为实践行动。因此，实践主体身体力行中国梦，包含着三个元素：中国梦、实践主体、中国实际；包含着两个转化：一是内化；二是外化。内化分为两个方面：一是价值立场；二是思想方法。外化包含三个紧密相关、依次递进的环节：从思想理念到实践理念；从实践理念到具体方案；从具体方案到实际行动。因此，我们说践行中国梦，需要我们理解、接受、信仰、行动，是一个依次递进的过程，只有正确地理解并认识到中国梦的价值和意义，才会对它产生信仰和行动。

需要中国梦与中国梦需要的有机统一：需要中国梦，是指中国梦何以必要，也就是着眼实践的理论思考，就是关于中国梦价值选择的话语，即理想性社会需要；中国梦需要，是指中国梦何以可能，就是关于中国梦事实选择的话语，即中国梦的实现是有条件的，而中国梦需要的正是讨论中国梦实践所需要的条件问题，与需要中国梦中体现出来的预期相比，中国梦需要则是产生这种预期后的一种现实跟进。这种现实跟进并不仅仅取决于前者是否有足够的合理性，也取决于社会主体对社会需要的敏感和理性把握，因此能否有着眼于现实进行理论思考的能力，能否有着眼于实践的马克思主义理论运用能力，能否具有围绕中心问题进行理论提升，从理论创新走向实践创新的能力，是对我们党和国家领导人在运用理论把握现实上的一个严峻考验。在党的十八大后，以习近平为总书记的党中央围绕着坚持和发展中国特色社会主义这条十八大主线，着眼于党的十八大提出的"举什么旗，走什么路，以什么样的精神状态，达到什么样目标"这个主题，不失时机与时俱进地提出了"中国梦"这个着眼现实的理论命题，而且进一步就如何围绕中国梦坚持中国特色社会主义，提出了自己的路线图，从而实现了需要中国梦与中国梦需要的有机结合。从这个意义上讲，中国梦问题其实就是关于需要中国梦和中国梦需要的问题。以习近平同志为总书记的党中央已经在理论上实现了这个结合，正在把这个结合转化为全党的认识，转化为全国人民的共识，转化为全世界人民的认同。所以，我们说，宣传中国梦、学习中国梦，不仅学习中国梦是什么，更多是要知道中国梦是针对什么提出来的，提出中国梦到底是为了什么，实现中国梦需要什么样的内在机制。只有以这样的方式学习中国梦，才能真正起到武装党、教育人民，从而身体力行实现中国梦的目的。

二　完整准确地把握实现"中国梦"的深刻内涵

2013 年 3 月，习近平总书记在十二届全国人大一次会议闭幕会上的讲话中强调，"实现中国梦必须走中国道路、必须弘扬中国精神、必须凝聚中国力量"。① 2013 年 5 月，习近平在接受特立尼达和多巴哥、哥斯达黎加、墨西哥拉美三国媒体联合书面采访时，在原来我们提出的实现中国梦必须坚持中国道路、必须弘扬中国精神、必须凝聚中国力量的基础上进一步指出："实现中国梦，必须坚持和平发展。我们将始终不渝走和平发展道路，始终不渝奉行互利共赢的开放战略，不仅致力于自身发展，也强调对世界的责任和贡献；不仅造福中国人民，而且造福世界人民。实现中国梦给世界带来的是和平，不是动荡；是机遇，不是威胁"② 的论断。这"四个必须"，为我们党团结带领人民通过推进中国特色社会主义事业来实现中华民族伟大复兴的中国梦而努力指明了方向。"四个必须"的提出为我们开辟了一条到达理想境界的道路，而理想境界的实现还要靠我们具体的理性认识，深入地吃透这"四个必须"所蕴含的深刻含义。下面我们就"四个必须"所蕴含的理念进行理性的分析。

通过坚持中国道路实现中国梦的深刻内涵：实现中国梦必须坚持中国道路。所谓道路问题就是目标与条件问题。即"在中国共产党领导下，立足基本国情，以经济建设为中心，坚持四项基本原则，坚持改革开放，解放和发展社会生产力，建设社会主义市场经济、社会主义民主政治、社会主义先进文化、社会主义和谐社会、社会主义生态文明，促进人的全面发展，逐步实现全体人民共同富裕，建设富强民主文明和谐的社会主义现代化国家"③ 的问题。我们为什么要坚持以这样的目标和条件为内在规定

---

① 中共中央宣传部编：《习近平总书记系列重要讲话读本》，学习出版社、人民出版社 2014 年版，第 30 页。

② 习近平：《习近平谈治国理政》，外文出版社 2014 年版，第 57 页。

③ 中共中央文献研究室编：《十八大以来重要文献选编》（上），中央文献出版社 2014 年版，第 9—10 页。

性的发展道路，是因为这条道路是中国人民在改革开放30多年的伟大实践中走出来的，是在中华人民共和国成立60多年的持续探索中走出来的，是在对近代以来170多年中华民族发展历程的深刻总结中走出来的，是在对中华民族5000年悠久文明传承中走出来的。对于这么一条既坚持以经济建设为中心，又全面推进经济建设、政治建设、文化建设、社会建设、生态文明建设；既坚持四项基本原则，又坚持改革开放；既不断解放和发展社会生产力，又逐步实现全体人民共同富裕、促进人的全面发展的科学发展之路、和平发展之路，我们要毫不动摇地坚持，与时俱进地发展。

毫不动摇地坚持中国道路，与时俱进地发展中国道路，不是在口头上的坚持与发展，也不是抽象意义上的坚持与发展，而是在当今全球化背景下，各种思潮相互激荡的复杂环境下的坚持与发展，也就是要在实践中具体地坚持与发展。具体到通过中国道路实现中国梦的语境中，就如习近平总书记所强调的：“我们必须准备进行具有许多新的历史特点的伟大斗争。”[1] 习近平总书记指出的这种斗争，不是以阶级斗争为纲的斗争，而是针对我们党自身面临的执政考验、改革开放考验、市场经济考验、外部环境考验而言的，是针对我们党面对的精神懈怠危险、能力不足危险、脱离群众危险、消极腐败危险而言的，是针对国际国内社会当中的关于争取意识形态话语权而言的斗争。这个斗争在一定意义上也指作为观察各种社会现象的阶级分析方法，但不是指以阶级斗争为纲，不是回到过去的以阶级斗争为纲之路上去，而是为了避免在不知不觉当中放弃阶级斗争这个分析问题的方法，以至于在遇到问题时再次回到以阶级斗争为纲上去。所以和平与发展年代提阶级斗争是为了避免物极必反，时常提一提，就不会走极端，就不会出现要么以阶级斗争为纲、要么就完全放弃的现象，不是真搞阶级斗争。犹如邓小平当年提出坚持毛泽东思想一样，不是坚持毛泽东晚年的错误，而是在完整准确理解毛泽东思想基础上，坚持毛泽东思想。同样地，今天提阶级斗争，也不是要阶级斗争扩大化，不是以阶级斗争为纲，而是不能丧失阶级分析这个观察社会主义同各种敌对势力斗争这个复杂现象的一把“钥匙”。因此对于阶级斗争我们在完整准确理解的基础上，要毫不动摇地坚持，与时俱进的发展。这个坚持，不是作为中心工作

---

① 习近平：《紧紧围绕坚持和发展中国特色社会主义　学习宣传贯彻党的十八大精神》，《人民日报》2012年11月19日。

来坚持，而是作为分析复杂政治现象的"钥匙"来坚持。这个发展，不是要改变人民民主专政的国体，而是在完善和发展中国特色社会主义制度，实现国家治理体系和治理能力现代化这个角度来发展。因此，从完善发展中国特色社会主义制度、实现国家治理体系和治理能力现代化的角度来看阶级斗争具有积极的意义。对于阶级斗争的看法，我是这样认为，就是我们现在讲包容、和谐，这些很重要，但不是无原则的包容与和谐，有些再过多久也不能包容、和谐，现在我们讲经济建设为中心，不是不要阶级斗争这个方法了，而是不是中心了，也就是说，现在中心是经济建设，阶级斗争不再舞台的中心，但是没有退出历史舞台。

　　毫不动摇地坚持中国道路，与时俱进地发展中国道路，就必须说清楚中国特色社会主义道路是社会主义道路，而不是其他什么主义道路。说清楚中国特色社会主义道路是社会主义，不是其他什么主义的真正含义，那就是无论怎样改革、怎样开放，我们都始终坚持了中国特色社会主义道路、中国特色社会主义理论体系、中国特色社会主义制度，坚持了党的十八大提出的夺取中国特色社会主义新胜利的基本要求。就如习近平总书记指出的，这些都是在新的历史条件下体现社会主义基本原则的内容，如果丢了这些，那就不成为社会主义了。在某种意义上，我们说中国特色社会主义不是没有资本主义因素、没有封建主义因素、没有共产主义因素，而是有这些因素，因为现在我们的社会主义发展程度是初级阶段，但是这些非社会主义因素并没有占据主导地位，占主导地位的是公有制主体地位、按劳分配主体地位、共产党执政地位。说中国特色社会主义是社会主义，不是其他什么主义，并不是说中国特色社会主义的建设与资本主义无关，或者可以绕过资本主义，而是说我们要在引导和限制资本逻辑带来负面影响的前提下吸收"资本主义制度创造的一切积极的成果"为社会主义服务。中国特色社会主义就是驾驭资本逻辑的社会主义。

　　毫不动摇地坚持中国道路，与时俱进地发展中国道路，就必须深刻理解一部分人先富起来的真实含义。对于先富中出现的问题，我们显然不能用邓小平晚年的一句话，"发展起来的问题也许比不发展还要多"就一笔带过了，我要说的是，当时给先富政策地区的前提是这些地方有地理优势，之所以这个地理优势没发挥出来，是因为政策不对头。也就是本来应该发展起来结果因为政策没到位而没有发展起来，也就是说，这个政策给了所有地方，不一定都能发展起来，一个政策，一个地理优势，一个是这儿的人通过自己的努力把这个政策给用活了。当时的政策是切合实际的，我们不能对前人的理论及政策求全责备，一代人有一代人的责任和使命，其实这个先富蕴含的真实意义是有条件的应该给政策先富起来。现在我们提共富、西部大开发，不是说一有这个政策，西部就自然而然地发展起来了，其实这个西部也有一个先富与共富的问题，这个西部大开发也是一个由点到面的过程，不要因为政策好了，我们就不需要努力了，政策好只是一个大环境，能不能脱颖而出，取决于我们自身的努力。

通过弘扬中国精神实现中国梦的深刻内涵：实现中国梦必须弘扬中国精神。中国精神就是以爱国主义为核心的民族精神和以改革创新为核心的时代精神。这种精神体现在价值观上，就是爱国、敬业、诚信、友善的公民精神；就是自由、平等、公正、法治的社会精神；就是富强、民主、文明、和谐的国家精神；就是和平、发展、合作、共赢的世界精神；就是把马克思主义基本原理与中国实际和时代特征相结合的理论联系实际的精神；就是坚持以人为本从实际出发的精神；就是扭住不放、顽固一点的精神；就是不动摇、不懈怠、不折腾，一张蓝图绘到底，钉钉子的精神；就是一分部署、九分落实的精神；就是把挑战变为机遇，把机遇变为现实的精神；就是接力探索、继往开来、承前启后的精神；就是坚持发展、继承创新的精神；就是对的坚持、错的改正，不足的加把劲、新问题出来抓紧解决的精神；就是要有一股气、有一股劲，敢于冒、敢于试，善于总结经验、善于吸取教训，把坏事变好事的精神；就是遇河架桥、逢山开路、兵来将挡的精神；就是从最坏处着想、往最好处努力的精神。

弘扬中国精神，我们要树立一种观点，就是中国梦的实现一定不是一个一帆风顺的过程，一定会是一个坎坎坷坷有很多碰撞的过程，我们要有这个思想准备，特别是当遇到一些不理想的事情，我们得判断这个大方向是否对，如果方向是对的，那我们就一定要往前走，不要一遇到困难，就认为失败了。实现中国梦是一个循序渐进的过程，中间会有一些事件诱导它，会有很多过渡形式或形态。对于这些过渡形态，我们一定要辩证地看，既要看到它的相对合理性，又要看到它需要进一步完善的地方。也就是我们要有梦，但不能把梦理想化，而是要现实化。不仅要树立现实化的过程精神，而且与此同时要不停地寻找具体突破点，一旦抓住突破点，就要有一年见成效、三年大见成效，一定要出成果的精神。

弘扬中国精神，就是弘扬在干中学的精神；不干，连半点马克思主义也没有。就是弘扬先做起来，做起来有问题再解决，在解决问题中不断前进。行动产生方向感，行动产生信心。这个行动，这个干是有约束的。这个约束的出发点是从中国具体实际出发，这个干的价值出发点是人民的根本利益至上。在这两个硬约束下，发扬甩开膀子、开足马力、大家一起看的精神。

通过凝聚中国力量实现中国梦的深刻内涵：实现中国梦必须凝聚中国力量，凝聚中国力量必须改变中国自己，改变中国自己必须全面认识自己，认识自己必须坚持辩证思维，认识自己、改变自己、影响世界。实现中国梦必须凝聚中国力量。凝聚中国力量，就是凝聚中国共产党的领导力量，凝聚广大人民群众的依靠力量，凝聚全国各族人民团结奋进的力量，凝聚世界各国人民求同存异的力量，就是凝聚立足社会主义初级阶段基本国情，建设社会主义市场经济、社会主义民主政治、社会主义先进文化、社会主义和谐社会、社会主义生态文明的力量，凝聚促进人的全面发展，逐步实现全体人民共同富裕，建设富强民主文明和谐的社会主义现代化国家和中华民族伟大复兴的力量。就如习近平总书记在庆祝中华人民共和国成立65周年招待会上的讲话所指出的："我们必须坚持高举团结的旗帜。团结就是力量，团结越紧力量越大。中国13亿多人同心同德、群策群力，中国力量就无比强大。我们要加强中国共产党全党的团结，加强中国共产党同各民主党派的亲密合作，保持党同人民群众的血肉联系。我们要巩固和发展全国各族人民的大团结，加强海内外中华儿女的大团结。我们要大力培育和践行社会主义核心价值观，用共同理想信念凝聚民族意志，用中国精神激发中国力量，动员全体中华儿女共同创造中华民族新的伟业。"①凝聚中国力量必须全面深化改革，全面深化改革就是"紧紧围绕使市场在资源配置中起决定性作用深化经济体制改革，紧紧围绕坚持党的领导、人民当家作主、依法治国有机统一深化政治体制改革，紧紧围绕建设社会主义核心价值体系、社会主义文化强国深化文化体制改革，紧紧围绕更好保障和改革民生、促进社会公平正义深化社会体制改革，紧紧围绕建设美丽中国深化生态文明体制改革，紧紧围绕提高科学执政、民主执政、依法

---

① 习近平：《在庆祝中华人民共和国成立65周年招待会上的讲话》，《人民日报》2014年10月1日。

执政水平深化党的建设制度改革。"① 全面深化改革必须全面认识自己。全面认识自己，就是对于中国实际的辩证把握，也就是既要面对问题，又要辩证认识问题，谨防看不到问题或满眼全是问题的现象，谨防只看现象不抓本质的现象，要做到既有问题意识又有辩证思维。做到对问题、对实际的辩证把握。谨防在不积极地面对问题、解决问题中打败自己，也防止在面对问题时，乱了方寸，因为天要塌下来了而打败自己。要敢于面对问题、善于分析问题、勇于解决问题。全面认识自己是为了更好地改变自己。改变自己不是把自己变成别人，而是在有定力、有主张、有主见中完善自己。完善自己必须学习资本主义先进的科技成果、管理经验，把资本主义的资源转化成为自身优势，完善自己必须对中华优秀传统文化进行创造性的转化，这种学习和转化是有主导性的包容，只有具有主导性的包容才有力量。而中国特色社会主义就是在社会主义主导下对非社会主义因素的包容，不仅要求同存异，还要求同协异，就是协调社会主义与非社会主义。即不仅要包容、还要整合。只有整合起来才有力量。因此，改变自己是一个具有主导性的包容过程，是一个求同存异、求同协异的过程，是一个和而不同的过程。改变自己是中国梦影响世界的最好方式。总结中国梦的世界意义，并不是要急于向别人推荐自己的经验，无论中国的发展取得了怎样的成就，我们都不能忘记自己面临的社会主义初级阶段的基本国情没变，人民日益增长的物质文化需要同落后的社会生产之间的矛盾没变，中国处于发展中国家的国际地位没变，中国当务之急仍是要把自己的事情办好。但是，恰恰为了把我们自己的事情办好，把自己的事情办得更好，我们要进一步提高我们事业的精神境界，进一步扩大指导实践的理论视野，并在此基础上更加自觉、更加自信地推进改革开放、推进现代化建设，既为中国人民创造更好的生活，也为人类文明作出更大贡献。

通过贯穿和平发展实现中国梦的深刻内涵：中国梦不仅从结果上造福世界人民，而且从实现方式上也是建立在你好我好大家好的基础上的，也就是说，中国梦的实现不仅在结果上具有价值高度，而且在方式上也具有合理性。如何看待中国梦与世界梦的关系，中国梦给世界带来什么呢？对此，习近平总书记多次宣示："中国梦是和平、发展、合作、共赢的梦，

---

① 中共中央文献研究室编：《十八大以来重要文献选编》（上），中央文献出版社 2014 年版，第 9—10 页。

与世界各国人民的美好梦想相通。"① 不仅如此，习近平总书记自 2013 年以来，多次在国内讲话及出国访问中就中国通过和平发展实现中国梦做过深刻阐释。2013 年 1 月 8 日，习近平总书记在主持十八届中央政治局第三次集体学习时就指出："中国走和平发展道路，其他国家也要走和平发展道路，只有各国都走和平发展道路，各国才能共同发展，国与国才能和平相处。"② 那么如何走向和平与发展呢？ 2013 年 3 月 23 日，习近平总书记在莫斯科国际关系学院的演讲中指出："今天的人类比以往任何时候都更有条件朝着和平与发展的目标迈进，而合作共赢就是实现这一目标的现实途径。"③ 2013 年 6 月 7 日，习近平总书记在同美国总统奥巴马共同会见记者时讲道："中国梦实现国家富强、民族振兴、人民幸福，是和平、发展、合作、共赢的梦，也与包括美国梦在内的世界各国人民的美好梦想相通。"④ 那么是什么原因使中国倡导世界与中国一道走和平发展的道路？ 2014 年 3 月 27 日，习近平总书记在联合国教科文组织总部演讲中提道："文明因交流而多彩，文明因互鉴而丰富。文明交流互鉴，是推动人类文明进步和世界和平发展的重要动力。"⑤ 2014 年 3 月 28 日，习近平在德国科尔伯基金会演讲中指出："中国坚定不移走和平发展道路，既通过维护世界和平发展自己，又通过自身发展维护世界和平。走和平发展道路，是中国对国际社会关注中国发展走向的回应，更是中国人民对实现自身发展目标的自信和自觉。这种自信和自觉，来源于中华文明的深厚渊源，来源于对现实中国发展目标的认知，来源于对世界发展大势的把握。中国走和平发展道路，不是权宜之计，更不是外交辞令，而是从历史、现实、未来的客观判断得出的结论，是思想自信和实践自觉的有机统一。和平发展道路对中国有利、对世界有利，我们想不出任何理由不坚持这条被实践证明是走得通的道路。"⑥

从以上我们可以看出，习近平总书记不仅提出中国梦的和平发展观，而且身体力行地培育和践行和平、发展、合作、共赢的中国世界观。不仅

---

① 中共中央宣传部编：《习近平总书记系列重要讲话读本》，学习出版社、人民出版社 2014 年版，第 35 页。

② 习近平：《习近平谈治国理政》，外文出版社 2014 年版，第 248 页。

③ 同上书，第 274 页。

④ 同上书，第 279 页。

⑤ 同上书，第 258 页。

⑥ 同上书，第 265—267 页。

搞清楚了什么是中国梦的和平发展观，而且指出了中国提出这样的和平发展观是基于世界大势的把握、基于中国道路的认知、源于中华文明的和平历史。也就是说走和平发展合作共赢的道路，是大势所趋、人心所向。习近平总书记不仅提出了和平发展的中国梦的实现方式，而且还提出"发展是最大的安全"，倡导"共同、综合、合作、可持续的亚洲安全观"，以及中国和文化孕育着"天人合一的宇宙观、协和万邦的国际观、和而不同的社会观、人心和善的道德观"，以及世界命运共同体的理念。习近平总书记不仅提出了传播中国声音、打造中国话语的命题，而且身体力行地使用能解读中国实践、中国道路的中国话语去传播中国声音。习近平总书记不仅在国内呼吁中国梦的和平发展观，而且到国际上呼吁；不仅希望海外留学人员呼吁，而且希望广大人民一起呼吁。因此，习近平总书记为我们呈现了一个打造中国话语、传播声音的路线图：这就是以国家领导人、专家学者、广大海内外中国儿女为主体，以国家富强、民族振兴、人民幸福、世界和谐为内容，以公民的爱国敬业诚信友善、社会的自由平等公正法治、国家的富强民主文明和谐、世界的和平发展合作共赢为价值理念，以选择性汲取世界人类文明有益成果和创造性转化中国传统文化为前提，通过受众听得见、听得懂的方式传播中国声音、讲述中国故事、阐释中国特色。把中国话语的思想内涵、价值追求、历史地位和世界意义讲清楚、讲明白，增进国际社会对我们的了解，从而为实现中国梦营造良好的国际氛围。

三 实现"中国梦"基于现实过程性的思考

党的建设历来是同党的历史任务和为实现这些任务而确立的政治纲领、政治路线联系在一起的。党的十八大以来，以习近平为总书记的党中央不仅从历史任务上提出了国家富强、民族振兴、人民幸福的中国梦，而且从政治路线上指出了实现中国梦必须坚持中国道路、必须弘扬中国精神、必须凝聚中国力量的重要论断。中国梦是中国共产党着眼世界大势、着眼中国实际，对当代中国现实实际的理论创新，要把这个理论创新转化为实践创新，就必须加强党的自身建设。因为实践证明，办好中国事，关键在党。伟大中国梦的实现只有在中国共产党的领导下才能实现，而这一实现中华民族伟大复兴的事业亦非少数精英的事业，而必然是千百万人民群众的事业，因此中国梦的实现就是一个通过理论智慧武装人民进行伟大实践的过程，是中国共产党领导人民进行、依靠人民实现奋斗目标的过程，这个过程是一个破解难题、接受考验、迎接挑战、对内动员人民群众、对外向世界说明中国的过程。对于这个着眼于实际的过程需要我们从理论上进行具体的阐释。

实现中国梦就是中国共产党接受考验、迎接挑战、化解危险的过程。实现国家富强、民族振兴、人民幸福的中国梦，就是在中国共产党的领导下，依靠团结全国各族人民坚持中国道路、弘扬中国精神、凝聚中国力量的过程。这个过程是中国共产党高举中国特色社会主义伟大旗帜，以邓小平理论、"三个代表"重要思想、科学发展观为指导，解放思想、改革开放、凝聚力量、攻坚克难的过程，就是我们党依靠人民迎接挑战、经受考验、化解危险的过程。这个挑战既有来自内部改革发展稳定难题的挑战，也有来自外部国家安全面临的挑战；这个挑战既有外国思潮对我国意识形态的挑战，也有来自内部民族分裂主义的挑战。这个考验就是执政考验、改革开放考验、市场经济考验、外部环境考验，这个危险就是精神懈怠危险、能力不足危险、脱离群众危险、消极腐败危险。我们实现中华民族伟大复兴中国梦所面临的这些考验、危险、挑战，是同世界战略格局大变动密切相关的，是同人类发展方式大转型密切相关的，是同当代中国社会大变革密切相关的，是同各种思想文化大激荡密切相关的。也就是说我们是在时代大变革、社会大变动、人类发展方式大转型、思想文化大激荡的世情、国情、社情、党情的大背景下实现中国梦。在这样的现实约束下实现中国梦，我们"必须准备进行具有许多新的历史特点的伟大斗争"。① 这个斗争就是我们所面临的四大考验、四大危险、四大挑战，这些考验、危险、挑战是世所罕见的，需要我们以非凡的政治勇气主动迎接、需要我们以高度的政治清醒来诊断把脉、需要我们以坚毅的政治定力持续推进、需要我们以宏阔的政治胸襟来凝心聚力、需要我们以高超的政治智慧来运筹帷幄。所谓政治勇气，就是我们不主动惹事，但也不胆小怕事，而是要有"狭路相逢勇者胜"的气魄，要有"明知山有虎，偏向虎山行"的气概。所谓政治清醒，就是大是大非的旗帜道路问题上我们不能犯颠覆性的错误，而是要理直气壮地举出我们的旗帜、明确我们要走的道路。所谓政治

① 习近平：《紧紧围绕坚持和发展中国特色社会主义　学习宣传贯彻党的十八大精神》，《人民日报》2012 年 11 月 19 日。

定力，就是我们要有"咬定青山不放松，任尔东西南北风"的韧劲，要有坚持到底、不断突破、顽强奋斗的毅力。所谓政治胸襟，就是我们要有团结一切可以团结的力量，调动一切可以调动的力量的胸怀，坚持以海纳百川的气度，不断增强我们的力量。所谓政治智慧，就是战略上原则性与战术上灵活性的有机结合。

实现中国梦就是中国共产党在遵循社会发展规律基础上充分发挥人民主观能动性来推进改革开放全面深化的过程。实现中国梦就是中国共产党领导人民进行全面深化改革的过程。全面深化改革就是中国共产党带领人民充分发挥主观能动性、自觉认识客观规律、善于利用客观规律、切实遵循客观规律、老老实实地按照客观规律办事的过程。这个所谓尊重规律就是遵从社会发展规律，就是把生产力和生产关系的矛盾运动同经济基础与上层建筑的矛盾运动结合起来，全面把握社会发展方向的过程，就是在学习和掌握社会基本矛盾分析方法的基础上，全面、协调、有序、重点推进改革的过程。所谓全面就是要注重改革的关联性、系统性、可行性。所谓协调、有序，就是掌握特点、区别对待，根据实际情况作出合适的部署，对于方向明、见效快的要加快推进；对于涉及面广的，要加快提出方案、适时加以推进；对于认识不深需要推进的，可以试点先行，取得经验再推广，也就是要做到协同、有序地推进。所谓重点，就是以点带面，以重点突破带动整体推进。这个里面要做到整体渐进、局部激进。所谓整体渐进，就是有顶层设计的层层推进。所谓局部渐进，是指某个领域或地区急速变化，也就是实验意义上，就是探索、示范和纠错的统一。总之就是一切从实际出发，按照规律办事，该改的坚决改，不该改的坚决守住，牢牢把握改革的主导权和主动权。

人民群众是历史的创造者，相信群众、依靠群众、为了群众，既是我们的根本立场，也是我们工作的根本方法。也就是实现中国梦必须尊重群众。尊重群众就是要把人民对美好生活的向往作为我们党的奋斗目标，就是要从人民利益出发谋划思路、制定举措，就是要善于从人民群众中汲取实现中国梦的力量，就是我们要放下架子、甘当小学生，善于汲取人民群众的政治智慧，善于通过提出和贯彻正确的措施带领人民前进，善于从人民的实践创造和发展要求中完善我们的政策，坚持问政于民、问需于民、问计于民，认真倾听不同层次、不同群体的意见，让每一项政策都成为群众智慧的结晶。就是要充分调动群众参与中国梦实践的积极性。中国梦是人民自己的梦，只有人民的共同参与才会有力量。要让人民认识到中国梦就是自己的梦，就必须积极回应广大人民群众对中国梦的强烈呼声和殷切期待，要引导群众知晓自身利益所在，激发人民群众参与热情、鼓励人民群众大胆探索，只有这样，中国梦的实现才有现实力量。

实现中国梦就是中国共产党带领全国人民践行社会主义核心价值观的过程。从中国梦的本质内涵来看，实现国家富强、民族振兴、人民幸福的过程就是建设"富强、民主、文明、和谐"的社会主义现代化国家的过程，就是构建"自由、平等、公正、法治"的现代社会的过程，就是塑造"爱国、敬业、诚信、友善"的现代公民的过程。从实现中国梦必须坚持以中国特色社会主义理论体系为行动指南、以中国特色社会主义道路为实现途径、以中国特色社会主义制度为根本保障的基本路径上来看，社会主义核心价值观是中国梦的价值支撑。因为在一定意义上，中国特色社会主义道路就是围绕着社会主义核心价值观展开的实践过程，中国特色社会主义理论就是围绕着社会主义核心价值观而构建理论体系的过程，中国特色社会主义制度就是围绕着社会主义核心价值观而实现制度安排的过程。实现中国梦必须增强道路自信、理论自信、制度自信，而这三个自信说到底是社会主义核心价值观的自信。中国梦就其实质、就其灵魂来说，其核心精神实质就是中国特色社会主义，而中国特色社会主义所体现的价值理念就是社会主义核心价值观，所以我们说社会主义核心价值观是中国梦的价值内涵，中国梦是社会主义核心价值观的必然追求，实现中国梦与践行社会主义核心价值观具有内在一致性。这种一致性不仅体现在其内涵上的契合性，而且体现在其发挥作用的机制上，不管是中国梦还是社会主义核心价值观，说到底都是要达到对内凝心聚力、对外说明中国的目的，都需要实现从解释世界的理论智慧向改造客观世界的实践智慧的转化，也就是都不仅需要动员人民、武装人民，而且同时要起到成功改造客观世界的目的。因此，二者都需要坚持知行合一，都需要在落细、落小、落实上下功夫，都需要日常化、具体化、形象化、生活化，都需要在感知、领悟的基础上，内化为精神追求、外化为实际行动。都存在这样一个由上而下、上下互动、由内而外、内外兼顾的过程；这样一个从着眼现实问题的理论思考，到实践创新的过程；这样一个从中央到地方、从领导到人民层层贯彻、全面、全程武装，从而由内而外向世界说明中国、传播中国声音、讲述中国故事、践行中国价值的过程。

实现中国梦的过程就是中国话语寻求世界话语权的过程。党的十八大以来，习近平总书记曾就国际传播明确提出，要阐释好中国特色、打造好中国话语、传播好中国声音、讲述好中国故事、践行好中国价值、掌握中国话语权的重要论述。不管是中国特色，还是中国话语、中国声音、中国故事，都是社会主义在中国的特色、社会主义在中国的话语、社会主义在中国的声音、社会主义在中国的故事、社会主义在中国的价值。也就是讲社会主义在中国的特色、话语、声音、故事、价值。这个特色、这个话语、这个声音、这个故事、这个价值，是在历史性交往中，一个民族国家所形成的优质属性，这种优质属性体现了我们这个国家最优存在方式和最优演化方向，是对民族狭隘性的否定和超越，是对既有国情的筛选和改造，是在批判性地汲取"资本主义制度所创造的积极成果"与创造性地转化"中华优秀传统文化成果"基础上所形成的社会主义中国特有的优质属性，是科学对待资本主义、科学对待社会主义、科学对待共产主义，科学认识国情、世情、党情基础上形成的。尤其值得一提的是科学对待资本主义的产物，所谓的科学对待资本主义，就是把社会主义在中国的建设建立在对中国国情的科学认知上，建立在批判性汲取"资本主义制度所创造的一切积极成果"的基础上，是对我们国情的适应与改造，是在学习、借鉴资本主义基础上，对资本主义文明的超越，因为"在中国建设社会主义这样的事，马克思的本本上找不出来，列宁的本本上也找不出来。每个国家都有自己的情况，各自的经历也不同，所以要独立思考。""离开自己国家谈马克思主义，没有意义。"① 因为"我们不能设想，除了建立在庞大的资本主义文化所获得一切经验教训基础上的社会主义，还有别的什么社会主义"②，因为"社会主义要赢得与资本主义相比较的优势，就必须大胆吸收借鉴人类社会创造的一切文明成果，吸收借鉴当今世界包括资本主义发达国家的一切反映现代化生产规律的先进经营方式、管理方法"③，因而言之，中国特色、中国话语、中国声音、中国故事、中国价值只能在立足国情、坚持社会主义政治定力和底线思维的前提下，在批判性地汲取"资本主义制度所创造的一切积极成果"的基础上形成，

① 《邓小平文选》第 3 卷，人民出版社 1993 年版，第 260、191 页。
② 《列宁全集》第 34 卷，人民出版社 1985 年版，第 252 页。
③ 《邓小平文选》第 3 卷，人民出版社 1994 年版，第 373 页。

只能在立足国情、坚持社会主义政治定力和底线思维的前提下，在批判性地汲取"资本主义制度所创造的一切积极成果"的基础上彰显。其实，中国特色社会主义中的"中国特色"、"中国话语"、"中国价值"就是中国共产党立足中国实际、着眼世界大势，对中国经验的理论提升和理论概括。这个理论概括不是为了拒斥普遍性的人类共性，而是旨在把人类普遍共识与自己特殊个性更好的统一的过程，也就是中国特色、中国话语、中国价值形成的过程，是我们更加融入人类主流文明的过程，是逐步摆脱狭隘、偏见和愚昧的过程，我们要理直气壮地说明中国道路、中国价值的普世意义，而不是让国际社会感觉到我们越来越跟别人不一样。那么，我们倡导的中国特色、中国价值、中国道路、中国话语精髓究竟是什么？或者说社会主义国家之所以要坚持中国共产党执政的合法性在哪儿？合法性不在于"打天下、坐天下"，而是来自于人民群众和不断变革的中国社会对其的迫切需要，确立共产党执政的合法性不是脱离世界文明的发展趋势而"另辟蹊径"，而是为了社会主义中国紧扣世界文明发展的脉搏，真正走在世界历史的前列。就如中国共产党十六大政治报告指出的："中国共产党执政就是领导人民当家作主，最广泛地动员和组织人民群众依法管理国家和社会事务，管理经济和文化事业，维护和实现人民群众的根本利益。"① 就像中国共产党十八大申明的："在新的历史条件下夺取中国特色社会主义新胜利，必须牢牢把握并使之成为全党和全国各族人民的共同信念，就是必须坚持人民主体地位。"② 从这个意义上讲，中国特色、中国话语、中国声音、中国道路、中国价值所蕴含的精髓就是以人为本，就是代表人民的根本利益，所以，我们的中国梦说到底是人民的梦，我们的价值观说到底是人民的价值观，我们的中国特色说到底就是全体人民而不是少数人的学有所教、劳有所得、病有所医、老有所养、住有所居，是全体人民而不是少数人的有尊严的生活、自由而全面的发展。这也就是我们在世界变化、改革开放和现代化不断推进、人民伟大实践不断发展中，以马克思主义的理论勇气，在总结新的实践经验、借鉴当代人类文明有益成果的基础上，对中国价值、中国话语、中国特色的新概括、新阐述。只有这

---

　　①　江泽民：《全面建设小康社会，开创中国特色社会主义事业新局面——在中国共产党第十六次全国代表大会上的报告》，《人民日报》2002 年 10 月 30 日。
　　②　胡锦涛：《坚定不移沿着中国特色社会主义道路前进，为全面建成小康社会而奋斗——在中国共产党第十八次全国代表大会上的报告》，《人民日报》2012 年 11 月 18 日。

样，中国的声音才能传出去、中国特色才能不被误解、中国价值才能得到认可，中国才可能具有强大的软实力并拥有一个让世界人民心向往之的美好国家。

第二节　通过协调推进"四个全面"实现中国梦

一　协调推进"四个全面"实现中国梦的实践要求

"四个全面"作为我们党治国理政的顶层设计，民族复兴的行动指南，着眼实际的理论创新，是马克思主义中国化的新成果，反映了中国特色社会主义的新进展。对于这样一个具有问题导向、实践指向，内容具有包容性、理论整合性的过程集合体，需要我们在真学中真懂。所谓真学，就是透过现象把握本质地学、逻辑与历史相统一地学、理论与实际相结合地学；所谓真懂，就是吃透其历史背景，把握其学理依据，掌握其普及机理。对于这样一个融战略目标与战略举措于一体的实践路线图，需要我们在真信中真用。所谓真信，就是对实现"四个全面"充满自信、充满信心、充满信念，这种自信是建立在通晓其事物发展利弊基础上的战略定力。所谓真用，就是运用"四个全面"所蕴含的基本立场、基本观点、基本方法帮助我们找到解决现实问题的答案，就是把"四个全面"所蕴含的新思想、新论断、新举措，在现实中落细、落小、落实，就是从理论创新向实践创新转变。

协调推进"四个全面"需要我们真学：首先，"四个全面"作为我们党对现实问题的理论把握，是一个由对象、方法、立场、主题等要素构成的复杂集合体。对于这样一个客观全面反映复杂现实矛盾的思想，需要我们透过现象把握本质的方法，从"四个全面"的概念、论断、观点、措施等要素，通过分析、提炼出具有内在逻辑的本质联系。这是一个由要素到关系、由关系到原理的逻辑把握过程。从思想史上看，一个具有系统的理论要满足三个条件：有一个科学世界观、方法论作为基础；有一个研究、回答的主要问题；围绕着这主要问题形成一系列相互联系、相互支撑的思想观点。"四个全面"是具备这三个条件的理论体系。它以辩证唯物主义和历史唯物主义为世界观和方法论，以中国如何实现社会主义现代化和民族复兴为主要问题，以全面建成小康社会、全面深化改革、全面依法治国、全面从严治党为四大内容。即，"四个全面"是一个以民族复兴为主题，以以人为本为立场，以实事求是为方法，以全面建成小康社会、全面深化改革、全面依法治国、全面从严治党为内容的具有内在联系的理论整体。

其次，我们不仅要从理论上对"四个全面"进行理性把握，而且要结合实践进行再认识。因为"我们推进各项工作，要靠实践出真知"①，只有符合实际的真知灼见才对实践具有指导意义。正如邓小平在谈到我们需要什么样的马克思主义时所说："我们坚信马克思主义，但马克思主义必须与中国实际相结合，只有结合中国实际的马克思主义，才是我们需要的真正的马克思主义。"② 换言之，只有那些接受现实问题挑战，经受过现实问题考验，破解现实难题，对现实具有实际指导意义的理论才是我们需要的理论，而"四个全面"就是"习近平总书记坚持问题导向和科学思维，以当代中国人的全局视野和战略眼光，坚定中国自信、立足中国实际、总结中国经验、针对中国难题，从我国发展现实需要中得出来的，是从人民群众的热切期待中得出来的，是为推动解决我们面临的突出矛盾和问题提出来的"③。

最后，我们不仅要从理论与实践相结合的角度把握理论，而且需要从历史与逻辑相统一的角度把握理论。因为马克思主义要求我们在把握一个思想的全部精神及其整体体系时都要坚持把它"同具体的历史经验联系起来加以考察"④。更重要的原因还在于"世界不是既成事物的集合体，而是过程的集合体"⑤。对于这个集合体最科学的把握方法，"那就是不要忘记基本的历史联系，考察每个问题都要看某种现象在历史上怎样产生、在发展中经过了哪些主要阶段，并根据它的这种发展去考察这一事物现在是怎样的"⑥。具体到"四个全面"，全面建成小康社会是坚持和发展中国特色社会主义的阶段性目标；全面深化改革脱胎于改革开放这一强国之路和发展的根本动力，又在"全面"和"深化"上发展了强国之路和根

---

① 习近平：《在中央政治局第20次集体学习时的讲话》，《人民日报》2015年1月24日第1版。

② 邓小平：《邓小平文选》第3卷，人民出版社1993年版，第191页。

③ 人民日报评论员：《引领民族复兴的战略布局——论协调推进"四个全面"》，《人民日报》2015年2月25日第1版。

④ 列宁：《列宁专题文集：论马克思主义》，人民出版社2009年版，第163页。

⑤ 《马克思恩格斯文集》第4卷，人民出版社2009年版，第298页。

⑥ 《列宁选集》第4卷，人民出版社1995年版，第26页。

本动力；全面推进依法治国也是在坚持依法治国这一基本治国方略时，在"全面"和"推进"上发展了这一确保党和国家长治久安的治国方略；全面从严治党同样在"关键在党"这一根本问题上坚持和发展了新时期党的建设新的伟大工程。

只有历史地、具体地、动态地把握"四个全面"，才是真学。也就是说，透过现象把握"四个全面"，理论联系实际认识"四个全面"，历史结合逻辑搞清"四个全面"，才能获得对"四个全面"所蕴含的基本立场、观点、方法的了解，从而发挥理论对现实的指导作用。

协调推进"四个全面"需要我们真懂：如果说，对"四个全面"的真学，使我们对其理论深度、历史长度及实践维度有了相对宏观把握的话，那么，读懂"四个全面"主要侧重于政治维度上的身份与身价问题、理论维度上的内在逻辑关系问题以及普及维度上的内在机理问题。

首先，从政治维度来看，主要考量"四个全面"的身份和身价问题。所谓身份问题，就是要回答其是不是属于马克思主义体系的问题，也就是要对其定性。所谓身价问题，就是回答其在什么意义和层面上属于马克思主义体系，也就是要对其定位。我们说，"四个全面"属于马克思主义体系，因为它与马克思主义具有一脉相承性，这个"脉"集中体现在都是以辩证唯物主义与历史唯物主义作为其科学的世界观和方法论，都以致力于实现最广大人民的根本利益作为其鲜明的政治立场；都以一切从实际出发，理论联系实际，实事求是、在实践中检验真理和发展真理作为其重要的理论品质；都以实现物质财富极大丰富、人民精神境界极大提高、每个人自由而全面发展的共产主义社会作为其崇高的社会理想。由此可见，它属于马克思主义大家族的一员，具有马克思主义的身份。进一步说，"四个全面"属于什么样的马克思主义，也就是在马克思主义这个大家族中属于哪一个层面的马克思主义？众所周知，马克思主义有狭义和广义之分。狭义的马克思主义主要指马克思、恩格斯的思想。广义的马克思主义，不仅指马克思、恩格斯的思想，还指后继者的思想，还包括列宁、斯大林、毛泽东、邓小平、江泽民、胡锦涛以及十八大后习近平总书记的思想。显然"四个全面"属于广义的马克思主义，更进一步地说，是中国化的马克思主义。在中国化的马克思主义中，有处于指导思想层面的毛泽东思想、邓小平理论、"三个代表"重要思想、科学发展观，有操作执行层面的习近平总书记系列重要讲话精神。尽管习近平总书记系列重要讲话精神还没有被宪法提到指导思想的地位，但是，党的十八届四中全会在指导思想的表述上已经有了新的提法："全面推进依法治国，必须贯彻落实党的十八大和十八届三中全会精神，高举中国特色社会主义伟大旗帜，以马克思列宁主义、毛泽东思想、邓小平理论、'三个代表'重要思想、科学发展观为指导，深入贯彻习近平总书记系列重要讲话精神。"① 第一次将"深入贯彻习近平总书记系列重要讲话精神"写进党的文件，凸显了习近平总书记系列重要讲话精神的指导意义。2015 年 2 月 2 日，在中央党校举办的省部级主要领导干部专题研讨班上，习近平总书记在论述依法治国在全局中的意义时，第一次把"四个全面"定位为党中央的"战略布局"。也就是说习近平总书记系列重要讲话精神对全面建成小康社会、全面深化改革、全面依法治国、全面从严治党具有重要指导意义。由此可见，"四个全面"是马克思主义与中国实际相结合的新飞跃，是以习近平为总书记的新一届党中央坚持和发展中国特色社会主义的战略抓手，治国理政的战略布局，复兴中华民族的路线图。"'四个全面'这一战略布局，统一于民族复兴的伟大梦想，统一于中国特色社会主义伟大事业中。"②

其次，从学理维度看，主要是把握其内在逻辑。关于"四个全面"的内在关系，在 2015 年中央政治局第一次集体学习时，习近平总书记强调指出："'四个全面'不是简单并列关系，而是有机联系、相互贯通的顶层设计。'四个全面'的关系是相辅相成、相互促进、相得益彰的。"③其后习近平总书记在省部级主要领导干部专题讨论班的讲话中进一步指出："'四个全面'战略布局，既有战略目标，也有战略举措，每一个'全面'都具有重大战略意义。全面建成小康社会是我们的战略目标，全面深化改革、全面依法治国、全面从严治党是三大战略举措。"④ 也就是说，虽然每一个"全面"都有重大战略意义，但有战略目标和战略举措之别，不能等量齐观。战略举措是为战略目标服务的。无论是推进国家治理体系和治理能力现代化、建设社会主义法治国家，还是建设学习型、服

---

① 《中共中央关于全面推进依法治国若干重大问题的决定》，《人民日报》2015 年 10 月 29 日。

② 《习近平在省部级主要领导干部学习贯彻十八届四中全会精神全面推进依法治国专题研讨班开班式上发表重要讲话》，《人民日报》2015 年 2 月 3 日。

③ 《习近平在中央政治局第 20 次集体学习时的讲话》，《人民日报》2015 年 1 月 24 日。

④ 《习近平在省部级主要领导干部学习贯彻十八届四中全会精神全面推进依法治国专题研讨班开班式上发表重要讲话》，《人民日报》2015 年 2 月 3 日。

务型、创新型的马克思主义执政党，所有攻坚克难的举措，都是为了在2020 年全面建成小康社会，在 2050 年基本实现现代化，实现中华民族伟大复兴的中国梦打下坚实基础的。"四个全面"中每一个"全面"，尽管讲的内容不同，分属不同的工作范围和领域，但彼此之间不是孤立的、简单的排列组合，而是具有内在的逻辑关系。"四个全面"是一个大系统，每一个"全面"又是一个小系统，每个系统都是相互关联、层层递进的。整体不等于部分的简单相加，而是一个相互渗透和关联的统一战略体系。全面建成小康社会是目标系统，全面深化改革是实现目标的动力系统，全面推进依法治国是实现目标的法治保障系统，全面从严治党是目标实现的组织系统。

　　最后，从普及维度上把握其内在机理。"四个全面"说到底要回到实践中去破解难题，因为理论本身无法直接作用于实践，需要实践主体对理论的内化与外化从而实现其指导作用，也就是马克思在《〈黑格尔法哲学批判〉导言》中指出的："批判的武器当然不能代替武器的批判，物质力量只能用物质力量来摧毁；但是理论一经掌握群众，也会变成物质力量。理论只要说服人，就能掌握群众，而理论只要彻底，就能说服人。所谓的彻底，就是抓住事物的根本。而人的根本就是人本身。"① 那么理论如何抓住人的根本、掌握群众，进而变成群众的实践能力？其实，理论作为一种旨在通过改变人的主观世界进而改变客观世界的过程，是一个从理论智慧走向实践智慧的过程。所谓理论智慧就是着眼于理论掌握群众，即着眼于改变主观世界；所谓实践智慧就是主要着眼于改变客观世界。或者说理论智慧侧重于原则性，实践智慧侧重于灵活性。具有解释世界的理论掌握了群众，并不必然意味着在改造客观世界中能取得成功，因此，要使掌握理论智慧的实践主体在改造客观世界中取得成功，必须实现理论智慧向实践智慧的转变。但这并不意味着理论智慧对改造客观世界没有作用，而是意味着不能由实践主体手持理论智慧直接作用于客观世界，因为，理论智慧面对的对象是不变的、一般的，而客观世界是具体的、变化的，因此要使理论智慧真正变革客观世界，需要把理论智慧具体化，这个具体化的过程就是理论走向现实的过程，或者说从理论创新走向实践创新的过程。理论智慧对现实的作用是借助于实践主体间接作用于客观世界的，这个作用

---

① 《马克思恩格斯文集》第 1 卷，人民出版社 2009 年版，第 11 页。

于现实的过程就是化理论为方法、化方法为德性的过程。这个理论智慧转化为实践智慧的过程具体到"四个全面"，就是通过理论智慧动员全体中华儿女，由中华儿女上下互动、由内而外不断转化的过程。这个自上而下的过程就是把人民大众在现实中出现的问题转化为专家学者手中的课题，把专家学者手中的课题转化为中央层面的议题，再把议题转化为中央的大政方针及其战略布局，再把战略布局经过专家学者的阐释获得广大人民认同的过程。这个过程，从某种意义上而言，在中央层面主要是理论创新，在基层主要是实践创新。对于广大人民而言，就是把"四个全面"的内在精神转化为自己的价值理念和思维方法，再把价值理念与思维方法转化为实践理念，再把实践理念转化为具体方案，再把具体方案转化为自己的行动。也就是内化于心、外化于行。不仅要内化于心、外化于行，而且要身体力行地对外宣传"四个全面"。这就是由内而外的过程，这个过程体现在国家层面就是通过高层互动以政治话语对外传播"四个全面"，体现在专家学者层面就是通过学理阐述以学术话语对外传播"四个全面"，体现在广大人民层面就是以大众话语身体力行对外传播"四个全面"，即三个主体分别通过政治话语、学术话语、大众话语向世界说明中国、展示中国。这就是"四个全面"通过理论智慧掌握三个主体，三个主体以三种话语把"四个全面"带向世界的具体过程和内在转化机制。同时"四个全面"武装全党、教育人民的过程也是一个理论诉求与实践诉求、主导要求与主体需求、政治话语与大众话语相互转化的互动过程。

　　协调推进"四个全面"需要我们真信：如果说对"四个全面"战略布局真学、真懂，是侧重于认知层面，那么，对"四个全面"战略布局真信就是理想信念层面，用习近平总书记的话来说，就是"理想信念就是人的志向"①，"理想信念是中国共产党精神上的'钙'"②，"坚定理想信念，坚守共产党人的精神追求，始终是共产党人安身立命的根本"③。共产党人所讲的理想信念是指对马克思主义的信仰和对共产主义的信念。具体到当下就是基于对马克思主义信仰而确立的对全面建成小康社会、全面深化改革、全面依法治国、全面从严治党的信念和信心；也就是对

---

① 习近平：《习近平谈治国理政》，外文出版社2014年版，第413页。
② 同上书，第414页。
③ 中共中央文献研究室编：《十八大以来重要文献选编》（上），中央文献出版社2014年版，第80页。

"四个全面"所依循的中国道路的自信，对支撑"四个全面"协调推进中国精神的自信，对托起"四个全面"中国力量的自信。中国道路是基于改革开放 30 多年的伟大实践，中华人民共和国成立 60 多年的探索实践，中华民族近代以来 170 多年的实践总结，中华民族 5000 多年的文明传承汇聚而成的具有深厚历史渊源和广泛现实基础的中国特色社会主义道路。这个精神就是以爱国主义为核心的民族精神与以改革创新为核心的时代精神的统一体。这是一种扭住不放、顽固一点的精神；就是不动摇、不懈怠、不折腾，一张蓝图绘到底的"钉钉子"精神；就是一分部署、九分落实的精神；就是把挑战变为机遇，把机遇变为现实的精神；就是接力探索、继往开来、承前启后的精神；就是坚持发展、继承创新的精神；就是对的坚持、错的改正、不足的加把劲、新问题出来抓紧解决的精神；就是要有一股气、有一股劲，敢于冒、敢于试，善于总结经验、善于吸取教训，把坏事变好事的精神；就是遇河架桥、逢山开路、兵来将挡的精神；就是从最坏处着想、往最好处努力的精神。所谓中国力量，就是中国各族人民大团结的力量。这种力量具有极大的包容性与极强的主导性，也就是说我们所拥有的是一种"站立在 960 万平方公里的广袤土地上，吸吮着中华民族漫长奋斗积累的文化养分，拥有 13 亿中国人民聚合的磅礴之力"① 的力量。

　　对"四个全面"的信念、自信与信心是建立在对当前世情、国情、党情、民情清醒把握基础上的审慎乐观。从世情来看，和平与发展的时代主题没变，但是出现了世界多极化、经济全球化、文化多样化的阶段性特征。这些变化对中国进一步发展既有难得的战略机遇，也有许多不确定的干扰性因素，对此我们党有清醒的认识。从国情来看，长期处于社会主义初级阶段的基本国情没有变，人民日益增长的物质文化需要同落后的社会生产之间的主要矛盾没有变，中国处于发展中国家的国际地位没有变，同时也面临着"发展中不平衡、不协调、不可持续问题依然突出，科技创新能力不强，产业结构不合理，发展方式依然粗放，城乡区域发展差距和居民收入分配依然较大，社会矛盾明显增多，教育、就业、社会保障、医疗、住房、生态环境、食品药品安全、安全生产、社会治安、执法司法等关系群众切身利益的问题较多，部分群众生活困难，形式主义、官僚主

---

① 习近平：《习近平谈治国理政》，外文出版社 2014 年版，第 29 页。

义、享乐主义和奢靡之风问题突出，一些领域腐败现象易发多发，反腐败斗争形势依然严峻"等客观现实，对此我们党有完全清醒的认识。就党情来说，我们党有理论优势、组织优势、制度优势，同时也面临着执政、改革开放、市场经济、外部环境四大考验，面临着精神懈怠、能力不足、脱离群众、消极腐败四大危险，对此我们党有清醒的理性判断。对于民情，经过改革开放30多年的持续发展，人民生活水平总体上有了较大幅度的提高，同时，也面临着拿起筷子吃肉、放下筷子骂娘的不满情绪，以及期盼更好的教育、更稳定的工作、更满意的收入、更可靠的保障、更高水平的医疗卫生服务、更舒适的居住条件、更优美的环境等现实需求，对于这些我们党有全面清醒的认识。也就是说，我们的自信、信念、信心，是建立在通识、通达、通变现实基础上的理论自觉，是一种"坚持'两点论'，一分为二看问题，从坏处着想，做最充分的准备，争取较好的结果"①的自信，也就是说"四个全面"战略思想是建立在国际社会关注中国走向、中国人民关注自己发展目标理论回应基础上的自信和自觉。"这种自信和自觉，来源于中华文明的深厚渊源，来源于对现实中国发展目标条件的认知，来源于对世界发展大势的把握。"②

由此，不难看出，我们的理想信念建立在对科学理论的理性认同上，建立在对历史规律的正确把握上，建立在对基本国情的准确判断上，是思想上的清醒、理论上的坚定。所以，"现在，我们比历史上任何时期都更接近中华民族伟大复兴的目标，比历史上任何时期都更有信心、有能力实现这个目标"。我们对"四个全面"的理想信念真正做到了顶天立地：既有马克思主义世界观方法论的理论支撑，又有立足自身实践的生命体验，这种顶天立地的理想信念必将对我们保持战略定力产生不可估量的影响。

协调推进"四个全面"需要我们真用："四个全面"作为基于现实的理论思考，必定要到火热的现实生活中发挥认识世界与改造世界的功能，也就是说"四个全面"要从理论创新走向实践创新。所谓实践创新就是贯彻落实，脚踏实地、身体力行、循序渐进地真抓实干；就是要找到突破口，由点到面，由关键少数人带动大多数人干；就是部署和执行。正如习近平总书记所说："面对复杂多变的国际形势和艰巨繁重的国内改革发展

① 习近平：《习近平谈治国理政》，外文出版社2014年版，第111页。
② 同上书，第265页。

稳定任务，我们必须准备进行具有许多新的历史特点的伟大斗争。"① 这个斗争，关键在人；这个人，既包括起关键作用的"关键少数"党员干部，也包括起主体作用的广大人民大众；也就是我们每个人都要从坚持发展中国特色社会主义的大局、治国理政的大局、民族复兴的大局承担起协调推进"四个全面"的应尽责任，以一种舍我其谁的担当意识、责任意识自觉主动地参与到"四个全面"的建设中来。没有人民大众的积极参与、没有领导干部的率先垂范，新一轮改革难题就难以破解，依法治国就难以推进，全面建成小康社会的目标就不能实现，全面从严治党就无从谈起。

在"四个全面"贯彻落实中，领导干部不仅要有时不待我的历史主动、思想自觉、政治担当，更要有自我革新、自我突破的勇气和胸怀。一方面，领导干部在思想上要走在前列，比群众更主动、更积极、更大胆、更彻底、做得更好，始终成为老百姓思想的表率；另一方面，要积极引导和帮助群众提高认识，动员广大群众积极参与到新一轮建设中来，充分调动群众干事业的积极性，切实做好群众思想上的工作。

"四个全面"协调推动人人有责，新一轮发展要求人人参与，从我做起，不能做旁观者和局外人。一方面，要克服"四个全面"是领导干部的事，对老百姓无足轻重，无关紧要的认识误区，以主人翁姿态，自觉转变观念，主动接受新事物、新思想、新观念，做到在解放思想中统一认识。另一方面，要积极支持党和国家推出的重大改革创新措施，争做全面建成小康社会的促进者，全面深化改革开放的推动者，全面依法治国的践行者，全面从严治党的监督者。树立中国特色社会主义事业、中华民族复兴大业与自己切实根本利益休戚相关、荣辱与共的命运共同体理念。

2015 年是全面完成"十二五"规划的收官之年，是全面深化改革的关键之年，也是全面推进依法治国的开局之年，还是从严治党的深化之年，而且离全面实现小康社会的 2020 年只有不到 6 年的时间。党的十八大提出的一个硬指标，就是要在 2020 年实现国内生产总值和城乡居民人均收入比 2010 年翻一番。也就是说我们要在不到 6 年的时间里面向人民兑现我们的这些庄严承诺。我们要认识这个大局、适应这个大局、引领这个大局。只有中国各族人民都既持有底线思维，保持忧患意识，又拥有战

---

① 习近平：《习近平谈治国理政》，外文出版社 2014 年版，第 411 页。

略思维，摒弃速度焦虑，保持平常心态的觉悟，我们的目标就会一步一步地实现，我们的梦想就会在我们的共同努力、持续努力和接续奋斗下变为现实。我们期待这一天的到来，这一天也会到来、能够到来。这种自信，不是因为"四个全面"很高大上，而是建立在我们对支撑"四个全面"协调推进的诸多条件的理性认知基础之上的。

二　实现中国梦必须把握"四个全面"的话语权

在中国共产党带领全国人民的共同努力下，我们先后解决了中国人的"挨打"问题、中国人的"挨饿"问题，现在中国面临的是"挨骂"问题。如何在融涵历史、立足现实、着眼未来的基础上，提炼出解读中国道路、中国实践的具有中国风格、中国气派、中国特色的，开放融通的中国话语，通过建构中国话语体系，增强中国在国际上的影响力和感召力，是我们面对的迫切问题。以习近平为总书记的党中央，在马克思主义立场、观点、方法的基础上，对世界文明优秀成果进行了选择性汲取，对中华优秀传统文化进行创造性地转化，提出了诸如中国梦、中国道路、中国精神、中国力量、中国价值、命运共同体等具有感召力和影响力的创新性话语，而且身体力行地以这些创新性话语内容传播中国声音、讲述中国故事，在正确建构中国的世界观的基础上，引导形成世界的中国观，从而有效地回应了世界对中国的关切，为中国梦的实现营造了相对和平的环境。习近平总书记着眼中国实践进行的话语创新之所以能获得国际社会的赞誉与认同，源于他关于中国话语的论述坚持了马魂、中体、西用的原则，也就是说正确地处理好了中国话语与马克思主义的关系、中国话语与中华优秀传统文化的关系、中国话语与西方文明的关系，实现了中西古今上下的贯通。从根本上说中国话语的来源有三个，就是中国的历史、西方的文明、马克思主义的精神，这些来源贯通于中国话语的内容，中国话语里面既有中华优秀传统文化，又有西方文明，还有马克思主义，为什么说我们的话语是马克思主义性质的话语？是因为西方话语与中国话语的区别不在于里面有哪些成分，而在于哪一种成分在话语里面占有主导地位，中国话语里面尽管有传统的血脉、有西方文明的成果、有马克思主义，但是，占主导地位的是马克思主义，因此，我们的话语是中国的马克思主义话语，只有这样的中国的马克思主义话语才能赢得国际性话语。

"四个全面"话语权亟待研究："四个全面"作为着眼实践基础上的

话语创新，具有一定的历史必然性、现实必要性，但是这种必然性不能想当然地转化为现实性，也就是说这种必然性不会自然而然地实现，要经过人的需要的中介，也就是要合乎人的价值偏好，也就存在一个用创新性理论武装人、说服人，也就是要让"四个全面"获得广大人民感情上真诚认同、政治上坚定信仰、行动上自觉运用，才能把"四个全面"从理想变为现实，才能使"四个全面"从理论创新走向实践创新，这个理论掌握大众的过程就是"四个全面"取得话语权的过程，就是"四个全面"取得共识、赢得认同的过程。也就是说，要协调推进"四个全面"，坚持发展中国特色社会主义，实现中华民族伟大复兴，关键在于"四个全面"获得人民的认同，在广大人民中取得话语权。因此，追问"四个全面"的话语权，对于深入贯彻"四个全面"战略布局具有极为重要且急迫的现实意义。而目前从国内学界关于"四个全面"的研究成果来看，主要集中在对"四个全面"的本质内涵、内在逻辑、形成发展以及其理论定位等方面的研究上，这些研究成果，对于夯实"四个全面"的话语权有奠基性的积极作用，但是，就彻底性理论抓住人的根本这一目标还有一定的距离。此外，"四个全面"也赢得了国外学界的关注，值得一提的是，有些国外学者提出了"四个全面"是对"三个代表"重要思想的替代，要告别邓小平理论、科学发展观，这些言论一定程度上影响了国内外人士对"四个全面"的认同，需要我们通过深入研究，取得"四个全面"的话语权，从而为协调推进"四个全面"赢得有利的国内外环境。

　　基于"内涵、外延、功能、话语体系"来把握"四个全面"话语权："四个全面"是以习近平为总书记的党中央从坚持和发展中国特色社会主义全局出发，坚持问题导向和科学思维，立足中国实际、总结中国经验、针对中国难题而提出的战略布局，是着眼现实问题基础之上的理论思考。

　　从内涵来看其话语权有两层含义：一是其话语本身对中国实际的解释力和说服力。即所谓的"软权力"；二是中央政府通过对媒介的控制并拥有传播主体信息的权力，即所谓"硬权力"。第一层次的含义侧重于从话语传播的内容角度来界定，即话语本身对事实到底如何把握；第二层次的含义侧重从话语传播形式角度来界定，即话语怎样才能传播出去。这两个层面的含义紧密联系、不可分割。

　　从外延来看"四个全面"的话语权主要包括日常生活话语权、学术理论话语权、政治形态话语权三种不同形态。"四个全面"日常生活话语权，就是围绕着人们的衣食住行等基本生活需要而展开并形成的，中心思想是满足人民的基本生活需要，侧重于人民大众的掌握和运用。因此，日常生活话语具有贴近生活、贴近实际的特点；"四个全面"学术理论话语权，是指在人们的科学研究活动中形成的，由特定的学术概念、范畴和语言构成的、具有学理支撑的话语权，这种话语权具有较强科学性、规范性和学理性，侧重于少数专家、学者和研究人员的掌握和运用；"四个全面"政治形态话语权，具有鲜明政治立场和舆论引导的话语，侧重于通过渗透、灌输来教化民众。其实，这三种形态的话语权之间是相互转化和相互渗透的，具有内在统一性。

从功能来看"四个全面"作为新一届中央领导着眼中国现实，着眼人民群众的期盼，着眼推动解决我们面临的突出矛盾和问题而提出的新思想、新论断。具有对社会生活的解释功能；对人民共识的凝聚功能、对社会文化的传承功能，也就是说"四个全面"通过对现实作判断、除干扰、解困惑等环节，掌握思想领导权、实现思想引领，从而凝聚力量、解决问题的功能。

从话语体系来看，在话语基础方面，强调中国道路促进中国实践成功的话语权的基础；在话语核心方面，国家治理现代化与中国梦；在话语体系方面，围绕中国梦形成的"四个全面"；在话语方式方面，强调政治话语、学理话语、大众话语与普世话语的有机统一；在话语自信方面，强调中国理论、中国道路、中国制度、中国经验、中国价值、中国文化自信；在话语传播方面，强调融合传统媒体和新媒体，增强传播能力；在话语权方面，强调对"四个全面"领导权、管理权、解释权的掌握。

基于"获取途径、主要思路、研究方法"来把握"四个全面"话语权：从获取途径上看，"四个全面"作为一个具有内在逻辑的有机整体，是一个具有现实针对性与理论融涵性的创新集合体，其获取话语权的基本途径是权力与权威。权威就是广大人民群众在对中国共产党及其话语信任的基础上，凭借"四个全面"的解释力和说服优势，受到人们的推崇而得以实现的。权力，就是中国共产党通过对全国媒体控制并拥有传播"四个全面"的优势，从而实现信息的传播。权力是刚性的，权威是柔性的。只有刚柔相济的话语，才是最具有话语权的。也就是"四个全面"实现其话语权的途径是坚持中国共产党领导，同时具有对社会生活的解释权和对社会成员的说服力，不仅要说得好，还要做得好，也就是要言行一致、身体力行，把说好与做好结合起来。

从主要思路上看，"四个全面"作为一个理论与实践相统一的创新成果。需要我们从学理基础、内在机理、实现途径上深入把握，从而在走向社会、走向大众、走向世界中赢得胜利。因此，对于"四个全面"我们的研究思路，就是从话语权的内涵、分类、功能上对"四个全面"进行把握，在此基础上，从话语基础、话语核心、话语体系、话语传播、话语方式、话语自信诸方面对"四个全面"的创新性进行把握，最后，从"四个全面"的内在机理和实现途径上进行把握。这样，我们在对"四个全面"的真学、真懂、真信、真用中实现其从理论创新向实践创新的转化，进而在协调推进"四个全面"的进程中坚持和发展中国特色社会主义，实现中华民族伟大复兴的中国梦。

从研究方法来看，"四个全面"作为一个融战略目标与战略举措为一体的过程集合体，要真正实现对其全面准确地把握，首先，需要我们坚持马克思主义的整体性方法，就是把"四个全面"放到马克思中国化新进展的角度进行考察，放到习近平总书记系列重要讲话的角度进行考察，放到坚持和发展中国特色社会主义角度进行考察，放到中国梦和治国理政的角度进行考察，也就是要坚持历史整体性、逻辑整体性，从历史与逻辑相统一的角度进行研究；其次，要坚持从理论与实际相统一的角度进行考察，"四个全面"来自于对现实问题的理论思考，最终要回到实践中通过贯彻落实来解决实际问题，并经受实践的检验，因此，要坚持理论联系实际的方法；最后，要坚持现象联系本质的方法，对于"四个全面"来说，其是一个具有内在逻辑性和本质内涵的创新集合体，需要我们透过现象把握本质，了解其蕴含的主题、立场、观点和方法。只有坚持透过现象把握本质、理论与实际相结合、历史与逻辑相统一的方法，才能完整准确地把握"四个全面"战略布局。

基于"主要观点、重点难点、主要目标"来把握"四个全面"话语权：从主要观点来看，"四个全面"作为新一届中央领导集体治国理政的战略布局、实现中国梦的路线图、坚持发展中国特色社会主义的主要抓手，是建立在我国改革开放和现代化建设30多年所取得成绩基础之上的，是建立在对马克思列宁主义以及中国化马克思主义继承发展基础之上的，是建立在对我国传统文化以及资本主义现代文明成果批判性继承以及选择性汲取之上的，是建立在人民对美好生活的热切期盼并向往基础之上的，是建立在对人类社会发展规律、社会主义建设规律、共产党执政规律深刻把握基础之上的，是对世情、国情、党情、民情通识、通达、通变基础上的融会贯通，具有坚持的话语基础、话语核心、话语体系、话语方式、话语传播、话语自信与话语权。这个话语基础，就是改革开放30多年、新中国成立60多年、共产党成立90多年我们所取得的成就；这个话语核心，就是用中国话语讲述中国故事、传播中国声音，让中国人民和世界人民都能从根本上了解中国、理解中国、认同中国；这个话语体系，就是以实事求是为基本方法，以以人为本为价值立场，以全面建成小康社会、全面深化改革、全面依法治国、全面从严治党为主要内容，以坚持和发展中国特色社会主义、实现中华民族伟大复兴为主题的话语体系；这个话语方式就是政治话语、学理话语、大众话语与普世话语相统一的话语方式；话语传播，就是我们通过中央、专家、人民来共同完成由内而外对"四个全面"的传播，这个传播是建立对受众喜闻乐见、能听得懂、也能听得进去基础上的传播，同时不损害"四个全面"的科学性；这个话语自信，就是对我们所建立的具有中国特色、中国风格的开放融通的中国话语能够解释中国实践的自信；这个话语权，就是"四个全面"的舆论引导权、在中国问题上的定义权、解释权、主导权以及影响力。

从重点难点来看，"四个全面"作为一个着眼实践基础上的理论创新，具有内在结构的整体性，具有内在内容的整体性，具有承上启下的历史整体性，具有指导实践的立场、观点、方法的整体性。因此，从历史整体性上、内容整体性上、逻辑整体性上来把握其话语权是重点，"四个全面"既有政治形态，也有学术形态，还有大众形态。因此，从政治话语、学术话语与大众话语三者贯通的角度把握其话语权是难点。

从主要目标来看，"四个全面"作为以习近平同志为总书记的党中央在新时期提出的又一重大理论成果，是统领经济社会发展全局的根本指导思想，是推动中华民族发展进步的科学实践创造。它既为我们指明了发展方向，明确了奋斗目标，又赋予了当代青年新的历史使命，对推进中国特色社会主义伟大事业、实现中华民族伟大复兴中国梦具有十分重要的战略意义。因此，我们通过对"四个全面"话语权的梳理，就是想达到在理论创新与实践创新良性互动基础上实现马克思主义的创新发展，就是要达到在理论创新过程中实现理论武装，在理论武装基础上形成共识、统一思想，实现理论内化素养、外化行动的效果，实现把理论转化为方法、把方法内化为德性的效果。

基于"历史视角、国际视角、现实关怀"来把握"四个全面"的话语权:"四个全面"作为一个承前启后、继往开来的理论创新,不是无源之水、无本之木,而是有其自身的理论渊源与思想依据,是在中国5000多年历史、170多年历史、90多年历史、60多年历史、30多年历史的选择性汲取中形成的,同时,也是对资本主义300多年历史的选择性借鉴与汲取,尤其是对资本主义现代化历史进程经验与教训的汲取,过去我们对社会主义的认识是建立在当时资本主义矛盾尖锐基础上来看社会主义革命的必然性,在一定程度上忽略了资本主义自我调节的能力,因此,在一定程度上,我们就是要从资本主义自我调节、自我完善的角度借鉴与学习。当然,这并不否认资本主义必然被社会主义代替的命运,也就是说,我们"四个全面"的协调推进,也要着眼资本主义的新变化、新特点来进行,只有这样,我们"四个全面"建设才有话语权。

"四个全面"协调推进要有国际视角,就是要着眼于世界其他国家的发展进行推进,尤其是再进行比较的时候,不能拿中国的短期成果跟别国的缺陷来比,在考虑我们发展成就的时候,不仅要看到发展的成就,更要看到这些成就所付出的代价,也就是不仅要看发展,还要看发展的方式,只有综合这些所有的方面才能有可比性,对于别国的东西,不仅要看到别人的缺陷,还要看到人家的成就,以及人家成就与缺陷的比例,也就是没有完美无缺的东西,也没有一无是处的东西,只有利大于弊,还是弊大于利的东西。因此,在横向比较的时候,一定要建立合理的参照系,这样的比较才有说服力,才有话语权。

"四个全面"建设需要现实关怀,也就是要把"四个全面"放在特定的时空背景下看待。"四个全面"是坚持发展中国特色社会主义实践的产物,中国特色社会主义事业还在发展、还在变化,因此,"四个全面"也是一个发展的过程,是一个从理论走向实践,接受实践不断检验的过程,这个过程是一个接受实践检验,在实践中不断完善的过程。因此,对于"四个全面"战略布局,我们要有一种辩证的观点,要站在不进则退的角度来看,我们能有今天的发展、今天的改革、今天的法治、今天的党的建设的成就,说起来容易,其实也不容易,稍不留神,就会失去,协调推进"四个全面"的过程就是解决问题的过程,这些问题就是发展中的问题、改革中的问题、法治中的问题、治党中的问题,这些问题的解决,不是退回去，退回去是不可能的，只能通过进一步的发展、进一步的改革、进一步的法治、进一步的治党来解决，同样是发展、同样是改革、同样是法治、同样是治党，尽管话语是一样的，但是话语的内涵发生了变化，也就是这个发展、改革、治党、治国，此一时非彼一时，这个时候的发展，不是发展是硬道理，而是科学发展才是硬道理；这个时候的发展，不是发展与不发展的区别，也就是说，不是有没有，而是好不好的问题。这个时候的发展、改革、法治、治党，不是有没有的问题，而是好不好的问题，也就是已经包含了价值判断，也就是什么样的发展、什么样的改革、什么样的法治、什么样的治党，也就是包含了全面的意思，这个全面说到底是人的全面的反映，是人的需要的全面满足。因为我们的改革是渐进的，是先易后难、先经济后政治、先农村后城市，是绕过最难的问题进行的，所以有啃"硬骨头"这一说法。我们的发展是先富与后富，一部分人、一部分地区先富，有一个后富的问题，所以有一个先后问题，因此，这个时候我们面对的不仅有原来的老问题，还有新问题，所以坚持与发展中国特色社会主义，这个坚持的真实意思与这个发展的真实意思，我们一定要懂得。要深刻地去体会、去理解，就是不进则退，革命尚未成功、同志仍须努力。也就是要顶住，要加油，也就是与资本主义相处、在更多的约束下如何实现又好又快的发展，这个需要我们来理解，在更多的期待与约束下实现发展，需要理论上、实践上、制度上的创新，也就是说，我们要从解决问题的方式、统筹国内外资源的方式来把握"四个全面"，只有这样"四个全面"才有话语权。

基于"国际责任、世界机遇、关键阶段"来把握"四个全面"话语权："四个全面"的话语权来自于我们以办好中国自己事情的方式承担自己的国际责任。中国是一个通过"四个全面"实现自己现代化的大国，"四个全面"是以习近平为总书记的党中央为履行自己对民族的责任、对国家的责任、对党的责任、对人民的责任而进行的理论创新，同时"四个全面"的实现过程也是我们党带领全国人民对世界的责任、对国际的责任。因为中国的责任不仅有国际责任，还有国内责任。协调推进"四个全面"的和平发展包括两个方面，内部的全面发展与外部的共同发展，二者缺一不可，只有两个和谐共生的良性互动，才能构成中国的和平发展、全面发展。承担好内部发展责任是承担外部发展责任的前提，内部发展责任没有承担就不可能承担好外部发展责任，因为中国是世界的一部分，中国本身的发展就代表世界的发展。国际责任是由国内责任派生延伸的。在这种逻辑关系中，国内发展责任必然优先于国际发展责任。中国作为一个世界性的发展大国，内部的任何一个小问题都有可能引发成为世界性的大问题。所以说，中国是通过承担好国内的发展责任、改革责任、法治责任、党建责任而对世界作出自己的贡献。也就是说以合理的方式做好自己的事情，是中国对世界的贡献，中国通过"四个全面"的协调推进，从而实现以科学发展解决发展中的问题、以全面改革解决改革中出现的问题、以全面依法治国解决法治国家的问题、以全面从严治党解决党建问题，就是对世界治理的贡献，对世界发展的贡献。

"四个全面"的话语权来自于中国通过"四个全面"与世界分享中国的机遇。中国通过"四个全面"走科学发展之路来实现自己所倡导的和谐世界的价值理念，也是一个从内部构建和谐社会延伸到外部建设和谐世界的实践。最根本的就是，中国通过"四个全面"科学发展道路来和世界共同分享中国发展所带来的一切机遇。这个机遇就是中国的科学发展给世界带来的和平的机遇，就是中国的和平发展给世界直接带来的发展的机遇，就是中国的科学发展给世界带来的稳定的机遇。之所以中国通过"四个全面"的科学发展能给世界带来和平、发展、稳定的机遇，是因为，中国与世界关系进入高度相互依赖期，中国与世界互动关系进入一个新的阶段，出现了一个你中有我、我中有你的命运共同体关系。另外，因为中国对国内国际两个大局的统筹上升到新的高度，实现了内部建设和谐社会与外部建设和谐世界有机统一，内部科学发展与世界可持续发展的有机结合阶段。因此，"四个全面"战略布局具有共荣共生的价值高度，是具有公共性的战略布局，因此，能赢得话语权。

"四个全面"话语权来自于对"中等收入陷阱"这个阶段的有效跨越。"中等收入陷阱"不仅指市场经济的发展阶段，也是指民主政治的发展阶段，更是指文化、社会、生态上的发展阶段，这个阶段最重要的特征就是承前启后、继往开来、不进则退。要跨过这个阶段，需要全面建成小康社会、全面深化改革、全面依法治国、全面从严治党。跨越"中等收入陷阱"需要我们树立一种观念，就是如何看待我们过去的成就及其对未来的信心。我们说，过去的成就，说起来容易，其实也不容易，并且一不留神就会消失，因此，我们要有忧患意识，对于未来，我们也不要自己打倒自己，只要我们以理论创新带动实践创新、制度创新，我们是能克服这些问题的，只要思想不动摇，办法总比困难多。因此，在我们这样一个发展阶段，我们要坚持过去正确的，改革错误的、不足的加把劲，新问题出来抓紧解决，这就是坚持发展中国特色社会主义的过程，这也就是协调推进"四个全面"的过程，在这个过程中，我们一定要顶住各方面压力、化解各方面的挑战，以坚定的信心、恒久的定力协调持续合理地推进我们的事业。

基于"生命力、创造力、感召力"来把握"四个全面"话语权："四个全面"作为一个在坚持发展中国特色社会主义实践中提出的创新性话语，赢得了国内外广大人士的关注与热议，之所以有这样强烈的反响，之所以有这样的生命力、创造力与感召力，不是因为其是习近平总书记提出来的，不是因为它高大上，而是因为它是对现实问题的理论反映，代表了广大人民的心声，是大势所趋与人心所向的有机统一，是顺应时代与合乎民意的有机统一，是坚持把"老祖宗不能丢"与"说新话"的有机结合，是把自足国情与放眼世界的有机结合，是着眼于用发展着的理论指导新的实践的有机结合，是把坚持客观规律性与发挥人的主观能动性的有机结合，是把可爱建立在可信基础上的理性思考，是把坚持从实际出发的立足点与以人为本的政治立场的有机结合。

"四个全面"话语权的生命力、创造力与感召力不是迎合，不是开空头支票，而是建立在对人的需要与客观实际进行辩证把握的理性基础上的。"四个全面"话语权的生命力、创造力与感召力具有不是一个想当然、自然而然、自动实现的过程，而是一个建设的过程，是一个主动的建设的过程，不是说有了"四个全面"这个客观的事实，人们就会自然而然地情感上认可，行动上支持，而是需要说服、需要讲理、需要武装，这个说服的过程就是寻求、探索、争取共识的过程，话语权需要建设，需要每个人都去建设，我们每个人不是"四个全面"的旁观者，而是当局者。要以主人翁的姿态去建设"四个全面"话语权。这个话语权不是抽象的，而是具体的，这个话语权不仅是世界观、历史观，更是人生观、价值观，更确切地说，"四个全面"的历史观、世界观与人生观、价值观是统一的，世界观、历史观只有落实到人生观、价值观才能对人们的实际生活发生影响。话语权的建设是一个澄清问题的过程，是一个斗争的过程，是一个建构的过程，解构的过程，要设身处地、入情入理地叙述，不仅要说服国内人，还要说服国外人的过程。话语权是一个不仅是发声，而且是有人响应，能够引起共鸣，形成共识，形成改革的促进派的过程，是一个使人有获得感的过程，是一个通过政治家在洞悉时代发展大势的前提下自觉地寻找共识、创造共识、宣传共识的过程。是以广大党员干部、群众普遍不满于不平衡、不全面的小康为基础，来宣扬全面建成小康社会的共识的过程，就是针对改革中出现的问题，群众不满的情况，通过全面深化改革形成继续改革的共识的过程，就是通过全面建成小康社会形成继续发展的共识，就是通过全面依法治国形成继续建设法治国家的共识，就是通过全面从严治党形成党群命运共同体的共识。

　　通过协调推进"四个全面"来坚持发展中国特色社会主义，必须取得广大人民对"四个全面"的认可与支持，这是一个重要的课题和任务。完成这个任务，需要勇气，也需要智慧；需要战略头脑，也需要世界眼光；需要有对社会发展规律的清醒把握，也需要有统领千军万马、调动一切积极因素的组织才能；需要全党全国各族人民的共同努力，也需要有政治家集团的领导水平和执政水平。作为理论工作者，我们希望"四个全面"能够从愿景到行动转化，这个从愿景到行动的过程转化既需要理论与学理的支撑，更需要有行动的能力支撑。所以，我们有责任对"四个全面"从理想走向现实的内在机理给予更多的关注、更多的思考、更多的探索。使人民感到"四个全面"不是外在于自己的，而是与自己的生存与发展紧密相关的，认识到"四个全面"的第一要义"全面"是对人的自由而全面发展的回应，"四个全面"战略布局的定性定位是对广大人民长远根本利益的回应，"四个全面"协调推进的基本要求是对自己物质、精神、政治、生态各方面合理需要的持续满足，"四个全面"人民福祉的最终目的是把人的根本利益和需求作为出发点和归宿点的根本体现，使人们认识到"四个全面"的必然性不是离开人的必然性，而是内含人对公平正义追求的必然性，使人们认识这个必然性是在人们不屈不挠的追求中体现出来的，这个必然性是蕴含在百姓的实践中、期待中的。只有这样我们所追求的"四个全面"才是可爱的、同时也是可信的，只有这样，"四个全面"才有强大的力量支撑，才有强大的感召力、生命力和创造力。

　　"四个全面"之所以具有话语权，就在于其蕴含着科学世界观方法论，历经时空变迁而历久弥新，始终保持着其作为科学指南的意义和价值；就在于内涵着对现代性的深刻批判，因而是我们追求现代化道路过程中矫正偏差的强大思想理论武器；就在于其开辟了人类走向未来理想社会的道路，因而成为我们矢志不渝追求的理想、崇尚卓越的价值坐标。就在于其具有向上的兼容性、以积淀人类文明史的概念、范畴作为把握历史和现实的阶梯和支撑点；就在于其具有时代的融涵性，以反映现实的概念、范畴构成思想中的现实；就在于其具有逻辑的展开性，以概念、范畴的逻辑关系构成把握现实的理性具体；就在于其具有思想的开放性，以解决理论与经验之间以及不同理论之间的矛盾为对象而实现理论自身的变革与发展，理论思维以逻辑化、体系化的概念系统规范人们想什么和不想什么、怎么想和不怎么想、做什么和不做什么、怎么做和不怎么做，也就是规范人们的思想内容和思维方式。因此，对于"四个全面"的话语权我们要做到理直气壮、有理有据、言行一致。之所以要理直气壮，因为"四个全面"是通过贯彻以人为本而与世界共享的价值观，因为"四个全面"符合世情、国情、党情、民情而有理有据，因为，"四个全面"不是说出来的，而是干出来的、实践出来的，具有言行一致的品格。

第三节　通过践行社会主义核心价值观来实现国家现代化

一　社会主义核心价值观"内化于心、外化于行"基于过程的内在把握

党的十八大以我们正在进行的社会主义现代化和改革开放的伟大实践为中心，着眼于时代发展的新要求，着眼于现实问题的理论思考，以"三个倡导"形式提出了社会主义核心价值观，以"三个倡导"为基本内容的社会主义核心价值观是对当代中国历史性大反思和时代大变动的深刻总结，是在融通古今中外基础上对新时期新阶段我们要"建设什么样的国家、建设什么样的社会、培育什么样的公民"的探索与回答，对于这样一个具有极大历史容量的创新理论，需要我们在辩证把握基础上内化于心、外化于行，需要我们在夯实学理基础上对内走向大众、对外走向世界，从而真正在对内起到凝聚人心、激励人心、振奋人心，对外起到使人放心、让人安心、消除戒心的过程中实现国家富强、民族振兴、人民幸福的中国梦。

社会主义核心价值观"内化于心、外化于行"是着眼实际问题的理论提升过程：社会主义核心价值观的形成是一个敢于迎接挑战、善于正确提出和发现问题、勇于进行自我反思和自我批判、乐于吸收相关领域有益

成果的具有主导性、包容性、整合性的过程。这个过程不仅仅是一个自身内在思想的概念演变的过程，而且是一个根植于历史、面向现实、着眼未来的理论思考、理论提升过程。这个过程固然体现出明显的独创性，但是这种独创性是建立在继承基础上的创新、是建立在坚持基础上的发展。这种创新不是看你提出了多少新术语、新名词，而是看你的新论断、新观点、新思考所蕴含的历史容量有多大，不仅要看你的包容性，还要看你的主导性，因为没有主导性的包容不是创新，而是堆积，还要看你的整合性。也就是只有包容、没有整合，不成体系，就没有力量，不仅要看你的包容性、主导性、整合性，还要看你的问题意识，有没有一个主题，如果没有主题，就是自说自话，没有意义。不仅要看你回答的主要问题，而且要看你回答问题的立场和方法，如果立场和方法不正确，那么也就不会有正确的观点。因此，对于这么一个着眼实际问题的理论思考过程，一定是一个从实际出发，着眼于人民的根本利益，具有包容性、主导性、整合性的理论创新集合体。

　　具体而言，社会主义核心价值观，是在社会主义核心价值体系基础上，立足中国特色社会主义的伟大实践，吸收和借鉴中华民族优秀传统文化和人类文明优秀成果的基础上，由中国人在中国大地上基于中国实践提炼出来的具有中国特色、中国风格的话语体系。这个话语体系有主题，这个主题就是建设一个什么样的国家，建设一个什么样的社会，培育一个什么样的公民；这个话语体系有底气，这个底气就是中国改革开放的成功，中国综合国力的提升；这个话语体系有内容，这个内容就是"三个倡导"所包含的 12 个词 24 个字；这个话语体系有科学的方法论，这个方法论就是一切从实际出发，实事求是，具体问题具体分析，理论联系实际，在实践中检验和发展真理；这个话语体系有正确政治立场，这个立场，就是以人为本，就是从最广大人民的根本利益出发，就是想人民之所想、急人民之所急、忧人民之所忧，就是把人民对美好生活的向往作为我们党的奋斗目标，就是尊重人民的首创精神；这个话语体系有明确的内在规定性，这个内在规定性就是社会主义，而不是其他什么主义，这个社会主义，不是共产主义初级阶段的社会主义，也不是社会主义前身的空想社会主义，也不同于当今的西方资本主义，而是科学社会主义基本原则与中国国情相结合的中国特色社会主义。中国特色社会主义，就是从中国实际出发的社会主义，就是初级阶段的社会主义。中国特色社会主义不同于共产主义、不同于空想社会主义、不同于资本主义，但是与共产主义有联系，是最低纲领和最高纲领的关系；中国特色社会主义不同于空想社会主义，但是，中国特色社会主义并不否定空想社会主义在社会主义 500 年历史上的地位，而是内含着空想社会主义的合理成分；中国特色社会主义不同于资本主义，但是并不无视资本主义创造的先进成果，而是对"资本主义制度所创造的一切积极成果"的批判性汲取、创造性转化。正如列宁所言："我们不能设想，除了建立在庞大的资本主义所获得一切经验教训基础上的社会主义，还有别的什么社会主义。"① 也就是我们所倡导的社会主义核心价值观既具有人类文明的共性，也具有自己的民族特色，这个民族特色，是对狭隘民族性的否定和超越，是对既有国情的筛选和改造，是对资本主义价值观的借鉴与超越，是具有社会主义性质具有中国特色的优质属性，体现了我们中国最优存在方式和最优演化方向。

　　总体来讲，我们所倡导的社会主义核心价值观注重从实际出发，具有坚实的实践基础，所以有底气；它坚持社会主义的一元主导，具有正确的方向，所以具有历史必然性；它注重不同层面不同主体的具体利益的兼顾，所以具有相对合理性；它着眼于实践基础上的理论思考，所以不僵化，具有与时俱进性；它聚焦于自己特有的主题，具有战略定力，所以不折腾，它注重包容性、整合性，所以能凝心聚力，不动摇。

　　社会主义核心价值观"内化于心、外化于行"是着眼于现实多元主体的价值共识过程：价值共识是基于现实生活中不同特定主体对什么是好、什么是坏，什么事情应该做、什么事情不应该做持有的基本或者根本的一致看法、观点和态度。价值共识的实质是价值观的一致，价值观的一致不仅容易统一人们对事物的认识，更重要在于行动上能形成合力，也就是能起到心往一处想、劲往一处使的作用。这个价值观的一致在现实生活中表现为大多数成员的同意和认可。作为价值观的主体都是处在具体社会关系中追求自身利益的现实人，也就是价值共识形成的过程是一个个现实中具体的人基于自身利益和愿望而进行价值选择和价值判断的过程，因此，要形成价值共识，就必须着眼于具体个体的自身利益，也就是说这个价值观首先能够表明这个价值观是为民众自身服务的，而不是与自己无关。但仅有这一点还不够，一个价值观的共识形成所需要的不仅仅是为了

---

① 《列宁全集》第 34 卷，人民出版社 1963 年版，第 252 页。

自己一点利益而奋斗的人，更需要那些为崇高理想而奋斗的有志之士。如此一来，一种能够有效动员人民的价值观必须能够表明其所倡导和主张的理念是一种合乎历史发展之趋势的从而具有客观正当性的特点。因此，这里的关键要证明这个价值观合乎历史趋势性，另外要使人民认可和接受这个论证，这就如毛泽东所说的，要想获得人民的支持，不是要不断取得胜利，而是给人民带来物质利益至少不损害人民的利益，同时还要进行思想政治教育。

因此，社会主义核心价值观要获得大多数人的认可，就必须代表最广大人民的根本利益，也就是要适应人民的需要，适应人民的需要不是单纯的迎合，而是在满足人民需要基础上引导人们的需要。所谓的引导，就是通过思想来引，通过行为来导。所以，价值共识形成的过程，是一个满足合理需要、纠正不合理需要的过程，也就是一个适应和引导并重的过程，也是一个在求同存异基础上求同协异的过程，是一个立足中国实际、以人为本、统筹兼顾的过程。这个价值共识形成的过程，一方面取决于价值观本身的科学性；另一方面取决于价值主体的需求，也就是说只有价值主体具有这种需求，而被认可的价值又具有满足价值主体需求的功能，这样才有可能取得价值共识。也就是说要形成价值共识是需要一定条件的，形成真正的价值共识，不仅仅是承认一种价值观的正确，承认一种价值观正确并不等于接受了这种价值观，因为经常说是一回事、做是一回事，把说和做结合起来，又是另一回事。因此真正形成价值共识，不仅意味着接受一种价值判断，更重要的是接受一种价值选择。只有在行动上切实地践行价值观，才是真正地形成了价值共识，因此，价值共识形成的过程一定是一个化理论为方法，化方法为德性，进而身体力行，不仅自己身体力行而且动员其他人践行的由内而外的一个不断递进扩展的过程。

就我们倡导的社会主义核心价值观不管是国家层面上所追求的富强、民主、文明、和谐，还是社会层面上所维护的自由、平等、公正、法治，以及公平层面上所奉行的爱国、敬业、诚信、友善，这些价值目标、价值原则、价值理念，都是从中国实际出发代表全社会共同利益的，都是在现实生活中能产生积极作用的，这些价值观不仅不会损害每个人的利益，而且会增进每个人的利益。这些价值理念的遵循与践行，既能推动社会进步，又能增进个人福利，就我们讲的国家层面上的价值追求来看，不能仅仅理解为这只是国家追求的目标，与自己无关，事实上，国家的追求就是我们共同的追求，因为国家不是哪一个人的国家，而是每个人的家，只有国家好、民族好、大家才会好。社会层面上的价值观也不是与自己无关，因为每个人都是社会的人，因此社会层面上的价值追求就是大家共同的追求。因此，我们说，国家价值观、社会价值观说到底都是人民自己的价值观。也就是我们所倡导的社会主义核心价值观不仅具有相对合理性，而且具有现实可行性，还具有理论自信和有效的传播方式。所以这样的价值观不仅应该得到人民的认可，而且能够得到人民的认可，不仅从思想上得到人民的认可，而且具有行动的动力。所以这样的价值观一定能内化于心、外化于行。

社会主义核心价值观"内化于心、外化于行"是着眼于理论智慧，走向实践智慧，从而向世界说明中国的过程：社会主义核心价值观是一种旨在通过改变人的主观世界进而改变客观世界的彻底理论，具有融解释世界的理论智慧与改变世界的实践智慧的双重内涵。所谓的理论智慧就是着眼于理论掌握群众，也就是着眼于改变主观世界，所谓的实践智慧主要着眼于改变客观世界。或者说理论智慧侧重于原则性，实践智慧侧重于灵活性。具有解释世界的理论掌握了群众，并不必然意味着群众会在改造客观世界中取得成功，因此，要使掌握理论智慧的实践主体在改造客观世界中取得成功，必须实现理论智慧向实践智慧的转变。这并不意味着理论智慧对改造客观世界没有作用，而是意味着不能由实践主体手持理论智慧直接作用于客观世界，因为，理论智慧面对的对象是不变的、一般的，而客观世界是具体的、变化的，因此要使理论智慧真正变革客观世界，需要把理论智慧具体化，这个具体化的过程就是理论走向现实的过程，或者说从理论创新走向实践创新的过程。也就是理论智慧对现实的作用是借助于实践主体来间接作用于客观世界的，这个作用于现实的过程就是化理论为方法、化方法为德性的过程。

这个理论智慧转化为实践智慧的过程具体到社会主义核心价值观而言，就是通过理论智慧动员中央政府、专家学者以及人民大众，由中央政府、专家学者、人民大众上下互动，由内而外不断转化的过程。这个自上而下的过程就是把人民大众在现实中出现的价值观的问题转化为专家学者手中的课题，把专家学者手中的课题转化为中央层面的议题，再把议题转化为社会主义核心价值观，再把社会主义核心价值观经过专家学者的阐释获得广大人民的认同，这个过程，从某种意义上而言，在中央层面上，主要是理论创新，在基层主要是实践创新。对于广大人民而言，就是把社会主义核心价值观内在的精神转化为自己的价值理念和思维方法，再把价值理念与思维方法转化为实践理念，再把实践理念转化为具体方案，再把具体方案转化为自己的行动。也就是内化于心、外化于行。不仅要内化于心、外化于行，而且要身体力行地对外宣传社会主义核心价值观。这就是由内而外的过程，这个过程体现在国家层面就是通过高层互动以政治话语对外传播中国理念，体现在专家学者层面就是通过学理阐述以学术话语对外传播中国声音，体现在广大人民层面就是大众话语身体力行对外讲述中国故事，也就是三个主体分别通过政治话语、学术话语、大众话语向世界说明中国。这也就是社会主义核心价值观通过理论智慧掌握三个主体，三个主体以三种话语把社会主义核心价值观带向世界的具体过程和内在转化机制。

让社会主义核心价值观走向学理、走向大众、通过大众走向世界。不是因为习近平总书记指出，要加强国际传播能力建设，精心构建对外话语体系，讲好中国故事，传播好中国声音，阐释好中国特色。不是因为习近平总书记的号召，我们就做，关键不在于谁号召，谁提出来的，而在于这个号召，这个要求是基于什么提出来的，我们说，这个号召，这个要求，是时代的要求、实践的要求，而不是哪个领导人头脑发热提出来的无所指向的要求。具体而言，我们这样做，是着眼于世界对中国的现实的需要，改革开放以来，随着我国综合国力、国际地位、国际影响力不断提高，国际社会越来越关注中国，越来越想了解中国，越来越想知道：中国要给世界带来什么？中国能为世界带来什么？中国会向世界要什么？

我们要对外传播社会主义核心价值观，是着眼于由于我们走的是一条不同于西方的发展道路而出现的国际社会因不了解中国国情和对中国特色缺乏了解而对中国产生误解的现实，这种误解具体表现就是所谓国强必霸、"中国危险论"、"中国殖民论"、"中国黄祸论"，认为中国是无赖、没有宗教自由、没有新闻自由、没有民主和人权、有核扩散、是会崩溃的，认为中国正在走的是"与'原始资本主义积累'不同的国家资本主义道路"，中国今天执行的是一种类似于列宁提出的"新经济政策"，中国模式是一种介于计划经济和新自由主义之间的发展模式。

中国道路其实就是"中国特色资本主义道路"，中国的发展仍然面临着许多比较严重的问题，如贫富收入差距、地区发展不平衡、资源短缺、环境污染，等等，因此他们断言中国的未来是"测不准"的等言论，因此需要我们抓住一切可能的机会、采取多种方式、运用各种手段，向世界说明中国，破除国外人士因不了解中国而对中国的"误读"，减少这种"误读"在国际社会中产生的"误导"。要消除他们因偏见而形成的"误解"，增进他们对中国更多的"了解"，进而达到更高层次的"理解"。要让国际社会更多地了解中国的改革开放，了解中国改革开放进程中形成的中国特色社会主义理论体系及其在这一理论之下积累起来的实践经验，进一步扩大中国在当今世界的影响。

当前不仅世界需要了解中国，中国有必要向世界说明自己，而且中国也有能力有条件向世界说明中国。这个所谓有能力有条件就是中国特色社会主义的伟大实践，为我们加强对外传播社会主义核心价值观奠定的坚实基础。改革开放以来，我们通过走中国特色社会主义道路，不仅使国家快速发展起来，使人民生活水平快速提高起来，使中华民族大踏步赶上时代潮流，迎来伟大复兴的光明前景，而且使中国人民和中华民族为世界和平与发展作出了重大贡献。同时，我们在改革开放伟大实践中不断探索和回答了我们发展面临的重大理论和实际问题，形成了理论联系实际的、科学的、开放融通的社会主义核心价值观。我们的社会主义核心价值观不仅具有坚实的实践基础，而且具有丰富的思想内涵，还有有效的传播方式以及建立在对话语自信基础上的话语权，这些都是社会主义核心价值观走向世界何以可能的主要条件。

社会主义核心价值观通过大众走向世界是一个消除误解增进了解聚同化异的过程：社会主义核心价值观掌握大众、走向世界的过程是一个迎接挑战、经受考验的过程。这个挑战和考验主要体现在改革发展稳定诸多难题的挑战，民族分裂主义的挑战、国家安全的挑战、国外社会思潮对我国意识形态的挑战。尤其是通过历史虚无主义对我们意识形态的挑战，历史虚无主义是一种借否定人民革命历史和中国共产党历史而否定党的领导、马克思主义指导、社会主义道路和人民民主专政的政治思潮。历史虚无主义的目的不在于总结历史教训，而在于通过虚无历史消解中国共产党执政的合法性，减弱民众对中国共产党的认同，丧失对马克思主义、社会主义的信心。历史虚无主义思潮不但颠倒了历史，而且搞乱了人们的思想。它混淆是非，引起人们历史观的混乱，丧失对历史的鉴别力。因此当前，我们反对历史虚无主义思潮有着特殊和紧迫的现实政治意义。也就是说对历史虚无主义思潮的评说，不单纯是一项学理探讨，我们从来不反对而且支持一些学者特别是一些历史亲历者发表的文章，有助于我们重新认识过去的历史，特别是走过的弯路，有利于总结历史教训。但我们反对一些学者把自己亲历的某一过程当作历史的全部，并试图用这些细节去否定中国共产党的历史和新中国历史的主流。须知，细节的历史并不等于真实的历史，更不能代表历史的全部和本质。特别是一些过去在某一个阶段或某一场运动中受过冲击的人，借回忆事件而歪曲历史，就更不是真正客观的历史。所以社会主义核心价值观走向大众、走向世界不是一个理所当然、不言而喻的自然过程，而是一个迎接挑战、经受考验的过程，这个过程需要一批对马克思主义真学、真懂、真信、真用的人来承担。也就是这个社会主义核心价值观走向世界的过程是一大批具有马克思主义素养的人运用马克思主义的立场和思维方法向世界说明中国的过程。

二　对社会主义核心价值观传播载体的辩证把握

党的十八大从国家、社会、个人三个层次提出了积极培育和践行社会主义核心价值观的号召之后不久，中共中央办公厅印发《关于培育和践行社会主义核心价值观的意见的通知》①，至此，社会主义核心价值观的研究成为学界关注的热点。涌现出了不少研究成果，这些成果从具体内涵、历史背景等不同层面和角度深化了我们对社会主义核心价值观的认识，对于普及核心价值观中的传播载体的学理性涉及不多，因此，从对传播载体的理性把握的角度深化社会主义核心价值观研究就显得比较必要和重要。

传播载体的选择与认定一定要结合受众的具体情况和核心价值观的具体要求：因为传播载体就是一个媒介，是承载核心价值观的载体，而之所以选择这个载体，是因为这个载体是老百姓喜闻乐见的形式，不仅仅只考虑到这个载体适合于受众本身的需要，同时也要考虑到这个载体是否能兼容核心价值观，是否能承载核心价值观，也就是说我们不能为了迎合百姓的自然需要而降低了核心价值观的科学性、系统性与整体性，因为在普及核心价值观的过程中，我们的原则是在满足合理需要的基础上，提升受众

---

①　中共中央文献研究室编：《十八大以来重要文献选编》（上），中央文献出版社2014年版，第578—588页。

的价值层次、优化受众的价值结构、净化受众的负面价值。从而在适应的基础上提升受众的价值境界。

首先，我们要理性地认知社会主义核心价值观，理性地把握核心价值观的内在要求。社会主义核心价值观从公民层面讲就是爱国、敬业、诚信、友善，从社会层面讲就是自由、平等、公正、法治，从国家层面讲就是富强、民主、文明、和谐，从世界层面讲就是和平、发展、合作、共赢。从主体的角度来讲，就是以人为本，以最广大人民的根本利益为本，以每个人的自由而全面发展的要求为本，当然，关于每个人自由而全面的发展是共产主义的目标，但是，我们不要忘了，每个人自由而全面的发展是具体的、历史的。我们知道社会主义是共产主义的初级阶段，而中国特色社会主义又是社会主义的初级阶段，以此类比，我们可想而知，每个人的自由而全面的发展，在中国社会主义初级阶段，就是还处于初级阶段。所谓的本，就是出发点，就是归宿，就是一以贯之，贯穿始终的东西。因此，我们在认知和把握核心价值观时，一定是具体的、历史的、辩证的、系统的、整体的把握，因此，核心价值观也要求我们在普及、传播的过程中，注意体现核心价值观的特性。

其次，我们要深入群众，实地考察老百姓的实然价值观，考察老百姓接受价值观的载体，在认知、了解、感受老百姓实然价值观与接受价值观载体的基础上，进行辨析选择，在对待受众已有价值观时，我们一定要语境式的、同情式的理解，我们一定要明白，受众价值观的改善，一定是在深化原有价值观基础上的改善，一定是在吸收、扬弃原有价值观基础上的改善。我们一定要看到我们要普及的价值观与受众原有价值观的联系，要创造性地转化。因为核心价值观的提炼、形成来源于实践、来源于群众，从而又回到群众中。同时要注意普及的价值观与老百姓已有的价值体系之间的关系，我们普及的目的是让核心价值观在受众的价值体系中处于核心地位，而不是成为受众的唯一价值观。我们一定要在承认受众原有价值体系的基础上规范它，让核心价值观真正成为受众价值体系中的核心价值观。

最后，我们要确定和选择传播载体就必须结合授者和受众本身的特点，以及二者之间转化的机制，因为我们不是一般的讨论传播载体，而是具体地讨论核心价值观普及的传播载体，既要体现核心价值观的整体性、系统性、科学性又要照顾老百姓的内在需要，因此我们的传播载体是在各方面的规定下的传播载体，因此这样我们探讨的就不是一般的传播载体，而是探讨在当前的社会历史条件下我们需要什么样的传播载体。

传播载体是一个整体，即有人的要素，也有物的要素，而且不唯一，我们要多管齐下：在我们理解、认知传播载体时，我们一定要注意传播载体中既有物的要素，也有人的要素，从某种意义上说，都是人的要素，因为在物的要素的选择上也体现了人的选择性，同时我们要注意要达到好的普及实效性，必须注意各个传播载体的协同作战能力，也就是说我们的实效性是体现在整体优化基础上的实效性。

首先，核心价值观的普及，在于普及者对于核心价值观的把握与掌握程度，我们经常说，和尚念歪了好经，因此，普及者或者说教师的素质和对知识的掌握程度非常重要，没有内化为自己的认知理念，照本宣科，肯定不能胜任普及的任务，因此对于普及者要求是真学、真信、真用，要有职业精神，但又不仅仅是职业，更重要的是以一颗事业心来做职业。更重要的是普及者在普及时，不能以真理者自居，应在平等的、润物细无声的熏陶当中与受众者进行心与心的沟通，应在尊重受众已有价值体系的基础上引导受众者实现价值观的提升。

其次，现在我们在核心价值观的普及中不仅重视软件实力，而且也提升了硬件的建设，出现了一些物化的东西，像不时开放博物馆，定期让市民参观，以及周年性的成就展，利用一些大的事件、周年性活动开展价值观教育，这些都在一定程度上很好履行了核心价值观宣传的功能。另外我们也借助现代化的、高科技的手段来普及核心价值教育，科技手段、传媒宣传在普及核心价值教育当中功不可没，但仅仅依靠宣传是不够的。

最后，我们在探讨传播载体的实现形式当中，要认识到人的要素和物的要素独特的价值，要认识到协调的重要性，看到在彼此价值基础上，实现不同价值的整合，发挥整体优势。另外核心价值观的宣传很重要，核心价值观的认知更重要，不管是普及者还是受众，我们一定要在了解、感受、认知的基础上宣传，离开认知宣传就成了无根的浮萍，当然仅仅只有认知不宣传，也不能完成核心价值观普及的重任。

在探讨传播载体时，我们要注意从动态的角度、全面的认知传播载体，做到具体问题具体分析：首先，随着实践的发展，在普及核心价值观的过程中，我们要注意传播载体的与时俱进，传播载体也存在中国化、大众化、时代化的问题。当受众接受价值观的载体已经发生了变化时，我们还用过去的传播载体，就会影响核心价值观的普及。因此我们一定要以条件、地点为转移，具体问题具体分析，全面、动态地研究传播载体，从而适应核心价值观的普及。对于传播载体的选择一定要理性，本着现实性、可行性、可接受性的标准，立足当前、兼顾过去、着眼未来进行认知。

其次，在核心价值观借助传播载体普及的过程中，我们要注意受众的层次性，不过，话又说回来，受众本身也是普及者，但是受众的层次是有差别的，就像读马恩著作，有些人可以读马恩全集，有些人只能读选集，有些人只能读单行本等辅导读物，因此，也就是说，传播载体也要分门别类，针对不同的人群，采用不同的认同载体，不是我们经常讲殊途同归嘛，其实，就是一个意思，具体问题具体分析。

最后，我们既要看到传播载体的具体性，又要看到传播载体的整体性，既要从横行比较的角度看传播载体，又要从纵向的角度考察，有时要中西结合，有时又要贯通古今。总之，我们一定要在优化组合的基础上发挥传播载体在贯彻核心价值观当中的作用。

关于困扰传播载体深入研究中需要注意的几个问题：首先，在探讨传播载体研究的过程中，我们经常会借助很多的载体来达到我们研究的目的。比如，我们会借助电视、小说、文学等其他学科来进行核心价值观的宣传，我们注意这些载体是为我们核心价值观的宣传服务的，古时就有文以载道的说法，借助这些不同学科的知识，有助于我们实现核心价值观的普及，也经常会出现跨学科研究。比如，在普法的过程中，就出现了法律与政治、法律与文学等跨学科的现象，这些本来是好事，但是如果运用得不当，就会出现把手段当作目的的做法，从而出现核心价值观的娱乐化、庸俗化等不利于核心价值观宣传的作用。

其次，尽管传播载体在核心价值观的普及与大众化的过程中扮演着重要的作用，但是核心价值观的普及效果并不完全取决于传播载体，我们谨防在重视传播载体重要性的同时，夸大认同载体的价值，更不能把重要性理解为唯一性、绝对性，核心价值观的实效性还取决于很多因素，比如，受众的文化程度，更重要的取决于核心价值观本身的科学性与受众根本利益。

最后，在研究传播载体的过程中，我们不仅仅停留在认同的阶段，我们是在学习中认同，在坚持中、在运用中认同，在发展中认同，因此我们不仅要研究传播载体，更要研究传播的不同环节，以及认同的程度，因为认同的程度不同，载体就会不同。因此，认同不仅仅是看怎么说，更要看怎么做，只说不做不行，光做不说也不行，因此认同是体现在人的言谈举止之间的。

加强传播载体对于深化社会主义核心价值观研究不仅是当务之急，而且任重而道远，当务之急说明研究的紧迫性，任重而道远说明研究的长期性与艰巨性。研究任务的长期性、艰巨性、紧迫性，也说明了我们已经意识到了问题的存在，以及突破问题的切入点，那么剩下的就是身体力行、脚踏实地、循序渐进、持之以恒的研究、思考，以及再研究。并且我们已经在研究当中了，现在我们已经明确了前进的方向，并且已经采取了行动，正在行动中。尽管路还很远，且路不好走，但是还需要我们快走，因此，只要我们努力奋进，希望就在眼前。

第四节　通过马克思主义大众化来提升国家文化软实力

党的十八大报告从"兴起社会主义文化建设新高潮，提高国家文化软实力"的战略高度，提出了"推动当代中国马克思主义大众化，坚持不懈用中国特色社会主义理论体系武装全党、教育人民"的命题。① 这个论断揭示了推动当代中国马克思主义大众化与提高国家文化软实力的内在一致性，我们必须从两者内在衔接性的角度，全面把握推动当代中国马克思主义大众化来提升国家文化软实力的有效方式。

当代中国马克思主义大众化与提升国家文化软实力具有内在的一致性：首先，中国特色社会主义理论体系是国家文化软实力中不可替代的重要组成部分。中国特色社会主义理论体系，就是包括邓小平理论、"三个代表"重要思想、科学发展观在内的科学理论体系。马列主义、毛泽东思想以被继承和发展的形式融汇于中国特色社会主义理论体系之中。因此，在当代中国，普及中国特色社会主义理论体系，就是真正地普及马克思主义。在国内作为当代中国马克思主义的中国特色社会主义理论体系，在对外就是我国文化软实力的重要内容。因为提升我国文化软实力，就是提升当代中国文化的国际影响力和竞争力。而当代中国文化就是在继承、

---

① 胡锦涛：《坚定不移沿着中国特色社会主义道路前进　为全面建成小康社会而奋斗——在中国共产党第十八次全国代表大会上的报告》，人民出版社 2012 年版，第 31 页。

弘扬中华优秀传统文化的基础上，在以民族文化为主体，广泛吸收和借鉴外来优秀文化的过程中不断创新发展而形成的中国特色社会主义先进文化，其集中体现就是中国特色社会主义理论体系。因此，中国特色社会主义理论体系从内容上彰显了当代中国马克思主义大众化与提升国家文化软实力的内在衔接性。

其次，马克思主义大众化的主体是提升国家文化软实力的主要参与者。当代中国马克思主义大众化的主体不仅有党和政府以及专家学者，而且还有人民大众，当代中国马克思主义大众化是在党的引领下通过专家学者的讲解实现大众自我教育、自我提升的渐进过程。同样，提升国家文化软实力，也不是党中央独自承担的任务，而应是每个中华儿女的神圣使命和应有的担当。因此，依靠国内的多元主体来向世界介绍中国、说明中国，让世界了解中国、理解中国，更具有说服力和影响力。因此，党对于马克思主义大众化、提高国家文化软实力的倡导与部署有利于实现马克思主义大众化，有利于提升国家文化软实力，同样，通过专家学者把当代中国马克思主义学理化，也有利于当代马克思主义大众化与提升国家文化软实力，与此同时，通过大众民间化同样可以普及当代中国马克思主义，提升国家文化软实力。因此，党、专家学者、人民大众三者从主体上体现了当代中国马克思主义大众化与提升国家文化软实力的内在同一性。

再次，普及当代中国马克思主义就是对外提升国家文化软实力。因为不管是对内普及当代中国马克思主义，还是对外提升中国特色社会主义理论体系的影响力与吸引力。都属于软实力的建设，都要按照软实力建设的内在要求来进行。也就是说要把"软"贯彻始终，做到可亲、可爱、可敬、可信，要在充分考虑到受众可接受性以及遵循传播规律的基础上进行。因为不管是对内的大众化还是对外的软实力，都是一种人化、都是一种内化，而意识形态的内化与外化往往都是一种润物无声、潜移默化的过程。因此，需要通过接受者认可的方式把我们的观念输送过去，才能真正形成根植于老百姓生活世界、有说服力和感召力的大众化与文化软实力。由此可见，从方式方法上看，当代中国马克思主义大众化与提升国家文化软实力具有较强的关联性。

当代中国马克思主义大众化对提升国家文化软实力的作用：首先，在推动当代中国马克思主义大众化过程中积累的经验可以为对外提升我国文化软实力提供启示和借鉴。作为一种宣传和说服活动，当代中国马克思主义大众化是用中国特色社会主义理论体系普及大众、说服大众的过程，正如刘云山同志所说："马克思主义大众化不仅是表达方式问题，也是根本立场、根本方法问题。要贴近实际、贴近生活、贴近大众，充分考虑广大群众特别是城乡基层群众的接受能力和思维习惯，把深邃的理论用平实质朴的语言讲清楚，把深刻的道理用群众乐于接受的方式说明白，使抽象的理论逻辑转化为形象的生活逻辑，让科学理论从书斋走进人民大众、融入人们心灵。"① 这也就是说，在马克思主义大众化的过程中，应该用老百姓听得懂的语言来阐明当代中国马克思主义理论，进而让马克思主义的立场、观点、方法内化为人民大众认识世界、改造世界的基本素质，这也就是理论具体化和大众化两个过程。因此，不管是当代中国马克思主义大众化还是提高国家文化软实力虽都是一种意识形态行为，却都不能采用简单的意识形态手段，而应用更多文化意义上的形象展示代替意识形态方面直截了当的宣传。因此改革传播手段，应采用接受者乐于接受的方式把我们的意义传达出去，这样就会更有利于中国声音在世界上的传递，从而真正做到润物无声，让崇尚和平的中华文明在发扬光大时真正达到和谐万邦的效果。

其次，推动当代中国马克思主义大众化可以为提升我国文化软实力增加新的内容。过去一谈到文化软实力，就是孔子学院、国学、红灯笼、中国功夫等传统的东西，那么改革开放这 30 多年来，除了传统文化起作用之外，文化和理论的创新又发挥了什么样的作用呢？实际上诸如初级阶段、中国特色、小康社会、和谐社会这些概念变成解释性、分析性的话语，再用它们来看我们的经验世界，就可以看出中国真正的发展所在。而且这些概念都是中国特色社会主义理论体系里面的具体范畴。因此，重建这些概念与中国这些年来发展的现实之间的联系，从而用它们来衡量我国软实力的水平，那么，中国就不仅仅是获得了经济发展，其实也有文化软实力的提升。

再次，推动当代中国马克思主义大众化的主体是提升国家文化软实力的重要力量。党、专家学者、人民大众作为中国特色社会主义理论体系的普及者和宣传者，同样是国家文化软实力的建设者和生产者。提升国家文

---

① 刘云山：《把建设马克思主义学习型政党作为重大而紧迫的战略任务抓紧抓好》，《人民日报》2009 年 10 月 15 日。

化软实力不仅要靠党的领导人的出访演说及外交会谈来实现，同样，专家学者的学术影响力也是提升国家文化软实力的重要窗口。随着改革开放的深入发展，国内外学者的交流已经成为常态，通过学理化来让外界了解中国崛起的理论导向，更有利于中国特色社会主义理论体系向世界说明中国的和平发展理念。同样，在民间（人民大众）的国际交流日益频繁的背景下，通过人民群众结合自己的生活经验，结合自己对国家政策的理解，来说明中国特色社会主义理论体系的真理性就会更具说服力。毕竟，政策是理论联系实际的中介，政策本身就是中国特色社会主义理论体系向下的贯彻，就是理论的具体化。因此，作为当代中国马克思主义大众化的传播者与接收者的双重主体，党、专家学者、人民大众能够为提升国家文化软实力作出具体的历史性贡献。

最后，推动当代中国马克思主义大众化本身就是提升我国文化软实力中的一个重要方面。文化软实力在很大程度上对内表现为民族凝聚力，而这种凝聚力主要来自于人们对社会主流价值的认同。当前，中国提升软实力的困惑和挑战在于：如何进一步建设具有广泛感召力的社会主义核心价值体系？如何才能让我们的社会制度更具有魅力？如何才能让民众更有幸福感、社会更有凝聚力？如何才能保证我们在各种文化的碰撞中不迷失自己？如何才能让整个民族的自主精神发扬光大，永葆活力？外部环境对中国提出的软实力要求，最终要通过中国的自我完善来实现；软实力视角下显现的各类矛盾和问题，同样需要通过推动当代中国马克思主义大众化来化解。因此，推进马克思主义大众化本身就是在提升我国文化软实力。

通过当代中国马克思主义大众化的完善来提升国家文化软实力：在推动马克思主义大众化过程中，要传授与激活并重，在引领上做文章，厘清传播力与影响力，从而有效地提升我国文化软实力。第一，推进马克思主义大众化不仅要传授理论和思想，而且要激活受众头脑中已经存在的正确思想，使原有的思想活跃起来。要做到这一点，一是必须善于发现思想与现实的联系，通过理论联系现实来激活思想。因为思想来自于现实，并在与现实的互动中保持活力，当新的现实因素再次击中某一思想的时候，这一思想就会迅速活跃起来。因此，生活中的现实取向和现实问题，人们的现实需要等，都将成为现实的刺激性的因素。二是必须将激活思想与现实的人联系起来，因为思想是人创造的，是为人服务的，只有当思想与活生生的人联系起来时，思想才能被激活。三是必须提倡独立思考，进行思想创新。第二，在推动当代中国马克思主义大众化的过程中，要充分发挥中国特色社会主义理论体系的引领作用。一方面，引领要立足于差异和多样，在尊重差异中扩大社会认同，在包容多样中增进思想共识。从这个意义上讲，引领的过程，是形成社会合力的过程，是党的意志和人民群众愿望相统一的过程。另一方面，引领又区别于差异和多样，对于那些错误的和腐朽的思想，引领是在分清是非中求团结，在批判改造中求发展。引领并不会弱化中国特色社会主义理论体系的主导地位，引领也不会削弱更不是淡化党的领导，而是对党的政治思想领导提出了更高的要求。因此，引领作为推动当代中国马克思主义大众化的科学方式，它要求我们在提升文化软实力和推进马克思主义大众化中注重工作的方式和方法，将传授马克思主义理论与注重人文关怀结合起来，与解决现实问题结合起来，从而实现我国软实力的提升与马克思主义大众化的推进。第三，在推动当代中国马克思主义大众化过程中，既要考虑传播力更要着眼于影响力。如果只有传播力而没有影响力，那么我国的软实力传播与大众化都不会达到预期的效果。因此，两手都要抓、都要硬，这样才能通过推动当代中国马克思主义大众化来提升我国的文化软实力。

　　总之，夯实马克思主义大众化的学理基础，优化当代中国马克思主义大众化的方式方法，为我们推动当代中国马克思主义大众化，提升国家文化软实力奠基了良好的基础和条件。除此之外，这些基础和条件还需要与其他影响当代中国马克思主义大众化、提升国家文化软实力的相关因素与中间环节相互配合起作用。只有这样，才能真正把握大众化与国家文化软实力的内在衔接性，从而实现二者的良性互动，才有可能营造对内和谐、对外和平的良好发展环境，为中华民族的复兴创造稳定的国际国内环境，凝聚所有的力量，实现中国现代化的宏伟目标。

第五节　通过党的建设制度改革来推进国家治理现代化

　　党的十八届三中全会不仅从丰富和发展马克思主义国家理论的高度提出了国家治理体系和治理能力现代化的命题，而且对深化党的建设制度改革提出了新要求和新任务。理性把握深化党的建设制度改革与推进国家治理体系与治理能力现代化之间的内在逻辑与相互关系，不仅有助于我们在深化党的建设制度改革中实现国家治理体系和治理能力现代化，也有助于我们在推进国家治理体系与治理能力进程中提高党的执政能力与执政水平。

　　推进"国家治理现代化"对"深化党的建设制度改革"提出了什么新要求：习近平总书记在《切实把思想统一到党的十八届三中全会精神上来》的文章中指出："国家治理体系是在党的领导下管理国家的制度体系，包括经济、政治、文化、社会、生态文明和党的建设等各领域体制机制、法律法规安排，也就是一整套紧密相连、相互协调的国家制度；国家治理能力则是运用国家制度管理社会各个方面事务的能力，包括改革发展稳定、内政外交国防、治党治国治军等各方面。"[1] 也就是国家治理体系和治理能力是指中国共产党运用国家制度管理国家的能力。那么什么是国家治理体系和治理能力现代化呢？最高人民法院副院长江必新指出："所谓国家治理体系和治理能力现代化，就是使国家治理体系制度化、科学化、规范化、程序化，使国家治理者善于运用法治思维和法律制度治理国家，从而把中国特色社会主义制度优势转化为治理国家的效能。"[2] 也就是说国家治理体系和治理能力现代化，就是中国共产党立足国家治理体系制度化、科学化、规范化、程序化基础上，以运用法治思维和法律制度为手段，把中国特色社会主义制度优势转化为效能优势的过程。中国共产党要完成这个转化，必须进行以加强民主集中建设、完善党的领导体制和执政方式、保持党的先进性和纯洁性为内容，提高科学执政、民主执政、依法执政为旨归的党的建设制度改革。也就是实现国家治理体系和治理能力现代化，必须深化党的建设制度改革。也就是说要实现国家治理现代化，中国共产党必须紧紧围绕提高科学执政、民主执政、依法执政水平，深化党的建设制度改革，加强民主集中制建设，完善党的领导体制和执政方式，保持党的先进性和纯洁性。

　　中国共产党在科学执政、民主执政、依法执政方面的现状：科学执政、民主执政、依法执政不仅是党执政经验的历史总结，也是党在新的历史条件下治理方式和执政方式的创新。以毛泽东、邓小平、江泽民同志为核心的党的三代领导集体和以胡锦涛同志为总书记的党中央都高度重视党

---

　　[1] 习近平：《切实把思想统一到党的十八届三中全会精神上来》，《人民日报》2014 年 1 月 1 日。

　　[2] 江必新：《推进国家治理体系和治理能力现代化》，《光明日报》2013 年 11 月 25 日。

的执政方式转变和执政能力的提高。党的十八大以来以习近平同志为总书记的党中央在增强党的执政能力建设方面进行了新探索，取得了重大经验。新中国成立初期，中国共产党是一个肩负革命党任务的执政党，当时国家政权刚刚建立，缺乏比较完备的法律，而且民主革命遗留的任务本身具有其复杂性。这就决定了在当时的历史条件下，民主革命任务的完成不能单纯靠法律来解决，而必须靠党的政策，依靠人民直接行动。在这一时期，党的政策没有通过法定程序转化为以国家意志形式表现的法律，就直接对国家和社会发生作用。在一定的意义上，党的政策直接发挥了国家法律的作用。1954 年，《中华人民共和国宪法》颁布实施，我国法制建设开始了一个新的阶段，也为党的领导方式和执政方式的转变提供了法律基础。与此相联系，进一步调整党与法律的关系也成为党对自身进行管理、对国家实施领导所面临的新问题。然而，1957 年之后，党不仅没有能够实现领导方式和执政方式的转变，反而继续沿用新中国成立初期主要依靠政策和群众运动的方式来领导国家建设，其结果必然使党治理国家陷入不正常状态。经历这些教训后，党在领导改革开放和现代化建设过程中提出了加强和改善党的领导，提出了转变党的领导方式，提出依法治国，党要管党，从严治党，以及依法依规治党的问题。这个关于执政方式转变问题不仅是历史经验的总结，也是对中国共产党在实践中出现问题的理论思考。总体而言，我们党的主流是好的，但是在现实生活中存在不民主执政、不科学执政、不依法执政的表现。为此，才有必要深化党的建设制度改革来推进国家治理体系和治理能力现代化。

"深化党的建设制度改革"与"国家治理现代化"具有内在一致性：深化党的建设制度改革作为全面深化改革的重要组成部分，不仅是推进国家治理体系和治理能力现代化的必然要求，也是我们党对国家治理体系与治理能力现代化规律认识的深化。深化党的建设制度改革之所以能起到推进国家治理体系和治理现代化的功效，其逻辑前提在于二者具有内在一致性。

首先，从主体上看，"深化党的建设制度改革"与经济体制、政治体制、文化体制、社会体制、生态文明体制改革共同成为未来全面改革的六大方面，这就意味着党不仅要领导改革，党的自身建设制度也是改革的对象，也就是党要实现自身的革命。而推进国家治理体系和治理能力现代化的不是别人，就是中国共产党，也就是说"国家治理体系和治理能力现代化"是在中国共产党的领导下在中国特色社会主义道路上通过各方面的改革有序协调推进的。正如《决定》指出的:"全面深化改革必须加强和改善党的领导,充分发挥党总揽全局、协调各方的领导核心作用,建设学习型、服务型、创新型的马克思主义执政党,提高党的领导水平和执政能力,确保改革取得成功。"也就是说我们要把坚持党的领导与深化党的建设制度改革与推进国家治理体系和治理现代化有机统一起来。中国共产党作为聚集了中国社会广大政治、经济和文化精英的大党,不仅是实现国家治理现代化的核心力量,也是深化党的建设制度改革的核心力量。中国国家治理体系与治理能力现代化不仅不能离开中国共产党,而且在很大程度上取决于中国共产党自身建设制度改革的深化。从实际情况来看,市场经济是党组织和政府引入的,社会主义核心价值观是党组织和政府倡导的,全面建成小康社会是党组织和政府推动的,同样,中国共产党也是党的建设制度改革和国家治理体系和治理现代化的推动者,以深化党的建设制度改革推动国家治理体系和治理能力现代化,为发展和完善中国特色社会主义制度的现实途径。从某种意义上讲,中国共产党的先进性将在相当程度上取决于其深化自身建设制度改革与国家治理体系和治理能力现代化的实际进程。

其次,从内容上看,国家治理体系和治理能力现代化内含着党的执政能力现代化,因为国家不能自己治理,是通过有执政能力的中国共产党来治理的,因此以"提高科学执政、民主执政、依法执政水平为核心,以加强民主集中制建设,完善党的领导体制和执政方式,保持党的先进性和纯洁性为内容,以为改革开放和社会主义现代化建设提供坚强政治保证为目标"的党的建设制度改革也是国家治理体系和治理能力现代化的重要内容。党的建设制度改革为推进国家治理体系和治理能力现代化提供坚强保障,着眼于提高党科学执政、民主执政、依法执政的水平,保持其先进性和纯洁性,提高党的领导水平和执政能力的党的建设制度改革,影响制约着国家治理能力。只有以提高党的执政能力为重点的党的建设制度改革得到进一步的深化,国家治理体系才能更加高效运转,只有尽快把各级干部、各方面管理者的思想政治素质、科学文化素质、工作本领都提高起来,国家治理能力才能得到有效提高。作为重要治理主体的党的自身素质和能力及现代化程度影响和制约着国家治理能力。必须以更大的决心和勇气抓好党的自身建设,牢牢把握加强党的执政能力建设、先进性和纯洁性建设这条主线,把党要管党、从严治党各项要求贯穿到党的建设的各个方面，形成党的执政能力建设和治国能力共同发展、相互促进的良好局面。

再次，从战略定力上看，"深化党的建设制度改革"与"国家治理体系与治理能力现代化"都是建立在通晓其优势基础上对其不足的理论自觉。具体地说，作为通过党的制度建设而形成的党的所有成员必须共同遵守的以党章为根本依据的党的法规、条例、规则等构成的党的建设制度，既要看到其不可比拟的优势和成功之处，也必须正视这一制度体系目前存在的问题。其实，之所以强调要深化党的建设制度改革，一个最直接并且最直观的原因正在于此。习近平总书记指出："我们中国共产党人干革命、搞建设、抓改革，从来都是为了解决中国的现实问题。可以说，改革是由问题倒逼而产生，又在不断解决问题中得以深化。"深化改革必须要有问题意识。十八届三中全会将党的建设制度改革纳入改革的整体部署，这本身就表明党的建设制度体系本身还存在这样或那样的问题。以问题为导向深化党的建设制度改革，就是要对制度体系中不适应的制度进行改进，缺位的制度要抓紧建立，不全面的制度要尽快完善，不合理的制度要坚决革除，也就是说要分层次、分类别、有所选择、有所主张地进行改革。同理，对于"国家治理体系与治理能力现代化"习近平总书记指出："改进和完善国家治理体系，要有主张、有定力。"习近平总书记强调要"有主张"、"有定力"，为我们改进和完善国家治理体系作了战略指引，所谓"有主张"，就是要有"善于观大势、谋大事"的战略思维，即把握现代国家治理的内在规律，着眼国家治理的价值目标，科学谋划、精心布局、协调推进。"有定力"就是要保持国家大政方针的持之以恒与重大改革的"于法有据"。在二者的逻辑关系上，"有主张"是前提，是内核，"定力"是基于"主张"而生，并对主张加以肯定、规则与提升的内力。这种战略定力是建立在对中国特色社会主义制度自信的基础上的，同时也是建立在自觉的基础上，强调战略定力不是无所作为，也不是胡乱作为，而是有原则、有方向、有立场、有顺序的作为。

最后，从宗旨上看，二者的核心追求是最大限度地增加人民福祉。"深化党的建设制度改革"，不是为了深化而深化，也不是为了改革而改革，更不是为了制度而制度，而是为了增强党的执政能力，保持党的先进性、纯洁性，使我们党能够在新的形势下经受住"四大考验"、化解"四大危险"，实现自我反省、自我检验、自我革新、自我完善，真正地实现以人民满意为标准，从人民的批评和不满中发现问题，从人民的支持和监督中吸取力量，更好地打造"党离不开人民、人民离不开党"的命运共同体，更好地贯彻以人为本、为人民服务的宗旨。推进国家治理体系和治理能力现代化，不是要改变我们的国体，而是以发展和完善中国特色社会主义制度为前提，是为了更好地坚持与发展中国特色社会主义，是想通过国家治理体系和治理能力的现代化，为人民的生存与发展创造一个更好的社会环境，实现人民有更好的教育、更稳定的工作、更满意的收入、更可靠的社会保障、更高水平的医疗卫生服务、更舒适的居住条件、更优美的环境的幸福生活梦，因此，我们通过深化党的建设制度改革推进国家治理体系和治理能力现代化的真正目的就是为了增进人民的福祉，使人民工作得更好、生活得更好。

通过"深化党的建设制度改革"来推进"国家治理现代化"：因为"深化党的建设制度改革"与推进"国家治理体系与治理能力现代化"二者具有一致性，因而，完善和发展党的建设制度改革对于推进国家治理体系和治理能力现代化具有可能性，因为国家治理体现体系和现代化的标准要求中国共产党科学执政、民主执政、依法执政，而我们党的执政方式离这个标准还有一定的距离，因此，通过"深化党的建设制度改革"来推进"国家治理体系和治理能力现代化"具有必要性。要把这种可能性和必要性转化为现实性，还必须找到"深化党的领导制度改革"推动"国家治理体系和治理能力现代化"的着力点和现实途径。

首先，健全完善民主集中制。民主集中制是我们党的政治优势，是党的根本组织制度和领导制度。只有加强民主集中制建设，科学执政、民主执政、依法执政水平才会有保证。要科学配置权力，理顺各方面的关系。要健全完善党内选举、党务公开等具体制度，规范党内政治生活，强化党的组织纪律，保障党内民主权力。要构建决策科学、执行顺畅、监督有力的权力运作体系，明确党风廉政建设的主体责任，健全完善反腐倡廉法规制度体系，加强和改进对主要领导干部行使权力的制约与监督。

其次，依法依规从严治党。党的十八届四中全会明确指出："依法执政，既要求党依据宪法和法律治国理政，也要求党依据党内法规管党治党。"① 在全面推进依法治国和国家治理体系和治理能力现代化的时代背

①《〈中共中央关于全面推进依法治国若干重大问题的决定〉辅导读本》，人民出版社2014年版，第5页。

景下，依法依规从严管党治党已成为当前和今后一个很长时期社会主义法治体系建设的重要任务和关键环节。依法依规从严管党治党，强调的是要把依法治国的基本理念和精神内核贯彻到党的领导活动和自身建设中来，是依法治国的题中应有之义，其具有两个方面的重要内容："（一）党必须在宪法和法律的范围内活动；（二）党必须加强自身的制度建设和法规建设，用完备的制度实现党内生活的民主化、法治化。"党的十八大以来，以习近平同志为总书记的党中央提出要提高党科学执政、民主执政和依法执政的水平，完善党的领导体制和执政方式。国家法律和党内法规的建设力度不断加强、修订频率不断加快，充分体现了习近平总书记有计划有步骤地统筹推进管党治党制度化、规范化、程序化、法治化的新理念和新要求。可以说，依法依规从严管党治党，是我们对"制度建设"的深化，也是我们党发展社会主义民主政治，实现依法治国，推进国家治理体系和治理能力现代化的必然要求。

再次，通过增强党的建设制度自信、凝聚共识并坚守社会主义核心价值观，推进国家治理体系与国家治理能力现代化。我们知道国家治理的有效程度，往往取决于社会共识的凝聚程度，因为一个缺乏基本社会共识的国家根本谈不上有效治理。因此要凝聚对于国家和民族对社会主义基本制度的认同。现代化本身是一个过程，实现国家治理体系和治理能力现代化，要求适应与把握现代社会的特点及其发展趋势。对于进入改革攻坚克难阶段的中国而言，全社会只有坚定国家统一和民族团结的信念，坚定社会主义基本制度的认同和自信，才能推进国家治理体系和治理能力的现代化。

最后，通过循序渐进变革的过程，推进国家治理体系与国家治理能力现代化。国家治理体系与治理能力现代化不可能一步到位。邓小平曾这样指出："恐怕再有 30 年的时间，我们才会在各方面形成一整套更加成熟、更加定型的制度。在这个制度下的方针、政策也将更加定型化。"党的十八届三中全会提出，"到二〇二〇年，在重要领域和关键环节改革上取得决定性成果，完成本决定提出的改革任务，形成系统完备、科学规范、运行有效的制度体系，使各方面制度更加成熟更加定型"，为国家治理体系和治理能力现代化确定的"时间表"与邓小平当年提出的制度定型化的"时间表"基本吻合，既反映了当下中国国家治理体系的长期发展、渐进改进和内生性演化，又表明了中国国家治理体系改进和完善是有主张、有定力的自我完善和发展。国家治理体系的现代化是一个长期积累、逐步推进的过程，是新旧体制并存、新体制逐步代替旧体制的过程。在这个过程中，新旧体制并存极有可能因为彼此不相容发生摩擦和冲突，造成新体制还没有建立起来，旧体制已失去作用的情况，使政治体制陷入矛盾之中、国家治理处于紊乱状态。要使新旧体制都在规范的轨道上运行，避免出现权力失范，只能稳步推进累进式的国家治理体系改革，通过渐进式的改革去实现体制的根本性转化与完善。我们知道，现有国家治理体系中的制度体系的弊端不但不能一下子就消除，相反，在新体制还没有建立起来之前，仍然需要原有的旧体制发挥作用，尽管这个旧体制最终将被替代。古今中外的历史经验已经反复证明，对于任何一个社会来讲，秩序都是必要的，它是政治社会追求或遵从的基本目标，只要现存政治统治不是极度衰败从而完全丧失其合理性，某种程度的政治秩序不仅仅是统治阶级所追求的，而且是大多数社会成员所愿意遵从或容忍的。完善和发展中国特色社会主义制度，推进国家治理体系和治理能力现代化，既要兴利除弊，又要保证新旧体制的平稳过渡，是一个必须十分谨慎的任务。

2014年2月，习近平总书记在省部级主要领导干部专题研讨班上发表了重要讲话，从近代世界与中国社会变革的历史维度，从推进国家治理体系和治理能力现代化的战略高度，深刻阐明了"完善和发展中国特色社会主义制度、推进国家治理体系和治理能力现代化"这一全面深化改革总目标的理论基础和科学内涵，阐述了中国制度模式选择问题，强调这是坚持和发展中国特色社会主义的必然要求，也是实现社会主义现代化的应有之义。这就明确告诉我们，推进改革的目的是要不断完善和发展中国特色社会主义制度，既不走封闭僵化的老路，也不走改旗易帜的邪路，而是立足中国国情、坚持社会主义原则，在中国共产党的正确领导下，借鉴人类文明的积极成果，锐意改革、积极进取、不断推进的过程。对于这个过程，我们要认识到其长期性、艰巨性、复杂性，充分做好进行新的历史特点伟大斗争的准备，只有这样，我们才能做到既不是不作为，也不是乱作为，而是在尽力而为、量力而行的原则下通过深化党的建设制度改革推进国家治理体系和治理能力现代化。

第六章　中国特色社会主义现代化理论形成与发展的基本经验

　　胡锦涛在主持2009年中共中央政治局就新中国成立以来对社会主义现代化的认识和实践进行第十六次集体学习时指出："振兴中华、赶上世界潮流，使中华民族屹立于世界民族之林，是长期以来中国人民和中华民族孜孜以求的夙愿。1949年新中国成立，中华民族从此开启了自身发展新的历史纪元。几十年来，我们党团结带领全国各族人民承前启后、继往开来，为实现社会主义现代化进行了不懈探索和顽强奋斗，经历和战胜种种艰难曲折，取得了举世瞩目的伟大成就。我们要以新中国成立60周年为新的起点，高举中国特色社会主义伟大旗帜，以邓小平理论和'三个代表'重要思想为指导，深入贯彻落实科学发展观，总结经验，把握规律，开拓创新，在新的时代条件下继续推进社会主义现代化，不断夺取全面建设小康社会的新胜利。"① 这里，我们不难看出，要把握中国社会主义现代化建设的规律，在新的历史条件下继续推进社会主义现代化，一个前提就是要总结经验，这个经验包括实践创新的经验，也包括理论创新的经验，其中胡锦涛就实践创新的经验谈了四点启示，他说："回顾和总结新中国成立以来我们党团结带领人民推进社会主义现代化的长期实践，可以得出很多重要启示，感受最深的有四点：一是要坚持解放思想、实事求是、与时俱进、着力探索和把握我国社会主义现代化的规律；二是要坚持以经济建设为中心、着力推进全面协调可持续的科学发展；三是要加强制度建设，着力构建有利于科学发展的体制机制；四是要坚持正确处理改革

---

　　① 《人民日报》2009年9月10日第1版。

发展稳定关系，着力保持社会大局稳定。"① 这四点启示，是在总结党领导人民进行现代化建设经验基础上得出的，是新中国成立 60 周年党领导人民探索现代化建设规律的科学总结，是今后一个时期指导社会主义现代化建设的根本指针。不仅如此，胡锦涛还就现代化建设的主体力量作出了深刻总结，他指出："我国社会主义现代化事业是全国各族人民的共同事业，人民是实现我国社会主义现代化的根本力量。各级党委和政府要充分发挥人民的首创精神，坚持发展为了人民、发展依靠人民、发展成果由人民共享，切实解决人民最关心最直接最现实的利益问题，使全体人民朝着共同富裕方向稳步前进，进一步把全国各族人民的智慧和力量凝聚到全面建设小康社会、加快推进社会主义现代化的伟大事业上。"② 结合胡锦涛的讲话，遵循理论形成发展的基本规律，回顾中国特色社会主义现代化理论创新的历程，可以得出很多启示，感受最深有以下四点。

第一节　发展社会主义现代化理论必须尊重人民群众的首创精神

人民群众是历史的真正创造者，也是探索中国特色社会主义现代化理论的主体和依靠力量。社会主义现代化建设事业，是空前伟大的事业，是亿万人民群众自己的事业，具有开拓性的中国特色社会主义现代化事业是内含着无限聪明才智的人民群众自己干出来的。

首先，作为中国特色社会主义现代化理论奠基性的组成部分，邓小平现代化理论的鲜明特点就是尊重人民群众的创造性。邓小平切实把坚持群众路线作为解决发展中问题的一个极为重要的工作方法。1988 年 6 月 7 日，邓小平在一次讲话中说，搞好改革"关键是两条，第一条就是要同人民一起商量着办事"。③ 这是说改革要走群众路线，倾听群众的呼声，尊重群众的意见。而邓小平坚持群众路线的工作方法，突出表现在对待农村家庭联产承包责任制的态度和处理上面。到 1980 年前后，农村家庭联产承包经营的成效举世瞩目，它对我国农业、农村的发展已经起到了并且

---

① 《人民日报》2009 年 9 月 10 日第 1 版。
② 同上。
③ 《邓小平文选》第 3 卷，人民出版社 1993 年版，第 268 页。

继续在起着极为重要的促进作用。但是，它之所以能在全国广大农村迅速
推广，并且坚持和巩固下来，得以逐渐完善，正是得益于邓小平等中央领
导人在改革中实行"从群众中来，到群众中去"这一科学方法。对此，
邓小平曾多次明确指出："农村家庭联产承包，这个发明权是农民的。农
村改革中的好多东西，都是基层创造出来的，我们把它拿出来加工提高，
作为全国的指导。"① 邓小平坚持群众路线这一科学的工作方法还表现在
他对乡镇企业的态度与处理上面。1987 年 8 月 29 日，邓小平在向外宾介
绍我国农村改革的情况时说："农村实行家庭联产承包责任制后，剩余的
劳动力怎么办？"我们原来没有想到很好的出路。而"十年的经验证明，
只要调动基层和农业的积极性，发展多种经营，发展新型的乡镇企业，这
个问题就能解决。乡镇企业容纳了百分之五十的农村剩余劳动力"。但
是，"那不是我们领导出的主意，而是基层农业单位和农民自己创造的。"
他接着指出，这是由于我们的农村改革"把权力下放给基层和人民，这
就是最大的民主"。② 邓小平之所以这样讲，是他尊重实践、尊重群众、
尊重历史的科学结论。邓小平现代化理论的鲜明品格就是尊重群众的首创
精神。邓小平始终把"人民拥护不拥护"、"人民赞成不赞成"、"人民高
兴不高兴""人民答应不答应"作为制定各项方针、政策的出发点和归
宿。这种尊重人民首创精神的特征使邓小平现代化理论深深扎根于群众的
实践活动中，具有旺盛的生命创造力。

　　其次，"三个代表"重要思想中的现代化理论强调党要代表最广大人
民的根本利益。"三个代表"重要思想一直强调群众观点是我们党的基本
政治观点，群众路线是我们党的根本工作路线。真正掌握和实践了群众观
点、群众路线，也就能真正掌握和实践历史唯物主义和党的思想路线，真
正掌握和实践马克思主义的领导方法和工作方法。始终注意我国社会生活
的新变化和群众工作的新特点，善于从群众的实践中吸取经验，从群众的
意见中吸取智慧。1995 年江泽民在一次讲话中指出，"推进改革和建设需
要我们解决的问题不少，好办法从哪里来呢？不是从天上掉下来的，也不
是我们头脑里固有的，归根到底是来自于人民群众创造历史的丰富多彩的
实践。谁深深扎根于人民之中，同广大群众结合在一起，谁就有力量、有

　　① 《邓小平文选》第 3 卷，人民出版社 1993 年版，第 382 页。
　　② 《邓小平思想年谱（一九七五──一九九七）》，中央文献出版社 1998 年版，第 394 页。

智慧、有办法。要经常深入基层、深入群众，老老实实调查研究，老老实实听取群众意见，老老实实改进工作，集中群众的智慧和力量去发展我们的各项事业"。①

"三个代表"重要思想一直强调要深入实际、深入群众，在群众实践的基础上推进理论创新。2000年2月20日，江泽民指出："必须经常深入到群众中去，了解群众的愿望和要求，发现群众在实践中创造的新鲜经验，加以总结提高，并及时向上反映，以利上级作出正确的决策和部署。"② 只有科学地总结群众的新鲜经验，党的理论创新才能顺利进展。"三个代表"重要思想一直强调要实现好、发展好、维护好最广大人民的根本利益，这是我们党理论创新的基本出发点。2002年2月，江泽民讲："贯彻'三个代表'要求，最根本的是要不断实现好、发展好、维护好最广大人民的根本利益。这是我们党的一切工作的出发点和落脚点，也是正确处理改革、发展、稳定关系的结合点。"同时提出各级领导干部要"深怀爱民之心，恪守为民之责，善谋富民之策，多办利民之事"。③ 这也是"三个代表"重要思想推进理论创新的根本要求。

最后，科学发展观的核心是以人为本，强调在新世纪新阶段要满足人民群众的迫切要求。党的十六大以来党中央提出的一系列重大战略思想，都贯穿着一条红线——以人为本。新世纪新阶段，国民经济快速发展，但一些地方、一些人由于对发展的误解，导致在经济社会发展过程中只见"物"不见人。为了扭转这种状况，我们党提出了科学发展，而科学发展的核心就是以人为本。2004年2月21日，温家宝在省部级主要领导干部"树立和落实科学发展观"专题研究班结业式上的讲话中指出："以人为本，就是要把人民的利益作为一切工作的出发点和落脚点，不断满足人们的多方面需求和促进人的全面发展。具体地说，就是在经济发展的基础上，不断提高人民群众物质文化生活水平和健康水平；就是要尊重和保障人权，包括公民的政治、经济、文化权利；就是要不断提高人们的思想道德素质、科学文化素质和健康素质；就是要创造人们平等发展，充分发挥

---

① 《人民日报》1995年7月1日第1版。

② 《江泽民论加强和改进执政党建设（专题摘编）》，中央文献出版社、研究出版社2004年版，第452页。

③ 同上书，第464页。

聪明才智的社会环境。"① 2006 年 4 月 21 日，胡锦涛在美国耶鲁大学发表演讲时说："今天，我们坚持以人为本，就是要坚持发展为了人民、发展依靠人民、发展成果由人民共享，关注人的价值、权益和自由，关注人的生活质量、发展潜能和幸福指数，最终是为了实现人的全面发展。"② 中国共产党第十七次全国代表大会的报告更明确指出："必须坚持以人为本。全心全意为人民服务是党的根本宗旨，党的一切奋斗和工作都是为了造福人民。要始终把实现好、维护好、发展好最广大人民的根本利益作为党和国家一切工作的出发点和落脚点，尊重人民主体地位，发挥人民首创精神，保障人民各项权益，走共同富裕道路，促进人的全面发展，做到发展为了人民、发展依靠人民、发展成果由人民共享。"③

　　新世纪新阶段，社会总体上和谐，但社会中存在不少影响和谐的矛盾和问题。针对这些问题，为了从根本上解决这些问题，我们党提出了构建社会主义和谐社会的思想。构建社会主义和谐社会，其中要遵循的一个重要原则就是以人为本。2006 年十六届六中全会通过的《中共中央关于构建社会主义和谐社会若干重大问题的决定》指出："始终把最广大人民的根本利益作为党和国家一切工作的出发点和落脚点，实现好、维护好、发展好最广大人民的根本利益，不断满足人民日益增长的物质文化生活需要，做到发展为了人民、发展依靠人民、发展成果由人民共享、促进人的全面发展。"④ 新世纪新阶段，农业农村发展出现了积极变化，但农业基础设施薄弱、农村社会事业发展滞后、城乡居民收入差距扩大的矛盾依然突出。针对这些问题，我们党提出了建设社会主义新农村的思想。建设社会主义新农村的目标是实现"生产发展、生活富裕、乡风文明、村容整洁、管理民主"，建设社会主义新农村的主体是亿万农民。温家宝在 2006 年 2 月 20 日省部级主要领导干部建设社会主义新农村专题研讨班上的讲话中指出："建设社会主义新农村必须尊重实际、尊重群众，让农民得到实实在在的利益。这两个尊重是农村改革的基本经验，也是我们党领导农村工作的基本原则。""我国农民是有首创精神的。土地承包、乡镇企业、小城镇、农业产业化、村民自治。这些重大改革都是农民群众的伟大创

---

① 《十六大以来重要文献选编》（上），中央文献出版社 2006 年版，第 768 页。
② 《十六大以来重要文献选编》（下），中央文献出版社 2008 年版，第 429 页。
③ 《中国共产党第十七次全国代表大会文件汇编》，人民出版社 2007 年版，第 15 页。
④ 《十六大以来重要文献选编》（下），中央文献出版社 2008 年版，第 651 页。

造，建设社会主义新农村也必须依靠亿万农民的积极性和创造性。"①

总之，尊重群众的首创精神必须与坚持"一切为了群众，一切依靠群众，从群众中来，到群众中去"的群众路线衔接起来。"从群众中来，到群众中去"就是一个实事求是的过程。因此，我们必须确定人民群众的实践主体地位，全心全意依靠广大人民群众，大力推进中国特色社会主义现代化理论创新。

第二节　探索社会主义现代化理论必须立足本国基本国情

所谓的一切从中国实际出发，就是要一切从中国的现实国情出发。中国现实最大的国情就是我们正处于、并将长期处于社会主义初级阶段。这是探索我们现代化建设理论的一个基本立足点。毛泽东在党的七大上讲过："我们的中央路线，是反映了全党大多数同志要求的路线，是反映了全国大多数人民要求的路线。这条路线是从哪里来的呢？是从天上掉下来的吗？不是，是从外国送来的吗？也不是。它是从中国土地上生长出来的。"② 这是对正确理论来源于对中国国情认识的生动概括。但是，对中国国情的认识不是一蹴而就的。在革命战争年代要正确认识中国国情，才能形成指导中国革命的正确理论。在新中国成立后的建设时期，要想形成指导中国现代化建设的科学理论，同样还要对中国国情进行再认识。从新中国成立到十一届三中全会前的 29 年，社会主义现代化建设既有胜利也有挫折，但无论胜利还是挫折，都与是否正确把握中国国情和所处的历史方位紧密相关。新中国成立后的头七年和 20 世纪 60 年代初期的纠"左"是对国情认识比较清醒的时期，国家的建设就比较顺利。50 年代后期连续三年的"大跃进"和此后十年的"文化大革命"两次全局性的严重失误，都与不能正确认识中国国情和我们国家所处的社会主义历史方位有密切关系。正因为如此，在党的十一届三中全会后，以邓小平为核心的中央领导集体十分重视对中国国情的分析和认识。党的十一届六中全会通过的《关于建国以来党的若干历史问题的决议》，对我国现阶段的基本国情作了理论提升，明确指出我国的社会主义制度还是处于初级阶段。此后，邓

---

① 《十六大以来重要文献选编》（下），中央文献出版社 2008 年版，第 297—298 页。
② 《毛泽东文集》第 3 卷，人民出版社 1996 年版，第 315 页。

小平进一步指出：社会主义初级阶段就是不发达的阶段，"一切都要从这个实际出发，根据这个实际来制定规划"①。按照这一思路，党的十三大报告对社会主义初级阶段第一次进行了系统的阐述。报告指出："我国正处在社会主义的初级阶段。这个论断，包括两层含义。第一，我国社会已经是社会主义社会。我们必须坚持而不能离开社会主义。第二，我国的社会主义社会还处在初级阶段。我们必须从这个实际出发，而不能超越这个阶段。"② 深刻指出正确认识这一点是形成中国特色社会主义现代化理论的首要问题。并以此为立论基础，明确概括和阐述党在这一阶段关于现代化建设的基本路线、发展战略等方针政策。在党的十四大召开之前，邓小平在南方谈话中再一次强调了社会主义初级阶段及其长期性。他指出："我们搞社会主义才几十年，还处在初级阶段，巩固和发展社会主义制度，还需要一个很长的历史阶段，需要我们几代人、十几代人，甚至几十代人坚持不懈地努力奋斗，决不能掉以轻心。"③ 同年 10 月党的十四大根据邓小平的讲话精神，在确定我国经济体制改革的目标是建立社会主义市场经济的同时，对建设有中国特色社会主义理论的科学体系作了系统的概括，社会主义初级阶段就是其中主要内容之一，且被放在了这个理论体系的重要位置。

在我国社会主义现代化建设进入世纪之交的重要时刻，党的十五大高举邓小平理论伟大旗帜，把社会主义初级阶段作为党的基本路线、基本纲领和基本政策的理论基础，又再一次进行了系统的论述，深化了对基本国情的认识。江泽民在党的十五大报告中指出："我们将一切从实际出发，最大的实际就是中国现在处于并将长期处于社会主义初级阶段。""面对改革开放和开创新局面的艰巨任务，我们解决种种矛盾、澄清种种疑惑，认识为什么实行这样的路线和政策而不能实现那样的路线和政策，关键还在于对所处社会主义初级阶段的基本国情要有统一的认识和把握。""我们想要搞清楚'什么是社会主义、怎样建设社会主义'，就必须搞清楚什么是初级阶段的社会主义，在初级阶段怎样建设社会主义。"④ 在这里，他不仅强调了我国将长期处于社会主义初级阶段，而且把它与中国特色社

---

① 《邓小平文选》第 3 卷，人民出版社 1993 年版，第 252 页。
② 《十三大以来重要文献选编》（上），人民出版社 1991 年版，第 9 页。
③ 《邓小平文选》第 3 卷，人民出版社 1993 年版，第 379—380 页。
④ 《十五大以来重要文献选编》（上），人民出版社 2000 年版，第 14—15 页。

会主义现代化的首要的根本问题结合起来，进一步凸显了社会主义初级阶段这一理论在中国特色社会主义现代化建设中的基础重要地位。他还从历史经验和新的实践经验的对比上，说明坚持这一科学论断的重要意义。指出："十一届三中全会前我们在建设社会主义中出现失误的根本原因之一，就在于提出的一些任务和政策超越了社会主义初级阶段。近二十年改革开放和现代化建设取得成功的根本原因之一，就是克服了那些超越阶段的错误观念和政策，又抵制了抛弃社会主义基本制度的错误主张。这样做，没有离开社会主义，而是脚踏实地地建设社会主义，使社会主义在中国真正活跃和兴旺起来，广大人民从切身感受中更加拥护社会主义。"[①]围绕着搞清楚什么是初级阶段的社会主义，在初级阶段怎样建设社会主义这一基本问题，党的十五大报告在对社会主义初级阶段认识深化的基础上，还根据邓小平和党的基本路线，制定了党在社会主义初级阶段建设有中国特色社会主义的基本纲领，确定了在社会主义初级阶段必须长期坚持的基本经济制度和一系列基本政策。在进入新世纪之际，我国的社会主义现代化建设也进入了全面建设小康社会的新时期。"三个代表"重要思想就是对基本国情所发生变化的阶段性变化深入把握的结果。

2007 年，在党的十七大上，中国共产党对社会主义初级阶段的基本国情及其发展现状进行了系统阐述，并明确指出我们必须立足于社会主义初级阶段这个最大的实际来推进改革、谋划发展。报告指出："经过新中国成立以来特别是改革开放以来的不懈努力，我们取得了举世瞩目的发展成就，从生产力到生产关系，从经济基础到上层建筑都发生了意义深远的重大变化，但我国仍处于并将长期处于社会主义初级阶段的基本国情没变，人民日益增长的物质文化需要同落后的社会生产之间的矛盾这一主要矛盾没有变。当前我国发展的阶段性特征，是社会主义初级阶段基本国情在新世纪新阶段的具体表现。强调认识社会主义初级阶段基本国情，不是要妄自菲薄、自甘落后，也不是要脱离实际、急于求成，而是要坚持把它作为推进改革、谋划发展的根本依据。我们必须保持清醒头脑，立足社会主义初级阶段这个最大的实际，科学分析我国全面参与经济全球化的新机遇、新挑战，全面认识工业化、信息化、城镇化、市场化、国际化深入发展的新形势新任务，深刻把握我国发展面临的新课题新矛盾，更加自觉地

---

① 《十五大以来重要文献选编》（上），人民出版社 2000 年版，第 14 页。

走科学发展道路，奋力开拓中国特色社会主义更为广阔的发展前景。"①

　　总的来说，科学判断当代中国的具体国情，明确提出社会主义初级阶段的科学概念，这既是中国特色社会主义现代化理论的重大理论创新成果，同时也为进一步推进中国特色社会主义现代化理论探索创造了条件。建设和发展中国特色社会主义现代化事业，是一项崭新的事业，马克思主义本本上没有现成的理论，因此，我们按照马克思主义的基本原理，结合当代中国的具体国情，一切从社会主义初级阶段的实际出发，在实践中学习和探索。从社会主义初级阶段出发所进行的理论探索，也就是中国特色社会主义现代化理论形成与发展的过程。当代中国特色社会主义现代化理论探索所取得的一切成果，都是以社会主义初级阶段这个最大实际为根本依据的。

第三节　创新社会主义现代化理论必须坚持与时俱进

　　建党 90 多年来，我们党的现代化事业之所以能够不断从胜利走向新的胜利，根本原因就在于，党总是从不断发展变化的客观事实出发，遵循历史演进的客观规律，把马克思主义基本原理创造性地运用于中国革命和建设的具体实际，把党的理论和实践不断推向更高阶段，以新的理论反映现实，指导和推进新的实践，又用新的实践不断丰富和发展新的理论。

　　旧中国是一个农民占人口绝大多数，小农经济像汪洋大海一样的国家。在这样的国家进行革命，简单地照搬马列的本本是不行的，必须在理论创新上付出艰辛的努力，把马克思主义普遍原理与中国具体实践创造性地结合起来，探索一条适合中国国情的革命道路。以毛泽东为主要代表的中国共产党人，在同党内右倾机会主义和"左"倾教条主义的斗争中，实现了马克思主义与中国实际相结合的第一次历史性飞跃，形成了毛泽东思想。在毛泽东思想指引下，我们党的凝聚力、号召力空前高涨，领导全国人民夺取了新民主主义伟大胜利，展开了大规模的社会主义改造和建设历程，使中国从半殖民地半封建国家转变为日益强大的社会主义国家。

　　党的十一届三中全会总结了我国社会主义建设的经验教训，特别是总结了"文化大革命"的沉痛教训，果断地放弃了"以阶级斗争为纲"，提

_____

　　① 《十七大以来重要文献选编》（上），中央文献出版社 2009 年版，第 11 页。

出以经济建设为中心，实行改革开放，从而开创了中国社会主义建设的新时期。在这一时期，马克思主义与当代中国实际相结合凝结成的关于改革开放、建设中国特色社会主义现代化的一系列方针政策，通过共产党人的身体力行从理论转化为实践，聚合成中华民族的伟大时代精神，转变成亿万人民投身其中并充分展示其伟力的壮丽事业。在这一时期，我们党不断推进理论创新，为马克思主义注入了一系列新的内容。这些内容集中体现在邓小平关于现代化的一系列论述中。在邓小平现代化理论的指导下，我们党与时俱进，使中国特色社会主义现代化走出僵化，焕发出空前未有的生机与活力。

以江泽民为核心的党的第三代领导集体，立足时代要求，科学总结历史经验，针对20世纪八九十年代以来国际局势的急剧变化和中国改革开放遇到的新问题，展望21世纪我国的发展，创造性地继承和发展了马克思列宁主义、毛泽东思想、邓小平理论，提出了"三个代表"重要思想。"三个代表"重要思想，是理论创新和实践创新的光辉典范，进一步回答了"什么是社会主义，怎样建设社会主义"，创造性地回答了"建设一个什么样的党、怎样建设党"的问题，为更好地推进改革开放和现代化建设，加强和改进党的建设指明了方向。正是在"三个代表"重要思想指导下，党的十三届四中全会以来，全党和全国人民奋力开创中国特色社会主义现代化事业的新局面，把中华民族复兴大业推进到了新的发展阶段。

以胡锦涛为总书记的党中央新的领导集体，不辜负全党和全国人民的厚望，高举邓小平理论和"三个代表"重要思想旗帜，与时俱进，励精图治，亲民爱民，求真务实，弘扬"两个务必"，坚持改革创新，提出以人为本、全面、协调、可持续的科学发展观，创立了构建社会主义和谐社会等一系列新理论，各项工作呈现欣欣向荣的局面，受到全党和全国人民的衷心拥戴。

历史表明，中国共产党人始终遵循历史演进的客观规律，围绕着中国改革与建设的实践和任务，不断回答党的现代化事业面临的种种时代课题，不断推进党的建设和国家富强的理论创新和实践创新。正因为如此，中国共产党才能始终站在历史发展的制高点上，把握社会演进的最终决定力量，立足时代进步的潮流，广纳百川，兼蓄古今中外一切优秀文明成果，始终保持和发扬自身的政治优势和理论优势，永远立于不败之地。

第四节　丰富社会主义现代化理论必须总结历史经验教训

中共十一届三中全会以前的中国，在现代化建设上有成功的经验，也出现了许多失误，特别是在选择和运用现代化发展战略上犯的错误，使中国现代化建设遭到挫折。对此，进行历史反思和总结历史经验教训就为邓小平现代化发展战略思想提供了一些重要的思想启发和借鉴。邓小平指出："从 1957 年下半年开始，我们就犯了'左'的错误，总的来说，就是对外封闭，对内以阶级斗争为纲，忽视发展生产力，制定的政策超越了社会主义初级阶段。"① 对中共十一届三中全会以前中国社会主义现代化经验教训的总结，成为邓小平社会主义现代化理论产生的重要思想基础，这就决定了邓小平现代化思想的基本特点就是，坚持解放思想，不能离开社会主义本质任务的实现。

中共十一届三中全会提出把工作重点转移到现代化建设上来，并开始了以改革开放为主的一系列现代化建设的政策措施，中国经历了历史巨变，取得了举世瞩目的现代化经济发展的成就。邓小平在总结这一时期的成功经验时，概括为三大转变："1978 年我们党的十一届三中全会对过去作了系统的总结，提出了一系列新的方针政策。中心点是从阶级斗争为纲转移到以发展生产力为中心，从封闭转到开放，从固守成规转到各方面的改革。"② 由此可以说，中共十一届三中全会以前中国社会主义现代化建设过程中失败的经验教训为邓小平现代化理论的产生，提供了重要的历史借鉴。这是总结历史经验教训的一个方面；另一方面，邓小平正是在充分吸取中共十一届三中全会以前的在中国向社会主义现代化的艰难探索中做出的一系列可贵思想的基础上，提出了社会主义现代化思想。这是指毛泽东提出的四个现代化思想，以及"两步走"实现现代化战略等思想。

进入 20 世纪 90 年代中后期以来，我们的现代化建设进入一个关键时期，改革已经处于攻坚阶段，改革难度加大。改革的领域已经由经济体制延伸到政治体制、由体制外进入体制内，所牵涉的利益面更广，关系更为复杂。发展已经处于关键时期，粗放型的经济增长方式，已经使我国的人

---

① 《邓小平文选》第 3 卷，人民出版社 1993 年版，第 269 页。

② 同上。

口、资源、环境与发展间的矛盾日益凸显。如果不彻底转变增长方式，我国的经济发展将难以持续。正是在这种形势下，党的第三代领导集体不断进取、开拓创新，中国特色社会主义现代化理论进一步丰富与发展。构建了新时期社会主义民主政治建设理论，进一步提出了新形势下经济现代化建设的思路和方针；提出了经济体制改革的目标就是建立社会主义市场经济体制，以市场经济推动中国经济现代化；提出了实行经济体制转变的同时，要实现经济增长方式的根本转变；制定了未来50年的新的"三步走"战略发展目标；确立了科教兴国发展战略等。明确提出中国特色社会主义文化的战略任务，以精神文明建设推动中国现代化文化建设。可见，中国特色社会主义现代化理论的拓展和完善，是党的几代领导人深刻把握社会主义现代化建设规律的结果。同时，也凝结着几代中国共产党人对现代化的不懈追求，是前两代中央领导集体探索的继续和延伸，党的中央三代领导集体的探索前后续接，从理论和实践两个方面勾画出中国社会主义现代化理论演进的独特轨迹，展示出"开拓—超越—创新"的历史传承关系。

改革开放以来，中国特色社会主义现代化建设成绩斐然，国民经济高速增长，综合国力和人民生活水平迈上了新的台阶。但是，不可否认，我国经济和社会发展仍然面临着许多突出的矛盾和问题。一些是长期存在的没有得到根本解决的深层次矛盾，一些则是新积累的矛盾和问题。具体而言，城乡分割的二元社会经济结构，一直没有得到很大的改变，城乡之间始终未能建立起均衡增长的良性互动机制；地区之间的发展很不平衡；我国人口、资源、环境与实现工业化之间存在不容忽视的问题。除了上述几个主要矛盾和问题以外，我国的社会保障、国民教育、公共卫生、社会公正等方面还有不少薄弱环节，重经济增长轻社会发展，人与自然的偏向还在一定程度上存在着。这些矛盾和问题，影响着改革的进一步深化，制约着我国社会主义现代化建设的进程，甚至危及社会和政治的稳定。正是基于这样的认识，在党的十六届三中全会上，以胡锦涛为总书记的党中央提出了科学发展观，科学发展观的提出绝非偶然，它是新世纪新阶段中国社会主义现代化建设的必然诉求。也就是"以人为本，全面、协调、可持续发展的"科学发展观，是针对我国社会主义现代化建设中所存在的突出问题和矛盾而提出的重大战略决策，是我国社会主义现代化建设经验教训的概括和总结，也是对全球发展经验教训和发展理论的借鉴和吸收，体现了新世纪加快我国社会主义现代化进程的理论诉求。

　　总之，中国特色社会主义现代化建设是一项长期的历史任务，必须坚持不懈地为之奋斗。发展中国特色社会主义现代化理论也是一项长期的历史任务，必须随着中国特色社会主义现代化实践的发展而发展。只有始终坚持中国特色社会主义现代化事业与基本国情相结合，与时代发展同进步、与人民群众共命运、与历史经验总结相衔接，才能焕发出强大的生命力、创造力、感召力、洞察力。

结语 中国特色社会主义现代化理论是指导中国实现现代化的根本指针

在当代中国，只有马克思主义与中国实际和时代特征相结合的中国特色社会主义现代化理论，而没有别的理论能够解决中国现代化的前途和命运问题。中国特色社会主义现代化理论在指导中国实现现代化上具有的这种不可替代性，并不是单纯的逻辑推导，而是中国现代化历史经验的科学总结，是现实改革开放实践经验的理性升华、时代发展的必然要求。

第一，中国特色社会主义现代化理论是对历史经验的科学总结。这里所说的历史经验，不仅指着眼于"器物"层面现代化的洋务运动、着眼于"制度"层面现代化的戊戌变法和辛亥革命、着眼于"文化"层面的五四新文化运动，而且也指作为五四运动产儿的中国共产党在新中国成立后的头七年、"文化大革命"的前十年，以及十年"文革"中关于现代化的认识，还指其他社会主义国家关于现代化建设的历史经验。正是通过对我国和其他社会主义国家关于现代化建设经验的科学总结，才有了党的十一届三中全会以后逐步形成的中国特色社会主义道路。这个道路的理论内涵就是胡锦涛在党的十七大上所概括的："在中国共产党领导下，立足基本国情、以经济建设为中心、坚持四项基本原则，坚持改革开放，解放和发展生产力，巩固完善社会主义制度，建设社会主义市场经济、社会主义民主政治、社会主义先进文化、社会主义和谐社会，建设富强、民主、文明、和谐的社会主义现代化国家。"① 其实中国特色社会主义道路就是中国特色社会主义现代化道路。这个不仅可以从中国特色社会主义道路的理论内涵上得到体现，而且可以从胡锦涛在庆祝建党 90 周年大会的讲话中

① 《中国共产党第十七次全国代表大会文件汇编》，人民出版社 2007 年版，第 11 页。

得到确认。胡锦涛指出："中国特色社会主义道路，是实现社会主义现代化的必由之路，是创造人民美好生活的必由之路。"

第二，中国特色社会主义现代化理论是对改革开放实践经验的理性升华。也就是说理论来源于实践，但是实践不能自发产生理论，需要通过人对实践的理论把握产生，也就是把能解决实践问题的方针、政策再理论化。这是一个从现象到本质、从感性到理性、从不知到知之甚少到知之甚多这样一个从零散到系统、从点到面逐步完善的认识过程。也就是说，中国特色社会主义现代化理论就是这样一个在实践与认识、历史与逻辑相统一的辩证过程中逐步形成和发展起来的。通过回顾中国特色社会主义现代化理论与时俱进的历史进程，我们可以清楚地看出，中国特色社会主义现代化理论作为对毛泽东现代化思想的继承与发展、对邓小平现代化理论、"三个代表"重要思想中的现代化理论、科学发展观中的现代化理论进行整合的科学理论体系，是在以毛泽东为代表的共产党人对中国社会主义现代化建设进行艰辛探索并取得宝贵经验的基础上孕育的，是在以邓小平为代表的共产党人对改革开放和社会主义现代化建设实践经验进行理论提升的基础上形成的，是在以江泽民为代表的中国共产党人带领人民把中国特色社会主义现代化事业推向前进的实践中进一步丰富和发展的，是在以胡锦涛为代表的共产党人全面建设小康社会的征途中继续深化和拓展的。因此，中国特色社会主义现代化理论既是历史经验的科学总结，又是实践经验的理性升华。

第三，中国特色社会主义现代化理论是时代发展的必然要求。伟大的思想，科学的理论，都不是凭空产生的，而是一定历史时代发展的必然产物。马克思、恩格斯曾经指出："一切划时代的体系的真正内容都是由于产生这些体系的那个时期的需要而形成的。"① 中国特色社会主义现代化理论也是如此。我们不难看出，不管是邓小平，还是江泽民、胡锦涛都具有胸怀祖国、放眼世界的战略眼光，因此无论是邓小平对中国特色社会主义现代化理论的开创和奠基，还是江泽民与胡锦涛对中国特色社会主义现代化理论的继承与发展、深化与拓展，都是马克思主义与中国国情和时代特征相结合的产物。因此，我们说，中国特色社会主义现代化理论不仅是历史经验的科学总结、现实实践的理性升华，而且还是时代发展的必然要

---

① 《马克思恩格斯全集》第 3 卷，人民出版社 1960 年版，第 544 页。

求和产物。

通过以上关于中国特色社会主义现代化理论形成与发展的历史条件、时代特征、实践需要的相关论述，我们不难看出，中国特色社会主义现代化理论应实践之需要而形成并发挥指导作用，而又被实践所不断突破进而实现自我完善的内在演进逻辑，正说明了中国特色社会主义现代化理论与中国特色社会主义现代化实践的内在一致性，即中国特色社会主义现代化实践的探索和开创过程，就是中国特色社会主义现代化理论形成和发展过程，继续推进中国特色社会主义现代化实践创新，就必须坚持以中国特色社会主义现代化理论为指导。这就是说，如果没有对中国特色社会主义现代化实践的探索和创新，中国特色社会主义现代化理论不可能逐步形成并不断发展；而如果没有中国特色社会主义现代化理论的不断形成和发展，同样不能有效地完成对中国特色社会主义实践的探索与开创。正是这种理论创新与实践创新的前后续接与相互制约推动着中国特色社会主义现代化理论在一脉相承中与时俱进。

由此我们可知，以实现国家繁荣富强和人民幸福安康为主旨，通过与本国国情相结合、与时代发展同进步、与人民群众共命运而形成的具有生命力、创造力、感召力的中国特色社会主义现代化理论，不是一成不变的集合体，而是过程的集合体，作为过程性存在的真理，中国特色社会主义现代化理论不是对现代化认识的终结，而是理论进一步发展的起点，也就是说理论是要经常变化的，但是这个变化一定是着眼于当前现代化发展的实际、着眼于跟当前生产力发展水平相适应为前提。在探索中国特色社会主义现代化理论的过程中，以毛泽东、邓小平、江泽民、胡锦涛为代表的中国共产党人都在特定的历史阶段杰出地完成了他们应当做也可以做得到的理论创新，但并没有结束这个过程。因为理论来源于实践，而实践永无止境，因此认识也永无止境。所以我们党对社会主义现代化建设规律的认识，只能是随着实践的发展而不断深化。而时至今日，中国依然处在基本实现现代化的征途中，发展和完善中国特色社会主义现代化理论、不断深化对中国特色社会主义现代化建设规律的认识依然需要我们一如既往地、持之以恒地进行实践探索和理论创新，尤其需要从理论与实践两个维度进行探索，之所以强调理论与实践双重探索，是因为社会主义现代化建设不可能认识完成了再去实践，也不可能等实践达到成熟的水平再去认识。而是边实践边认识、边认识边实践的过程，是认识和实践前后续接、相互制约的良性互动过程。由此可见，发展不是权宜之计，而是事物存在的常态。社会主义现代化建设的过程就是发展的过程。发展是中国特色社会主义现代化理论的自我完善。中国特色社会主义现代化理论的自我完善是理论探索与实践探索的双性互动。

中国特色社会主义现代化理论作为一种旨在改造世界的实践理论，其目的在于指导实践、变革现实，既以实践为起点，又以实践为归宿。中国特色社会主义现代化理论的价值和魅力，只有通过中国特色社会主义实践才能充分展现出来；中国特色社会主义现代化理论的真理性和科学性，只有通过实践才能得到确证。事实上，正是由于有了中国特色社会主义实践的成功，中国特色社会主义理论的科学性、真理性才得到了世人的普遍认同。中国实现现代化，需要科学理论指导，这个科学理论就是中国特色社会主义现代化理论。因此，我们要在全面建设小康社会，实现中国现代化的实践中坚持好、发展好中国特色社会主义现代化理论。在坚持与发展中国特色社会主义现代化理论的过程中最终实现我们的现代化目标。

参考文献

一 基本文献（部分）

1. 《马克思恩格斯选集》第1—4卷，人民出版社1995年版。

2. 《毛泽东选集》第1—4卷，人民出版社1991年版。

3. 《毛泽东文集》第1—8卷，人民出版社1993、1996、1999年版。

4. 《邓小平文选》第1—3卷，人民出版社1993、1994年版。

5. 《邓小平思想年谱（1975—1997）》，中央文献出版社1998年版。

6. 《邓小平年谱》（上、下），中央文献出版社2004年版。

7. 《江泽民文选》第1—3卷，人民出版社2006年版。

8. 《江泽民论有中国特色社会主义（专题摘编)》，中央文献出版社2002年版。

9. 《江泽民思想年编（1989—2008)》，中央文献出版社2010年版。

10. 《十二大以来重要文献选编》（上、中、下），人民出版社1986年版。

11. 《十三大以来重要文献选编》（上、中），人民出版社1991年版。

12. 《十三大以来重要文献选编》（下），人民出版社1993年版。

13. 《十四大以来重要文献选编》（上），人民出版社1996年版。

14. 《十四大以来重要文献选编》（中），人民出版社1997年版。

15. 《十四大以来重要文献选编》（下），人民出版社1999年版。

16. 《十五大以来重要文献选编》（上），人民出版社2000年版。

17. 《十五大以来重要文献选编》（中），人民出版社2001年版。

18. 《十五大以来重要文献选编》（下），人民出版社2003年版。

19. 《十六大以来重要文献选编》（上），中央文献出版社2005年版。

20. 《十六大以来重要文献选编》（中），中央文献出版社2006年版。

21.《十六大以来重要文献选编》（下），中央文献出版社 2008 年版。

22.《十七大以来重要文献选编》（上），中央文献出版社 2009 年版。

23.《十七大以来重要文献选编》（中），中央文献出版社 2011 年版。

24.《十七大以来重要文献选编》（下），中央文献出版社 2013 年版。

25.《十八大以来重要文献选编》（上），中央文献出版社 2014 年版。

26.《习近平总书记系列重要讲话读本》，学习出版社、人民出版社 2014
年版。

27.《习近平谈治国理政》，外文出版社 2014 年版。

二　学术著作（部分）

1. ［美］塞缪尔·亨廷顿：《现代化：理论与历史经验的再探讨》，上海
译文出版社 1996 年版。

2. ［美］亨廷顿：《变化社会中的政治秩序》，王冠华等译，上海人民出
版社 2008 年版。

3. ［美］吉尔伯特·罗兹曼：《中国的现代化》，江苏人民出版社 1995
年版。

4. 郑德荣：《国情·道路·现代化》，吉林文史出版社 2001 年版。

5. 罗荣渠：《现代化新论——世界与中国的现代化进程》，北京大学出版
社 1993 年版。

6. 罗荣渠：《现代化新论续篇》，北京大学出版社 1997 年版。

7. 罗荣渠主编：《现代化——理论与历史经验的再探讨》，上海译文出版
社 1993 年版。

8. 尹保云：《什么是现代化——概念与范式的探索》，人民出版社 2001
年版。

9. 尹保云：《现代化通病——二十多个国家和地区的经验与教训》，天津
人民出版社 1999 年版。

10. 周安伯、严翅君、冯必扬：《发展理论与中国现代化》，国家行政学
院出版社 1998 年版。

11. 方雷：《现代化战略与模式选择》，山东人民出版社 1996 年版。

12. 丰子义：《现代化进程的矛盾与诉求》，北京出版社 1999 年版。

13. 丰子义：《现代化的理论基础——马克思现代社会发展理论研究》，
北京大学出版社 1995 年版。

14. 沈嘉荣主编:《中国现代化百年探索》,南京出版社1998年版。

15. 秦千里、易豪精:《中国共产党与中国现代化》,湖南出版社1991年版。

16. 蒋伏心、左用章:《中国现代化曲折三十年》,南京出版社1998年版。

17. 陈勤、李刚、齐佩芳:《中国现代化史纲》(上、下卷),广西人民出版社1998年版。

18. 胡福明主编:《中国现代化的历史进程》,安徽人民出版社1994年版。

19. 郑继兵、杨仑:《艰难的历程——中国百年的现代化追求》,黑龙江人民出版社1992年版。

20. 肖前等主编:《关于中国社会主义现代化的哲学反思》,中国人民大学出版社1994年版。

21. 徐宗华:《现代化的政治文化维度》,人民出版社2007年版。

22. 许纪霖、陈达凯主编:《中国现代化史》第1卷,上海三联书店1995年版。

23. 胡伟等:《现代化的模式选择:中国道路与经验》,上海人民出版社2008年版。

24. 王鑫:《我国社会主义初级阶段的现代化建设规律研究》,中国社会科学出版社2004年版。

25. 杜艳华、董慧:《中国特色社会主义现代化模式研究》,学林出版社2008年版。

26. 杨宏雨:《中国特色社会主义现代化的多维审视》,学林出版社2006年版。

27. 张高陵:《中共领导人与中国现代化》,中央文献出版社2004年版。

28. 郭根山:《毛泽东与中国现代化道路》,中央文献出版社2005年版。

29. 秦宣、刘保国:《邓小平与中国现代化》,北京出版社2004年版。

30. 金羽主编:《邓小平社会主义现代化战略思想研究》,辽宁人民出版社1992年版。

31. 严书翰等:《现代化与社会全面发展——邓小平经济发展与社会全面进步思想研究》,红旗出版社1999年版。

32. 汪石满:《邓小平的现代化理论研究》,安徽人民出版社1998年版。

33. 陈占安：《邓小平理论与中国现代化》，北京大学出版社2004年版。

34. 李贺林：《"三个代表"重要思想：现代化视角的解读》，中共中央党校出版社2004年版。

35. 杨春贵主编：《学习江泽民同志〈正确处理社会主义现代化建设中的若干重大关系〉十二讲》，中共中央党校出版社1995年版。

36. 刘琳：《开拓、超越、创新——毛泽东邓小平江泽民现代化思想比较研究》，新华出版社2002年版。

37. 吴宏亮：《理念与现代化：毛泽东邓小平江泽民现代化思想比较研究》，人民出版社2004年版。

38. 王忠武：《科学发展观与中国现代化》，社会科学文献出版社2008年版。

39. 熊吕茂：《科学发展观与中国社会主义现代化道路》，中南大学出版社2007年版。

40. 谭来兴：《中国现代化道路探索的历史考察》，人民出版社2008年版。

41. 虞和平主编：《中国现代化历程》（一、二、三卷），江苏人民出版社2001年版。

42. 张静如：《中国共产党与中国现代化》，湖南出版社1991年版。

43. 朱敏彦等：《中国共产党领导现代化建设的基本经验》，东方出版中心2011年版。

44. 郭桂英等主编：《毛泽东对中国社会主义建设道路的探索》，山东大学出版社2002年版。

45. 谢春涛主编：《中国特色社会主义史》（上、下），福建人民出版社2008年版。

46. 江流、傅青元主编：《建设中国特色社会主义史纲（1978—2008）》，社会科学文献出版社2008年版。

三　学术论文（部分）

1. 张新：《科学地理解邓小平发展观的真谛》，《思想理论教育导刊》2009年第4期。

2. 郭德宏：《新中国现代化的历程及辉煌成就》，《广东社会科学》1999年第5期。

3. 康晓光：《中国现代化的脉络和出路》，《战略与管理》1994 年第
　　1 期。

4. 孙立平：《中国近代史上现代化努力失败原因的动态分析》，《学习与
　　探索》1991 年第 3 期。

5. 郭晓君：《西方现代化理论与中国现代化道路》，《吉林大学学报》
　　1997 年第 1 期。

6. 王传曼等：《马克思恩格斯现代化思想及对中国现代化发展的指导意
　　义》，《行政论坛》1999 年第 1 期。

7. 张静如、朱志敏：《邓小平理论与中国现代化》，《阴山学刊》（社会科
　　学版）1998 年第 3 期。

8. 张静如：《论社会革命与社会现代化》，《教学与研究》1997 年第
　　5 期。

9. 龚育之：《邓小平现代化思想的由来和特色》，《毛泽东邓小平理论研
　　究》1994 年第 4 期。

10. 王海光：《回眸中国确立现代化发展战略的足迹》，《理论学习》2000
　　年第 2 期。

11. 武力：《论中国现代化过程中的工业化与市场化——西欧现代化与中
　　国现代化比较研究》，《教学与研究》2002 年第 9 期。

12. 武力：《中国工业化道路选择的历史分析》，《教学与研究》2004 年
　　第 4 期。

13. 王海光：《中国现代化区域发展战略的选择与西部开发》，《理论学
　　习》2000 年第 9 期。

14. 武力：《中国现代化进程中的政府经济职能的转换》，《湖南社会科
　　学》2005 年第 3 期。

15. 郭德宏：《从四个现代化到全面现代化——对中国现代化目标发展变
　　化的历史考察》，《中共党史研究》1999 年第 5 期。

16. 虞和平：《关于中国现代化史研究的新思考》，《史学月刊》2004 年
　　第 6 期。

17. 虞和平：《努力创建现代化史学科——虞和平研究员访谈》，《学术月
　　刊》2004 年第 4 期。

18. 郭德宏：《什么是现代化?》，《新视野》2000 年第 2 期。

19. 虞和平：《现代化研究与中国历史学的创新》，《上海交通大学学报》

（社科版）2002 年第 3 期。

20. 郭德宏：《新中国现代化的历程及其辉煌成就》，《广东社会科学》
1999 年第 5 期。

21. 郭德宏：《中国人对现代化认识的演变》，《北京日报》，2001 年 1 月
22 日。

22. 贾高建：《中国社会现代化：历史性进展与新的挑战》，《新视野》
2010 年第 3 期。

23. 贾高建：《中国现代化进程中的主体条件问题》，《中国党政干部论
坛》1997 年第 2 期。

24. 虞和平：《中国现代化研究的解释体系和内容结构——由编写〈中国
现代化历程〉而想到的几点体会》，《广东社会科学》2003 年第 2 期。

25. 王炳林：《科学发展观是对社会主义现代化建设指导思想的重大发
展》，《思想理论教育导刊》2006 年第 4 期。

26. 严书翰：《关于现代化研究的历史、现状和几点思考》，《理论前沿》
1995 年第 6 期。

27. 严书翰：《关于现代化研究的思考》，《红旗文稿》1995 年第 20 期。

28. 严书翰：《具有中国特色的社会主义现代化研究》，《中国特色社会主
义研究》1996 年第 1 期。

29. 严书翰：《试析发展中国家现代化建设的超前意识》，《红旗文稿》
1998 年第 23 期。

30. 严书翰：《为了实现中华民族的伟大复兴——建国以来对工业化现代
化不断认识和不懈奋斗的轨迹》，《中国特色社会主义研究》2009 年第
5 期。

31. 王锐生：《社会主义现代化的理论指导文献》，《教学与研究》1996
年第 1 期。

32. 丰子义：《现代化的实质与进程——马克思对现代化的基本看法》，
《江淮论坛》1995 年第 3 期。

33. 萧功秦：《中国早期现代化的挫折与历史后果》，《学术月刊》1995
年第 4 期。

34. 萧功秦：《中国现代化进程中的四次政治选择》，《学习月刊》2004
年第 8 期。

35. 许纪霖：《中国现代化的历史反思》，《天津社会科学》1992 年第

4 期。

36. 杜艳华：《中国特色社会主义现代化模式形成的理论轨迹》，《社会主义研究》2009 年第 6 期。

37. 叶楠、范仁庆：《中国式的现代化：缘起、内涵、意义——兼论现代化视角下邓小平理论历史地位的再认识》，《政法论丛》2004 年第 3 期。

38. 鲁俊海、周正艳：《中国共产党与中国现代化理论的创新与探索》，《传承》2009 年第 6 期。

39. 田克勤：《一部研究中国现代化问题的学术力作——评〈中国共产党现代化理论研究〉》，《当代世界与社会主义》2009 年第 2 期。

40. 邓剑秋：《一本研究中国特色社会主义理论体系的新作——评〈现代化进程中的中国特色社会主义理论体系研究〉》，《江汉论坛》2008 年第 8 期。

41. 唐培吉：《研究中国现代化理论、范式及规律的新成果——评《毛泽东邓小平现代化理论研究》，《党史研究与教学》2003 年第 1 期。

42. 马仲良：《研究社会主义现代化理论的新成果》，《北京社会科学》2003 年第 1 期。

43. 曹方俊：《现代化理论与中国的现代化道路》，《齐鲁学刊》2007 年第 5 期。

44. 蒲国良：《现代化建设视角下的社会主义理论与实践》，《教学与研究》2003 年第 11 期。

45. 陶海洋：《西方现代化研究的理论回顾》，《历史教学》（高校版）2007 年第 11 期。

46. 陶海洋：《试析现代化研究在中国的演变》，《苏州大学学报》（哲学社会科学版）2008 年第 3 期。

47. 陶海洋：《当代现代化研究的理论述评》，《江苏大学学报》（社会科学版）2007 年第 5 期。

48. 帅国文：《试论社会主义现代化是邓小平理论的逻辑终点》，《岭南学刊》2004 年第 4 期。

49. 包艳：《试论社会分化理论及其对我国现代化建设的启示》，《理论界》2007 年第 10 期。

50. 范建明：《社会主义与现代化的有机结合——试论邓小平现代化理论

的一个重要特征》，《理论月刊》2001 年第 4 期。

51．杨信礼、王立胜：《社会主义现代化的理论构想：从毛泽东到邓小平》，《山东大学学报》（哲学社会科学版）1995 年第 1 期。

52．荣开明：《社会主义建设辩证法理论的新飞跃——江泽民〈正确处理社会主义现代化建设中的若干重大关系〉学习札记》，《学习月刊》1996 年第 4 期。

53．荣开明：《论邓小平对我国现代化的跨世纪思考》，《中南财经大学学报》1996 年第 3 期。

54．张曙明：《全面建设小康社会是中国式现代化理论的创新》，《理论建设》2005 年第 1 期。

55．王关兴：《毛泽东、邓小平、江泽民：中国 50 年社会主义现代化理论的创立、丰富和发展》，《上海党史研究》1999 年第 S1 期。

56．史斌、王鸿：《毛泽东、邓小平、江泽民：中国 50 年社会主义现代化理论的创立、丰富和发展——庆祝中华人民共和国成立 50 周年》，《上海师范大学学报》（社会科学版）1999 年第 5 期。

57．李强、张国镛：《马克思主义现代化理论与中国现代化建设》，《马克思主义与现实》2007 年第 2 期。

58．蒋中挺：《马克思的"世界历史"理论与社会主义现代化》，《理论与现代化》2003 年第 4 期。

59．孙玉健：《落后国家的现代化与列宁帝国主义理论的当代价值》，《湖北社会科学》2008 年第 11 期。

60．宋吉玲：《论社会主义与现代化的历史与现状——兼和谐社会理论探源》，《社会科学家》2006 年第 1 期。

61．周建超：《论江泽民与中国现代化理论创新》，《甘肃理论学刊》2002 年第 1 期。

62．陈爱平、杨正喜：《论江泽民与中国式现代化理论的新飞跃》，《湖北行政学院学报》2003 年第 4 期。

63．谢霖：《论邓小平中国特色社会主义现代化理论对马克思主义的重大发展》，《马克思主义研究》1995 年第 2 期。

64．萧功秦：《开展中国早期现代化的思潮研究》，《天津社会科学》1997 年第 3 期。

65．黄金龙：《江泽民对现代化发展战略理论的新贡献》，《中共福建党委党校学报》2002 年第 6 期。

66. 龙汉武、黄海波：《江泽民的人的全面发展理论与中国现代化》，《湖北社会科学》2002 年第 8 期。

67. 李清海：《建设有中国特色的社会主义理论是现代化的理论》，《河北社会科学论坛》1996 年第 3 期。

68. 于文杰、方永乾：《简析现代化的概念及其理论架构》，《天府新论》2006 年第 3 期。

69. 王飞南：《胡锦涛对马克思主义现代化理论的实践诠释》，《广东行政学院学报》2009 年第 3 期。

70. 沈立人：《高举邓小平理论的旗帜、昂首阔步地迈向现代化——学习江泽民同志重要讲话的一点体会》，《特区经济》1997 年 8 月 25 日。

71. 沈洁：《高度现代化理论：现代化研究的新近探索》，《中国青年政治学院学报》2007 年第 1 期。

72. 希成孝：《东方社会理论的现代化本质与马克思主义中国化》，《江西社会科学》2008 年第 8 期。

73. 李石：《邓小平现代化理论的视角创新》，《思想政治教育研究》2009 年第 3 期。

74. 张丹华：《邓小平社会主义理论的现代化视野分析》，《河南大学学报》（社会科学版）2005 年第 2 期。

75. 彭兰成：《邓小平"中国式现代化"理论的内涵》，《南都学坛》（人文社会科学学报）2006 年第 4 期。

76. 刘琳：《党中央三代领导集体关于中国社会主义现代化的理论与实践》，《中共中央党校学报》2002 年第 3 期。

77. 胡伟：《从政治上把握现代化建设的全局性重大问题——论江泽民同志"十二大关系"理论与"讲政治"思想的内在联系》，《社会科学》1996 年第 12 期。

78. 董一冰：《从现代化角度解读中国共产党的历史——〈中国共产党现代化理论研究〉评介》，《毛泽东思想研究》2009 年第 3 期。

79. 梅祖寿：《从现代化背景看科学发展观的理论超越》，《社会主义研究》2007 年第 5 期。

80. 曹春梅、窦凌：《从"以苏为戒"到邓小平理论的形成——探索中国社会主义现代化道路的两大飞跃》，《云南社会科学》2003 年第 S1 期。

81. 曾丽雅：《20世纪50年代毛泽东关于中国社会主义现代化建设的理论与实践》，《江西社会科学》2006年第9期。

82. 郭瑞吉：《〈论十大关系〉闪烁着社会主义现代化建设理论的光辉》，《法制与社会》2007年第11期。

83. 梁柱：《毛泽东对中国现代化道路内在关系的思考和探索》，《新视野》2003年第6期。

84. 何萍：《开展以中国现代化为中心论题的马克思主义哲学中国化研究》，《马克思主义与现实》2005年第5期。

85. 秦刚：《毛泽东现代化建设理念的当代意义》，《湖南科技大学学报》（社会科学版）2005年第5期。

86. 周为民：《中国特色社会主义事业是以人为本的现代化事业》，《理论视野》2011年第7期。

87. 曾德盛：《毛泽东对中国社会主义道路的探索》，《学术论坛》2001年第5期。

后　记

　　转眼间从中国人民大学博士毕业已过三个年头，在读书期间收获很多，其中感触最深的就是很荣幸师从恩师张新教授，恩师在三年当中手把手地交给我不少东西，让我明白了很多道理。致谢就是表达"感谢"，对于"感谢"二字我不想"以论代史"，而是想通过"思想何以影响思想"的方式记着恩师对自己的"好"。

　　细节见真情。从笔试、面试、入学、开题、写论文到答辩一路走来，每一步都没少让恩师费心，恩师以他不善言辞的爱和始终如一的支持见证了我成长的挫折和辛酸，收获的兴奋和喜悦。刚入学，恩师就委婉地说："要写些小文章，要练笔，一段时间不写就生疏了。"当看到学生写了一些文章后，恩师又不失时机地教诲道："写一些能发表的文章是进步，文章要精，要有问题意识。"当自己写的文章没有被论坛入选后，恩师是这样教诲学生的："文章不能写的粗糙，要细致，有些该深入的地方，不能一笔带过，要想透，论证精细。"当看到自己写了数篇文章的时候，就及时地指出："当你把毕业论文这么一个十几万字的东西驾驭了，以后再写小文章就容易多了。"对学生的开题报告老师是这么要求的："论文框架要逻辑严密，主线清晰，不要写两个主题的论文，要写偏正结构的。"当写正文的时候，老师是这样指导的："角度很重要，论文一定要围绕着'现代化'三个字来写，文章要有亮点，有核心观点。"当正文写完后在修改阶段，老师是这样说的："语言要简洁明快，少用一些含义模糊的词汇，当用自己话说的时候，功力就出来了，创新点是逼出来的，不能怕麻烦，要真正听取修改意见反复改。"这些宝贵的指导意见使学生终身受益。为此，对于恩师的感谢，我不愿意用宏大叙事，更愿意以学习中的点点滴滴串起恩师对学生的深情厚爱。

如果说，读博期间使学生对学问有了一些理解的话，我紧接着要说的是，学习上的进步离不开张雷声老师在课堂上、博士生论坛上以及不同场合语重心长的教导，离不开在张云飞老师课堂上所受到的启发与熏陶、平时对学生的关心与指导，以及黄继锋老师在论文开题会上的建设性建议和鼓励性教诲，离不开在学院秦宣老师、杨凤城老师、刘建军老师课堂上的学习，同时也离不开孔薇老师、母老师，同门师兄、师姐、师妹、师弟以及舍友等同学的关心与帮助，离不开我所工作的单位西华师范大学这个坚强有力的背景，读书期间，学校领导、学校职能部门、学院领导以及学院同事都给我提供了很多便利，承担了我本应承担的教学科研任务，让我能安心在人大读书，用杨凤城老师的话说："你们单位真好，能让你三年都在外面脱产读书。"

最后，不得不提的是师母黄晓蓉老师在生活上的关心和帮助，以及我远在山西年迈的父母及姐姐对我学习义无反顾的支持，更离不开爱人和岳母对我的支持和鼓励，她们在我读书期间承担了抚养儿子的责任，让我能在北京安心地学习。同时，也感谢我工作单位的领导和同事对我的帮助。转眼间，我儿子已经六岁了，六年前，他的出生，使我多了一份牵挂，六年来，他的成长给我带了无尽的乐趣和生活的充实。

最后我想用一句歌词表达我的感激之情，如果这个博士文凭是一枚军功章的话，我想说，军功章里有我的一半，也有上面提到的、未提到的老师以及同学的一半。

张晓明

2016 年 1 月